U0604037

本书由山东省社会科学规划重点项目（23BJMJ01)
山东省社会科学规划研究项目(22CGLJ14)支持

数字经济下制造业数智化
融合转型升级与高质量成长研究

王　曼　高秀云　孙小强　王玉梅 / 著

图书在版编目（CIP）数据

数字经济下制造业数智化融合转型升级与高质量成长研究/王曼等著．—北京：经济管理出版社，2024.1

ISBN 978-7-5096-9629-3

Ⅰ.①数… Ⅱ.①王… Ⅲ.①数字技术—应用—制造工业—研究—中国 ②智能技术—应用—制造工业—研究—中国 Ⅳ.①F426.4-39

中国国家版本馆 CIP 数据核字(2024)第 046678 号

组稿编辑：王 洋
责任编辑：王 洋
责任印制：许 艳
责任校对：陈 颖

出版发行：经济管理出版社
（北京市海淀区北蜂窝 8 号中雅大厦 A 座 11 层 100038）
网 址：www. E-mp. com. cn
电 话：（010）51915602
印 刷：唐山昊达印刷有限公司
经 销：新华书店
开 本：720mm×1000mm/16
印 张：16.25
字 数：243 千字
版 次：2024 年 1 月第 1 版 2024 年 1 月第 1 次印刷
书 号：ISBN 978-7-5096-9629-3
定 价：98.00 元

前 言

制造业作为经济发展的基础及核心动力，数字经济下制造业数智化融合转型升级是实现经济高质量成长的重要途径，但我国制造业存在大而不强、创新动力不足、两化基础较弱、产品质量和效益不高、环境发展制约等一系列问题，亟须通过数智化融合转型升级来改善这一现状。因此，本书研究数字经济下我国制造业数智化融合转型升级能力提升的机理分析、测度评价、高质量成长状况分析，并给出数字经济下我国制造业数智化融合转型升级与高质量成长的对策，在当前具有一定的理论与现实意义。

本书在阐述数字经济、智能制造及制造业转型升级、高质量成长等相关概念及理论基础后，对数字经济下制造业数智化融合转型升级与高质量成长的关键要素进行分析，构建出数字经济下制造业数智化融合转型升级网络模型分析其作用机理，并从产业基础能力、创新驱动能力、两化基础能力、质效提升能力、绿色发展能力五个方面构建空间测度指标体系，通过时空极差熵值法、Dagum 基尼系数、Kernel 核密度估计以及马尔科夫链模型等研究方法，对我国制造业数智化融合转型能力、区域差异以及时空演变趋势进行研究，对研究结果进行分析，深入考量新形势数字经济下制造业数智化融合转型升级的现状，运用复合 DEA 对数字经济下制造业数智化融合转型升级状况的空间异质性进行分析，阐明不同影响因素对我国不同区域制造业数智化融合转型升级的作用效果。建立定性与定量指标体系，以高技术制造业、先进制造业、战略性新兴产业三类制造业为案例进行制造业高质量成长实证分析。最后，在理论与实证分析基础上，给出数字经济下制造业数智化融合转型升级与高质量成长的对策。

感谢山东省社会规划课题组在本书写作过程中给予的支持，感谢周搏翔在文献整理过程中的工作。

目　录

第一章

绪　论

第一节　研究背景与意义

一、研究背景

中国制造业正处于转型升级的关键节点。制造业作为我国国民经济的主体，是强国之基、立国之本。制造业门类齐全，为我国经济社会发展提供了有力支撑。改革开放以来，中国经济经历了一个快速增长的长期过程，以制造业为代表的实体经济发展取得显著成就，2022 年，我国全部工业增加值突破 40 万亿元大关，其中制造业增加值占 GDP 比重为 27.7%，我国制造业总量已连续 13 年位居全球之首，主要工业产品产量大幅跃升，发展规模日益壮大，成为名副其实的制造大国和工业大国，但“大而不强”的状况却依旧存在。一是随着经济发展，居民收入水平提高、人口红利减弱、工厂工人加速流向第三产业，导致我国制造业的低成本优势逐渐衰退，制造企业转而将工厂建设在劳动力成本更为低廉的国家与地区；二是我国在国际上处于制造大国的地位，但是产业基础薄弱、自主创新研发能力有所欠缺，面对发达国家和全球贸易保护主义的壁垒堵截，尚未形成强有力的高端制造业竞争优势，整体技术水平与工业强国相比仍存在较大差距；三是近年来欧美发达经济体持续推进“再工业化”进程，综合运用金融、科技创新等政策措施不断提升制造业实力与国际竞争力，通过现代技术与制造业相融合加快制造业本土化、数字化、智能化进程，从而重塑制造业的竞争优势，这给长期处于价值链中低端的中国制造业带来了沉重打击，我国传统制造业的劣势不断显现，大部分制造企业仍处于低下发展的阶段，已成为影响制造业高质量成长的关键制约。因此，制造业必须实施转型升级。在我国制造业优势逐渐衰退的背景下，要想实现制造业的高质量成长，满足消费者的个性化、定制化需求，实现制造业迈向全球价值链中高端，就必须转变发展模式，突破核心技术瓶颈，通过数智化融合转型升级寻求新的发展模式与路径。

数字经济成为制造业数智化转型升级与高质量成长的新动能。在新的环境背景下，挖掘新的经济增长点及发展机遇，提升我国制造业在全球价值链中的地位是目前推动我国制造业数智化转型升级与高质量成长的关键问题。数字经济利用信息、数据等新型生产要素，运用数字技术对传统产业发展进行升级改造，并催生了人工智能、云计算、大数据、物联网等新兴产业集群，成为社会经济高质量成长的重要驱动力，也是一种新的经济社会发展形态，为制造业数智化转型升级与高质量成长提供了有利条件；而制造业作为我国国民经济的支柱产业，具有科技创新密集、产业关联性高、抗冲击能力强等特点，与数字经济的相关特点及表征完美结合，既可为数字经济发展不断创造新的应用场景，又可成为数字经济助推制造业数智化转型升级与高质量成长的主战场，加快推动数字经济与制造业深度融合，推动数字技术在制造业生产、研发、设计、制造、销售服务等领域的深化应用，加快我国制造业数字化转型，是催生新的竞争力、实现制造业数智化转型升级与高质量成长的重要路径。

智能制造成为制造业转型升级的重要基础。智能制造很早就在国外发展起来，随着智能制造技术及各项设备的逐渐成熟，世界各国都对智能制造展开了相关研究。日本 1989 年提出智能制造系统；美国 1992 年执行新技术政策，并于 2022 年提出“工业互联网”的概念来扶持本国工业智能化的发展，旨在通过工业机器人的应用实现生产个性化和操作灵活化；德国提出《国家工业战略2030》计划，目标在于深化“工业4.0”战略，推动德国工业全方位升级从而巩固德国工业的领先地位。对于我国而言，关于智能制造的研究早在1993年就已经陆续展开，21世纪以来，我国在智能制造方面的研究已经取得十分丰富的成果。工业和信息化部等八部门在2021年发布的《“十四五”智能制造发展规划》文件中将智能制造提升到了国家战略高度，并指出我国制造业要紧扣智能特征，立足工艺、装备，依托制造单元、工厂、供应链等载体构建新型智能制造系统，强调了智能化对我国制造业转型升级的重要性。未来我国要推动生产方式逐步向智能化转变，将智能制造作为我国制造强国建设的主攻方向并为其奠定扎实基础。

近年来，人工智能、大数据等新一代数字技术发展之快令人惊叹，数字经济正全方位、多角度向制造业领域渗透扩展，在“数字、智能”与制造业深度融合的背景下，依据我国国情，以数字经济为驱动力，以相关智能制造设备为基础，借助数字技术推动传统制造业在战略、流程、产品及服务等全方面实现数字化与智能化的融合转型升级已成为必然趋势，也是实现我国制造业高质量成长的必然路径。我国拥有门类齐全、独立完整的制造业体系，通过提高制造业数智化融合转型升级能力，可以补齐我国制造业发展过程中存在的短板，加快实现从制造大国向制造强国转型，为我国制造业高质量成长注入新动能。

数字经济下我国制造业数智化转型升级与高质量成长紧迫而艰巨，而如何有效评价数字经济下我国制造业数智化转型升级与高质量成长状况，以明确制造业发展的优势与不足，进而提升制造业的数字化、智能化水平是当下研究的重点。但当前对于数字经济下我国制造业数智化转型升级与高质量成长仍然缺乏清晰的理论阐述和系统的实证研究，制造业数智化转型升级与高质量成长状况如何？实施过程中存在怎样的问题？进一步地，考虑到制造业数智化转型升级与高质量成长状况的区域性差异，我国不同省份之间制造业数智化转型升级与高质量成长有何不同？分布动态及其时空演变规律是怎样的？具体应如何进行调整与改进？厘清这些问题对于目前亟待成长的制造业具有重要意义。鉴于此，本书针对数字经济下我国制造业数智化转型升级与高质量成长进行机理分析、测度评价及时空演变研究，并分析其影响因素，为制造业提升其数智化融合转型升级能力、实现高质量成长提供参考与借鉴。

二、研究意义

（一）理论意义

第一，机理研究是揭示事物或系统运行规律科学性的一个过程，本书在对数字经济下我国制造业数智化转型升级与高质量成长理论进行研究的基础上提炼出其关键要素，依据系统动力学方法，以制造业数智化转型升级与高质量成长为目标变量，综合内外部影响因素，构建一个“稳中有动”的动态循环系统，进一步剖析各个要素之间的作用机理，探究数字经济下我国制造业数智化转型升级与高质量成长的路径，揭示其运行规律，为后续研究提供理论支撑。

第二，制造业转型升级发展到现在，急需对其当前转型升级能力进行评价，本书综合考虑制造业转型升级数字化与智能化交叉融合的特点，从产业基础能力、创新驱动能力、两化基础能力、质效提升能力以及绿色发展能力五个维度构建制造业数智化融合转型升级能力的评价指标体系，利用 2012~2021 年全国 30 个省份（除西藏和港澳台地区）的面板数据对其进行测算及时空演变特征研究，为制造业的高质量成长提供理论依据。

第三，本书采用时空极差熵值法、Dagum 基尼系数、Kernel 核密度估计方法以及马尔科夫链模型等研究方法，对数字经济下我国制造业数智化融合转型

升级能力现状、地区差距以及时空演变趋势进行测度评价，找出发展领先的地区与产业，深入分析其现状及原因，综合考虑先进地区的发展经验，研究成果不仅为提升制造业数智化融合转型升级能力提供了理论支撑，同时也为各地政府、企业因地制宜地制定相应对策提供了理论参考与建议。

（二）现实意义

第一，数字经济下我国制造业数智化转型升级与高质量成长的提升急需一套全面、完善的作用机理对其进行指导，本书对数字经济下我国制造业数智化转型升级与高质量成长的作用机理进行研究，有助于更好地分析系统内部要素之间相互作用、共同推进发展的循环过程，揭示系统发展的机理与运行规律，为依据作用机理改变制造业现状提供了有效途径。

第二，本书对数字经济下我国整体以及各省份制造业数智化融合转型升级能力进行测算，进一步分析其时空格局及演变特征，有助于从整体上掌握数字经济下我国制造业数智化融合转型升级能力的历程、现状及演化趋势，与此同时明确四大地区、各个省份之间的差异，通过对影响因素的研究分析有利于找不足、补短板，为政府部门、企业因地制宜地制定相关发展政策提供清晰可靠的决策依据。

第三，本书依据定性与定量研究结果得出数字经济下我国制造业数智化转型升级路径对制造业高质量成长至关重要的结论。首先，研究数字经济下我国制造业数智化融合转型升级能力的提升路径，有助于制造企业完善战略目标、实现数字设备升级、生产流程改造、提升资源配置效率等，推动制造企业数智化水平的提升；其次，本书得出的数字经济下我国制造业数智化融合转型升级能力的提升路径为落后地区借鉴先进地区的发展经验，从而有针对性地进行改善以及国家政策的制定提供切实可行的建议与参考，助力我国制造业实现高质量成长。

第二节　国内外文献综述

数字经济下我国制造业数智化转型升级与高质量成长代表了制造业发展模式的根本性转变，也是近年来继数字经济、智能制造蓬勃发展之后逐渐兴起的一个研究热点。相关研究正处于初步探索阶段，因此目前国内外学者关于制造业数智化转型升级与高质量成长的文献研究较少，但前期相关研究成果已经十分丰富，为后续研究打下了坚实基础。本书将数字经济下制造业数智化转型升级与高质量成长的相关文献大致分为以下四个部分：一是关于数字经济的相关文献综述，主要涉及数字经济这种新的技术手段以及数字经济与制造业转型升级二者之间的关联；二是关于智能制造的相关文献综述，主要分析国内外关于智能制造研究的侧重点；三是关于制造业转型升级的相关文献综述，从战略、路径、影响因素、价值链、测度评价以及技术创新能力等方面进行分析，可作为数字经济下我国制造业数智化转型升级与高质量成长研究的借鉴与参考；四是制造业“产业链+创新链+人才链”研究分析。

一、关于数字经济的研究

（一）数字经济的内涵研究

“数字经济”一词最早出现于 20 世纪 90 年代，由美国学者 Don Tapscott 首次正式提出，并在书中详细描述了与数字经济相关的内容，最重要的是在互联网经济与商业模式还未形成的时候，就开创性地提出信息技术的广泛应用将对经济发展产生重大影响这一论断，在业内引起了巨大的反响，“数字经济”这一概念就此形成。近年来，随着数字技术的不断成熟和数字经济在各国中的广泛应用和发展，数字技术与实体经济相融合取得了显著效果，数字经济在社会经济发展过程中的作用愈发突出，不断吸引众多国内外学者与机构对其展开了广泛且深入的研究，数字经济的内涵在此基础上得到了丰富和拓展。Bukht和 Heeks（2017）将数字经济定义为一种经济活动，根据信息通信技术与产业的融合程度将数字经济划分为核心层（狭义数字经济如 ICT 部门）、窄口径（数字经济如平台经济、共享经济等）和宽口径（广义数字经济如工业 4.0、电子商务等）三个不同的层次，从不同广度对数字经济所包含的内容进行分类；Гостева（2018）提出数字经济的支柱是超连接性的观点，并将数字经济定义为由人员、企业、设备、数据及流程之间的日常在线连接产生的经济活动；Oloyede 等（2023）认为数字经济与服务、零售、软件等多个领域重叠，并着重考虑经济、社会福祉与政府这三个主要参数，将数字经济定义为通过使用信息和通信技术（ICT）来改善人类生活的所有经济、社会和政府活动。经合组织（OECD，2020）将数字经济定义为包括所有依赖数字资源或通过使用数字资源而显著增强的经济活动，包括数字技术、数字基础设施、数字服务和数据；有学者认为，科技创新是数字经济发展的核心（Chen S，2023），可以将其更简单地定义为基于数字技术的经济。

国内学者们主要从技术经济手段、经济社会形态、经济活动三个方面来定义数字经济。

第一，数字经济是一种技术经济手段。张于喆（2018）认为数字经济是以新一代信息技术的应用为核心，以传统产业发展模式的改善和产业结构的重塑为目标，通过与实体经济相融合最终改变传统行业的发展模式并重构产业结构的一种工具和手段；赵涛（2020）基于中国城市的面板数据，构建相关指数，利用多个模型从多维度检验数字经济推动经济高质量成长的影响与机制，结果表明数字经济显著促进了高质量成长，且激发大众创业是实现这一结论的重要手段；杨新铭（2017）认为数字经济的出现是对传统企业盈利模式、资源配置方式的挑战，作为一种技术经济手段不断改变着我们的生产生活方式。

第二，数字经济是一种新的经济社会形态。赵剑波（2023）提出数字经济是一个全新的，由技术、数据驱动而非资本驱动的新经济形态，它与高质量成长具有逻辑一致性；部分学者认为数字化的知识和信息是数字经济发展的关键要素，数字经济是以现代数字基础设施为支撑，通过大数据、云计算等新一代信息技术与经济社会活动的深度融合实现效率提升和结构优化的一种新型经济社会形态（刘淑春，2019；易宪容等，2019；丁志帆，2020；杨佩卿，2020）；李川川等（2022）认为数字经济是基于网络空间发展的以数据和算法为关键生产要素的新经济形态；蓝庆新（2020）从资源配置角度出发，认为数字经济是人类通过认识、分析和应用数字化知识与信息，有效优化资源配置，合理促进资源再生，最终实现社会全方位共同进步的一种新型经济形态；欧阳日辉（2023）在提出数字经济五层次概念模型的基础上，将数字经济定义为以数据要素为关键要素，以数字平台及其生态为主要载体，通过数字化和智能化实现高效连接，在物理世界和数字空间都可以创造价值的一种新经济形态。

第三，数字经济是一种经济活动。部分学者认为数字经济是以数据为关键资源、以互联网平台为主要信息载体、以数字技术创新为牵引的一系列经济活动的总和（陈晓红等，2022；荆文君和孙宝文，2019）；2016 年，G20 峰会同样将数字经济定义为一种经济活动，并强调了数据、信息通信技术对生产效率提升和经济结构优化的重要驱动作用。对数字经济的存在形式从不同角度进行理解，突破了以往多从经济形态角度理解数字经济的局限性，在一定程度上丰富了数字经济的内涵。

综上所述，数字经济作为一种新的发展业态，学者们从不同视角出发对其内涵进行界定，提出数字经济是一种技术经济手段、经济社会形态或一系列经济活动的总称，通过与实体经济相融合来改变传统行业的发展模式，进而促进经济社会的高质量成长。

（二）数字经济发展水平测度研究

在对数字经济内涵进行梳理的基础上，国内外机构及学者对数字经济的发展水平进行了相应的测度评价，为推动数字经济高质量成长提供了一定的参考依据。

第一是国家组织与机构层面。美国商务部（U. S. Department of Commerce）对数字经济的测算更多的是直接法，即通过界定数字经济范围并分析其影响路径的方式来对数字经济规模进行测算；世界经济论坛（WEF）从环境、准备度、应用及影响四个维度共53个三级指标来构建指标体系。国内众多机构也采用不同的方法对数字经济发展水平展开测度，如中国信通院提出数字经济指数（DEI），从数字经济发展基础条件、数字产业化、产业数字化以及数字经济发展对社会的影响四个维度进行评价，但缺点是有些指标不一定具有长期的可观测性与代表性；腾讯联合京东、滴滴等机构共同构建了中国“互联网+”数字指数，从基础、产业、创新创业、智慧民生四个方面进行评价，清晰直观地反映了“互联网+”数字经济在各省份的落实情况。

第二是个人层面。Xu 等（2023）以全国14个省份为研究对象，构建数据包络分析（DEA）交叉效率模型，计算并比较各省数字经济的交叉效率，对推动我国数字经济发展提出了相应的建议；Su 等（2022）基于多属性决策理论对数字经济发展水平进行评价，从数字创新动力支撑、数字基础设施建设支撑、国民经济环境与数字政策保障、数字融合与应用四个维度构建数字经济发展评价指标体系，认为我国数字经济发展总体呈现叠加上升趋势，各个区域之间数字经济发展不平衡；Rehman（2023）通过研究数字经济对欧洲地区全要素生产率的影响，提出公共政策应支持对数字基础设施的投资，并提高欧洲落后地区的数字经济发展水平等建议；Li，Liu（2021）从基础设施建设、数字化应用、数字化产业发展三个维度构建了衡量数字经济发展水平的指标体系，综合探讨我国数字经济的空间分布格局及影响因素，对促进区域数字经济协调发展具有重要价值；杨承佳和李忠祥（2023）在对我国数字经济发展水平测度逻辑进行梳理的基础上，从数字经济发展载体、数字经济发展环境、数字经济发展效益、数字产业化、产业数字化、数字化人才、数字化资本以及数字化消费八个维度构建综合评价指标，来测度数字经济发展水平，兼顾全面性与代表性；王定祥等（2023）对数字经济与我国农业的融合发展水平进行测度，从融合的基础设施条件、融合发展的主体和环境以及融合发展的过程三个维度构建指标体系，为更好地推动我国数农融合发展提出相应的建议；李健旋（2023）运用投入产出法对我国制造业与数字经济产业的关联融合效应等进行测度，认为二者之间的关联融合效应存在明显的行业间和部门间的差异，同时具有一定的区域异质性；李英杰等（2022）结合数字经济的内涵与外延，建立指标体系对我国数字经济的发展走向进行预测，认为我国数字经济发展水平增速将不断提高，尤其是产业数字化增长效果显著；韩兆安等（2021）根据马克思社会生产理论构建数字经济测算理论框架，对中国 30 个省份 2012~2017 年的数字经济增加值进行测度分析，并借助基尼系数与核密度估计分析数字经济发展的地区差异，在此基础上提出相关的政策建议。

综上所述，关于数字经济的测算目前尚没有一个系统、统一的标准，学者们主要借助数字经济的内涵、外延或逻辑梳理通过构建指标体系进行测度，以及与其他传统产业的渗透融合来测算数字经济发展水平。

（三）数字经济驱动产业转型升级的相关研究

通过对国内外文献进行梳理可知，学者们站在不同视角对数字经济与产业转型升级之间的关联进行了研究。例如，Ghobakhloo（2020）认为数字革命正在从根本上重塑个人以及企业的生产生活方式，工业 4.0 的潜在数字化转型也正飞速发展，数字经济对企业转型持有一定正向的促进作用；Borovkov（2021）认为数字经济对社会经济增长、可持续发展与生活质量的提升有着显著影响，通过专家调查与实证研究，以两家高科技制造公司为例探究影响制造企业数字化转型的障碍因素；Szalavetz（2019）通过分析制造企业子公司与领先公司之间在数字技术应用和影响方面的差异得出，工业 4.0 技术有助于企业升级，并使公司能够承担与生产相关的知识密集型任务，此外，他还提出先进制造技术可以大大提高生产能力，有效改变制造企业的升级模式；Yin 等（2022）认为随着数字经济的发展，数字化转型正在影响包括制造业在内的许多传统企业的演进升级，在这个过程中还要考虑风险管理对企业升级的影响作用。

国内学者大多认为数字经济对产业转型升级具有积极的促进作用（田秀娟等，2022；徐兰等，2022；王姝楠，2020；王晨晨，2022；钟诗韵，2022）。王定祥等（2023）认为数字经济与企业融合发展的本质是企业通过数字经济部门提供的数据要素、数字技术和数智产品对其生产经营的各个环节进行改造，进而促进企业实现数智化转型升级的过程；张凌洁等（2022）基于 2010~2019 年我国省际面板数据，通过实证分析提出数字经济发展对产业转型升级具有明显的促进作用，提升了产业生产效率，尤其对我国东部地区这种效应更为突出；在数字经济对制造业转型升级的驱动方面，学者们进行了大量的研究。陈林等（2023）提出制造业数字化转型的本质实际上是产业升级的一种全新模式；王小明等（2023）认为数字经济应用云计算、区块链等数字化信息技术促进制造业转型升级的实现；吴海军等（2023）提出数据要素在促进制造业转型升级方面发挥关键作用，持续赋能制造业技术创新、生产变革和市场拓展等环节，应对该要素充分挖掘利用，激发其内在潜力；部分学者站在产业链视角探究数字经济对制造业转型升级的影响机制，如李春发（2020）认为完善制造业数字基础设施建设，强化产业链与其他因素的信息交流与共享，可有效实现数字经济对制造业转型的驱动作用；王莉娜（2020）运用主成分分析法和分位数回归法分析数字化水平对制造业转型升级的作用，提出数字化对不同类型的企业转型升级的影响效应不同，具有一定的差异性。

综上所述，数字经济作为新的发展手段，学者们认为借助数字经济，可为传统产业数字化转型提供新的动力，具体表现在数据要素赋能、产业数智转型、实现价值转移等，并从影响因素、作用机理、战略路径以及区域差异等方面对数字经济驱动产业转型升级展开相关研究。

二、关于智能制造的研究

国外学者从基本模式、组织结构、应用场景以及智能生产等多个角度对智能制造展开研究（Bartezzaghi，2018）。Davis（2012）将智能制造定义为在整个制造和供应链企业中大规模强化和普遍应用网络化的信息化技术；Diez-Olivan（2019）认为制造业的“智能化”是一种由应用于工业过程和产品的新信息及通信技术（ICT）的激增和逐步成熟所推动的范式转变；Kusiak（2018）认为制造业逐渐趋向自动化、计算机化和复杂化，并提出智能制造的本质在于制造技术和流程、材料、数据、预测性工程、可持续性以及资源共享和网络六个方面；Mittal（2019）通过收集和构建与智能制造相关的特征、技术与影响因素，如法律法规、创新培养及数据共享系统等，为未来智能制造的全面系统研究提供理论基础；Tao（2018）认为大数据为当今制造业范式向智能制造的转变提供了机遇与条件，使得企业能够通过数据驱动的战略提高竞争力，并通过实际应用场景印证了大数据在智能制造中的作用。

国内学者大多从智能制造模式与路径、智能制造相关技术以及智能制造能力评价等方面对智能制造进行研究。乔非等（2023）认为智能制造是结合先进的信息技术并响应社会市场环境需求的一种制造模式，在新一代信息技术的驱动下未来会有更大的发展空间；周济（2015）提出制造业的智能化贯穿于企业生产服务各个环节，并根据制造强国的特征，从规模发展、质量效益、结构优化和持续发展四个维度构建指标体系，对我国制造业发展水平进行评价；

周佳军等（2017）对新兴智能制造范式进行研究综述，对传统智能制造与社会化企业、泛在制造、制造物联等新一代智能制造模式的内涵与应用进行阐述，为未来智能制造的相关研究打下基础；王海军等（2024）以海尔集团为例，提出设计模块化、生产模块化及组织模块化三条路径来赋能智能制造升级；吕文晶等（2019）基于海尔集团智能制造平台，深度剖析了海尔 COSMO 平台的智能制造模式与企业工业互联网平台的建设，认为通过数字化、网络化、智能化发展智能制造是符合我国制造业特色的发展路径；肖静华等（2016）构建了基于大数据和互联网的智能制造体系概念及框架，提出企业与客户和企业间的协同演化动态能力是企业智能制造转型发展的关键能力；与此同时，还通过实证数据分析，认为技术创新、国家政策、新一代信息技术、人才建设等是影响智能制造发展的主要因素（孟凡生，2018）；黄启斌等（2023）通过实证分析检验了智能制造能力对制造企业竞争优势的影响及作用机制，研究结果对推动企业智能化转型升级具有重要意义；付宁宁等（2023）从实证上探讨了我国智能制造企业创新效率，通过制定政府支持政策、完善科技投入管理制度、规范市场竞争机制以及调整创新人才结构四个方面作出相应的改善；冯达伟等（2023）以广东省为例，对智能制造产业的发展现状及政府扶持政策进行分析，提出政府要从加大财政支持力度、健全财税服务系统及建设智能制造产业人才信息系统三个维度助力制造企业转型升级，提升智能制造能力。

综上所述，借助智能基础设备，将先进制造技术与大数据、云计算、工业互联网等新一代信息技术相融合就是制造业的智能化，且贯穿于企业生产服务的全流程。智能制造作为一种新型制造模式，可有效加速制造企业的智能化转型，提升智能制造能力，并帮助企业实现生产模式的创新。

三、关于制造业转型升级的研究

学者们关于制造业转型升级的研究大致从以下六个方面展开，其中制造业数智化融合转型升级能力的研究被包含在技术创新研究方面：

（一）制造业转型升级的战略研究

在制造业转型升级的战略研究方面，“转型”大师拉里·博西迪认为企业只有两条路可走，转型或者破产，这也从侧面反映出适时的转型对企业发展的重要性。Berry（1996）认为企业转型升级的前提条件就是采用战略方法来管理业务和技术发展；一些学者认为中国制造业转型升级应制定全面的战略转型（胡丽娜，2023；徐莉，2023）；Dabrowska（2022）认为数字技术正在重塑社会的一切事物，制造业转型也是必然的发展趋势，并从四个视角来解释转型现象：个人、组织、生态系统以及地域政治框架，为制造业指定数字化转型战略决策时提供一定的指导；Tao F（2018）认为大数据为传统制造业向智能制造转变提供了机遇，制造企业可采用数据驱动的战略，积极促进企业实现转型升级，提升竞争力；张志元和李兆友（2015）认为创新驱动战略是我国制造业转型升级的主引擎；周中胜和李卓（2022）认为在“双循环”新发展格局下，制造业转型升级战略的方向在于加快自主创新的速度，通过数字技术的应用进而打造数字企业，最终实现制造业的转型升级。

综上所述，在新一轮科技革命和产业变革兴起的大环境下，制造业转型升级是必然的，创新驱动、数据驱动、价值链驱动等均可以作为有效的制造业转型升级战略模式。

（二）制造业转型升级的路径研究

在制造业转型升级的路径研究方面，Yadav（2017）以文献综述的形式描述了精益制造与组织转型，以更结构化的方式分析了制造转型的具体路径，从组织学习、创新、文化的角度提出了自己独特的见解；Enderwick（2022）概

括了企业转型升级的三条路径：路径跟踪、路径创建及路径压缩，并认为转型升级路径的选择主要取决于市场规模、创新能力、数字化水平以及政府干预等因素；陈长江等（2023）以长三角地区为例，提出依托国内大市场和国内大循环实现制造业转型升级的路径选择；薛朝改等（2023）站在价值共创视角，提出制造企业要根据自身情况选择合适的转型升级路径，并借助系统动力学（SD）方法构建路径模型，认为制造业企业可通过客户促进型、市场促进型、合作促进型及政府促进型转型路径进行转型升级；部分学者站在管理视角，通过一个多案例研究分析描绘在制造价值链中实施制造业转型的路径，并从管理角度定义了制造业转型路径的三个考虑维度：技术投资、感知数字化转型路径的能力以及知识共享（Zangiacomi，2019）；还有学者站在全球价值链视角构建了跨部门全球价值链治理的新理念，从部门导向来审查创新和升级，与传统价值链相比更有利于企业升级的进程（Lee，Joonkoo，2021）。

综上所述，学者们从不同视角、不同维度出发，提出了制造业转型升级的多条路径选择，如提升自主创新能力、提高数智化水平以及增强国内大循环可靠性等，为后续研究制造业数智化融合转型升级能力的提升提供一定的参考。

（三）制造业转型升级的影响因素研究

在制造业转型升级的影响因素研究方面，内外部各种因素的影响方式、组合形态决定着制造业转型升级的成功与否（杨瑾等，2022）。内部因素是推动制造业实现转型升级的内在动力，主要包括企业规模与发展模式、技术创新能力、结构优化程度以及企业文化等（Sinkovics，2018；Smith，2020；焦嫚，2023；吴卫红，2023；贾建锋，2022；孔伟杰，2012）。焦青霞（2023）提出制造业投入服务化对企业转型升级过程具有正向的促进作用；Lopez－Vega（2022）采用瑞典运营的公司中自动驾驶汽车专利的主题建模研究方法，通过实证分析研究数字技术对制造业转型的影响，认为持续的数字化转型涉及企业及员工的创造性累积反应，数字技术的不断创新对制造业转型具有正向的促进作用；周长富（2012）认为企业规模的扩大在一定程度上并不能促进制造业的转型升级，反而会使企业长期处于价值链的低端，而企业的价值链升级在一定程度上可有效促进企业转型升级的实现；Sjodin（2018）认为数字技术、人工智能及数字化的进步是影响制造业转型升级的关键要素。外部因素是制造业转型升级的外部环境，主要包括区位因素、政府支持程度、市场需求、环境规制以及价值链驱动等方面。张文英等（2023）以长江经济带为例，认为数字经济发展可有效促进制造业转型升级；Peighambari（2014）发现融入全球生产网络（GPN）以及强有力的政府支持是企业升级最重要的成功因素，而且通常认为刺激企业升级的一些因素并没有发挥太大的作用，相反，持续关注国内市场、克服资源限制和对内部能力的依赖是中小企业升级成功的原因；苏贝和杨水利（2018）通过扎根理论对制造业转型升级影响因素进行探究，发现市场需求和环境变化是制造业转型升级的关键因素，企业家精神是转型升级成功的重要保障条件；余东华（2019）检验了双重环境规制对技术创新以及制造业转型升级影响的直接及间接效应；张莉（2020）认为绿色技术创新产生和发展的直接影响因素就是环境规制，绿色技术创新对于制造业转型升级是至关重要的；胡志明等（2022）通过政策量化方法对我国制造业升级政策的特征进行了系统审视，对政策制定提出了一定的建议，助力制造业转型升级的实现。

综上所述，通过梳理现有文献，发现影响制造业转型升级的因素分为内部因素与外部因素，内部因素是推动制造业变革和升级的内在动力，外部因素是制造业转型升级的外部环境，内外部因素相互配合、共同作用，有助于制造业转型升级的实现，同时可作为制造业数智化融合转型升级能力指标体系搭建的有效借鉴。

（四）制造业转型升级的价值链研究

在制造业转型升级的价值链研究方面，学者们主要从全球价值链视角及本国制造业价值链视角两方面切入。基于全球价值链视角，Niehoff（2022）认为数字化正在重新配置全球价值链，并探讨了数字经济对制造业价值链可持续发展的影响；Li，WQ（2023）认为助力构建与全球制造业价值链同步演进的国内外“双循环”发展新格局，有助于分享数字经济对全球价值链发展的影响红利；Rui，GW（2023）提出了数字经济投入水平对我国制造业在全球价值链中嵌入位置的影响的理论机制，认为提高数字经济的投入水平将正向提升在全球价值链中嵌入位置的相对高度和广度；Garcia（2020）提出工业 4.0 将影响整个制造业价值链，并提升整个制造系统的能力；綦良群等（2023）借助系统动力学的研究方法得出技术创新能力、人力资本等均对基于服务化的先进制造业全球价值链攀升起重要推动作用；罗勇和曹丽莉（2008）通过分析我国制造业集群在全球价值链中的位置，结合全球价值链曲线形状，提出了底端向上的“制造升级”路径，实现结构的优化升级；费越等（2021）认为数字经济发展对中国制造业全球价值链地位提升具有显著正向影响，且在一定程度上存在行业异质性；王岚和李宏艳（2015）通过构建全球价值链中中国融入路径的分析框架，认为中国制造业整体仍然处于全球价值链分工的低端，在国际利益分配格局中处于不利的局面；曾繁华（2015）基于全球价值链治理视角提出了创新驱动制造业转型升级的机理和演化路径，并在此基础上提出我国制造业转型升级的政策建议。基于本国制造业价值链视角，部分学者认为国内价值链的构建对于制造业转型升级具有十分重要的战略意义（刘志彪，2011）；邱斌和叶龙凤等（2012）通过研究发现全球生产网络、资本和高技术资本密集度对我国制造业价值链提升有积极作用，但经济自由度、研发的积极作用并不显著；吕越和陈帅等（2018）认为中国制造业要实现价值链攀升，需不断提升自身的技术创新和吸收能力；石喜爱（2018）通过构建模型分析了“互联网+”提升中国制造业价值链的影响作用机理，认为“互联网+”有利于推动制造业价值链攀升，并据此提出了合理的政策建议。

综上所述，对全球价值链及本国价值链的深入考察和研究有利于我国制造业的高质量成长，学者们从不同角度提出了促进我国制造业价值链攀升的因素，对于制造业如何获取有效参与价值链能力及提升数智化融合转型升级能力方面具有一定的经验和启示。

（五）制造业转型升级的测度评价研究

在制造业转型升级的测度评价研究方面，学者们主要从指标体系构建、研究空间尺度以及研究方法三个维度切入。其一，就指标体系构建而言，现有文献多从两个角度展开研究：一是从综合考虑制造业转型升级的内涵与特征角度，潘为华等（2019）从质量效益、创新能力、信息技术以及绿色发展四个维度，拓展出15项具体指标来反映制造业转型升级的水平；岳意定和谢伟峰（2014）从工业发展、技术创新、产业结构、资源节约、信息化与工业化融合、对外开放六个维度建立指标，对我国工业转型升级的发展水平进行了有效测度。二是从国家政策角度出发，结合各项政策以及当前智能制造、绿色制造等新发展模式，从“四化”并进的维度建立指标体系，对制造业高质量转型升级水平进行测度和解读（罗序斌、黄亮，2020；Enderwick，2021）；还有部分学者根据《工业转型升级规划（2011~2015年）》文件中工业转型升级的目标，将经济效益、技术创新、结构优化以及绿色驱动四大要素纳入指标体系，共包括18项具体指标（王玉燕、汪玲，2016）；同样王玉燕和林汉川（2014）依据我国企业转型升级战略，设计构建出经济效益、技术创新、结构优化、绿色驱动、质量品牌以及智能化率六大类指标体系，对中国企业转型升级战略进行了有效评价。其二，就研究空间尺度而言，部分学者针对某一区域，如西部12省份、西北五省份、长三角城市群等，通过对其构建指标体系，展开相应的评价研究（Zhang C，2019；杨立勋等，2016；魏修建、吴刚等，

2021；廖信林等，2021；Ding T，2022）；或者针对某一省市，如北京市、湖南省等，从中选取工业发展程度较高的几个市区分析工业转型升级的发展水平（黄思宁等，2013；岳意定等，2014）；现有文献缺少针对全国30几个省份之间的尺度研究，这一部分有待深入开展。其三，就研究方法而言，大部分学者为了避免主观性，采用客观赋权法对中国制造业转型升级的发展水平进行测度，如熵权法、多目标规划法、数据包络分析法等（杨立勋、高喻，2016；潘为华、潘红玉等，2019；罗序斌、黄亮，2020）；马静和闫超栋（2020）采用"主客观组合赋权"的方法确定指标权重并进行分析；部分学者通过主成分分析、因子分析等数据分析方法来测算转型升级的效果指数，并对其进行综合评价（王玉燕、林汉川，2015；魏修建、吴刚，2021；Zangiacomi，2020）；此外，还有部分文献通过建立模型对工业发展水平进行测算，并对转型升级路径以及影响因素进行分析研究等（杨莉、余倩倩等，2019；张继良、赵崇生，2015）。

综上所述，学者们采用不同的研究方法、针对不同的研究区域通过建立指标体系的方式对我国制造业转型升级水平进行测度，为本书关于我国制造业数智化融合转型升级能力的测度评价及时空演变研究提供了借鉴与参考。

（六）制造业转型升级的技术创新能力研究

在制造业转型升级的技术创新能力研究方面，大多数学者认为技术创新能力对制造业转型升级具有积极的正向作用（Radicic，2019）。Zhou JM（2022）等基于2008~2019年中国省级面板数据研究金融创新对制造业智能化转型升级的空间效应，为进一步推动制造业转型升级提供一定的参考；Cheng ML（2022）探究技术创新对制造业绿色转型升级的影响，认为技术创新效率、信息通信技术、城镇化和先进的产业结构都有利于制造业绿色转型升级能力的提高；Yang HC（2022）提出了中国制造业绿色创新绩效提升的三种路径：单边突破式、循序渐进式和激励跳跃式；唐琼（2022）提出技术创新驱动为制造业转型升级的内在动力，未来应在自主创新能力提升等方面发力，助力制造业高质量成长；赵玉林（2019）提出技术创新一方面对制造业转型升级具有相应的促进作用，另一方面通过产业融合实现转型升级的目标；周勇等（2022）将创新分为实质性创新和非实质性创新，并指出数字经济可为制造业转型升级带来实质性创新的提升；段婕和刘勇（2011）以我国装备制造业为例进行实证分析，建立关于装备制造业的技术创新能力评价理论体系，运用主成分分析法对技术创新能力进行全面评价，认为技术创新是获取产业竞争优势的根本途径，并提出了相关的改进建议；原毅军和戴宁（2017）在绿色技术创新与制造业转型升级之间关系的基础上，建立模型并研究发展路径，为制造业转型升级提供一定的借鉴和参考。

综上所述，制造业想要实现高质量成长就必须要有创新的支撑，技术创新能力是获取产业竞争优势的根本途径，也是制造业转型升级的核心驱动力，同样是提升我国制造业数智化融合转型升级能力的关键，在其概念界定、机理分析及测度评价等方面都有一定的指导作用。

（七）国内国家级项目群对制造业转型升级的研究现状及发展动态分析

国家社会科学基金项目立项情况在一定程度上也能反映出相关领域的发展趋势和最新进展。设定时间区间为 2012~2022 年，通过在“全国哲学社会科学工作办公室”网站以“制造业转型升级”为关键词对相关立项项目进行检索可知，国家社科基金支持的关于制造业转型升级的研究立项项目共有 41 项。通过对 2012~2022 年关于国家社会科学基金立项项目的整理，得到表 1-1。

表 1-1　2012~2022 年“制造业转型升级”领域国家社会科学基金项目统计

项目立项年度	立项项目数（项）
2012 年	2
2013 年	3

续表

项目立项年度	立项项目数（项）
2014 年	8
2015 年	1
2016 年	4
2017 年	4
2018 年	2
2019 年	1
2020 年	4
2021 年	6
2022 年	6
合计	41

在我国，基金项目是科研经费的主要来源之一，对相关领域的科研活动具有一定的支持和指导作用，科研项目从提出到决策的整个过程，都必须经过充分的调查论证。由表 1-1 可知，从增长趋势来看，制造业转型升级领域的立项数目没有较大的波动，2014 年该领域的立项项目数最多，共有 8 项，2015 年和 2019 年的立项数目较少，从 2019 年开始，立项项目数呈上升趋势并将继续保持增长的势头，这说明随着我国制造业转型升级的推进，国家对于该领域的关注和扶持力度持续上涨，反映出我国社会所需及政府的支持方向。通过对立项项目内容进行总结与分析，得到表 1-2。

表 1-2　2012~2022 年国家社会科学基金制造业转型升级研究项目分析

研究体系	项目负责人及年份
制造业转型升级影响因素研究	颜李朝（2022）、颜青（2021）、孙灵燕（2021）、刘建江（2017）、张先锋（2014）
制造业转型升级机理及对策研究	陈琦（2021）、李福柱（2019）、冯烽（2019）、蔡德发（2017）、陈颇（2017）、柏丹（2016）、张志元（2013）

续表

研究体系	项目负责人及年份
制造业转型升级路径研究	陈伟（2022）、王磊（2022）、毛小明（2022）、程凯（2022）、贾晓霞（2022）、陈长江（2021）、刘新争（2021）、冯碧梅（2021）、温湖炜（2020）、谢家平（2020）、王勇（2020）、夏伦（2017）、谢嗣胜（2016）、刘毅（2016）、李晓华（2016）、吴学花（2015）、余东华（2014）、邱风（2014）、黄庆华（2014）、吴刚（2014）、詹浩勇（2014）、黄宗捷（2014）、庄惠明（2012）、邓晓虹（2012）
创新驱动制造业转型升级研究	李惠娟（2020）、邢会（2018）、安果（2014）、胡小娟（2013）、詹浩勇（2013）

从立项项目研究内容来看，通过对国家社会科学基金中关于“制造业转型升级”相关的立项项目进行统计分析可知，全国哲学社会科学工作办公室十分重视制造业转型升级的研究，国内国家级科研立项情况与上述国内学者关于制造业转型升级各项专题的研究分析多是一致的。在制造业转型升级相关的立项项目中，有部分是在数字经济的前提与指导下展开，这说明将数字经济与制造业转型升级作为一个共同体进行研究已成为未来重要的研究趋势。关于制造业转型升级的路径研究是立项项目中占比最大的一部分，部分学者站在路径视角，对数字经济赋能制造业转型升级的实现路径展开了相关研究，如温湖炜（2020）的立项项目：数字经济赋能制造业转型升级的效应测度与实现路径研究；部分学者从全球供应链、绿色技术创新、金融资源等角度出发立项研究制造业转型升级的影响因素，代表学者有颜李朝（2022）、颜青（2021）、孙灵燕（2021）等；部分学者对制造业转型升级的机理展开研究，代表学者有陈琦（2021）、李福柱（2019）、冯烽（2019）等；此外，创新作为制造业转型升级的第一驱动力，也有部分学者研究了企业创新的实现机制以及创新如何驱动制造业转型升级，代表学者有李惠娟（2020）、邢会（2018）、安果（2014）等。综上所述，制造业转型升级吸引了众多学者对其进行深入分析和研究，研究内容也更加深入和广泛，该领域在今后的发展过程中还有很大的研究空间。

（八）制造业数智化融合转型升级研究文献分析

通过对国内外文献进行梳理可知，关于制造业数智化融合转型升级的相关文献研究较少，以“制造业数智化融合转型升级”为主题，对 1990~2023 年发表在核心期刊及 CSSCI 上的文章进行检索，未检索到相关文献，在此基础上扩大检索范围，以“制造业数智化”“企业数智化转型升级”“制造业数智化转型升级”为主题进行检索，共有 7 篇相关文献；以“digital and intelligent transformation and upgrading of the manufacturing industry”为主题，对 WOS 中的 SCI、SSCI 相关文献进行检索，同样未检索到相关文献，表明制造业数智化融合转型升级仍属于较新的领域，未来还有很大的研究空间。现有文献主要集中在以下几个方面：

部分学者从国际竞争力视角出发，将制造业数智化转型定义为数字化转型与智能要素的结合，并从产品、企业和产业三个层面探究我国制造业数智化转型对国际竞争力提升的协同作用（李雪灵等，2023）；部分学者实证研究数智化对制造企业创新质量的影响（王莉娜，2023），认为提升产业数智化水平、推动产业数智化转型升级有助于改变传统产业结构，实现高质量成长（金飞等，2023）；部分学者从制造业绿色发展视角出发，提出数智化技术从直接影响、技术效应、人力资本效应、结构效应等多渠道促进制造业实现全生命周期绿色化（刘朝，2023），得出基于数智化转型的制造业“双碳”发展路径与对策建议，为促进我国制造业实现数智化转型与“双碳”发展的融合协同提供理论依据（刘启雷等，2023）；戚聿东等（2022）以装备制造企业数智化转型为例，提出装备制造企业数智化转型表现为一种“双螺旋”演化形式，为其他装备制造企业提供一定的参考与借鉴。

综上所述，通过对数字经济、智能制造以及制造业转型升级等国内外文献梳理可知，学者们已从多个层面展开了较为丰富的研究，可以说数字经济下我国制造业数智化融合转型升级能力的相关前期研究成果已经十分丰富，为数字经济和智能制造从微观上提供相应支撑，制造业转型升级从战略、路径、影响因素、测度评价等方面为我们提供了基础的方法和理论，均为本书数字经济下我国制造业数智化融合转型升级能力研究的开展提供了思路借鉴。但也存在以下不足：一是现有文献大多分别针对数字经济、智能制造及制造业转型升级进行研究，关于制造业数智化融合转型升级能力的文献研究几乎没有；二是现有文献缺乏作用机理方面深层次的研究；三是关于制造业转型升级的实证研究在指标体系构建、研究区域及方法选择上较为受限，提出的对策建议也比较宏观，可借鉴性不强。基于此，本书在现有研究的基础上，首先梳理出数字经济、智能制造、制造业转型升级及制造业数智化融合转型升级能力的相关理论，在此基础上构建出数字经济下我国制造业数智化融合转型升级能力的综合网络模型分析其作用机理，并选取 2012~2021 年我国 30 个省份的制造业数智化融合转型升级能力相关数据，从不同维度选择相应指标构建一套全面、细化的评价指标体系，通过时空极差熵值法、Dagum 基尼系数、Kernel 核密度估计以及马尔科夫链模型等研究方法，对数字经济下我国制造业数智化融合转型升级能力、区域差异以及时空演变趋势进行研究，对研究结果进行分析，深入考量新形势下我国制造业数智化融合转型升级能力的现状，运用复合 DEA 对数字经济下我国制造业数智化融合转型升级能力的空间异质性进行分析，阐明不同影响因素对我国不同区域制造业数智化融合转型升级能力的作用效果，并针对性地提出数字经济下我国制造业数智化融合转型升级能力的提升路径建议。

四、制造业“产业链+创新链+人才链”相关研究

（一）国外制造业“产业链+创新链+人才链”相关研究

1. 国外制造业“产业链+创新链+人才链”相关研究的关键词分析

本书对国外制造业“产业链+创新链+人才链”的相关研究基于可视化分

析视角，以“Innovation”“Talent”“Industry”为关键词对WOS核心数据库SCI、SSCI中相关文献进行搜索，限定检索时间为2008~2023年（见表1-3），共搜索到198篇文章，对搜索到的文章进行检阅、整理。发现国外相关文献主要研究主题为“管理”“可持续性科学”。经过数据筛选，剔除会议、报纸、图书等文献，再经人工去重，最终得到有效样本研究文献169篇。

表1-3　国外研究样本数据检索条件

检索条件类别	检索条件假设
检索日期	2023年10月23日
时间阈值	2008~2023年
数据库	WOS
检索策略	检索主题“Innovation”“Talent”“Industry”
节点类型	关键词（Keyword）

关键词是能够表达文章的中心概念以及凸显文章主题的重要载体，通过研究文章关键词能够更好地了解文章的研究脉络。而关键词的出现频次是某研究领域热度的重要指标。因此，本书将169篇相关文章的关键词进行了共现，显示出排名前十的关键词，生成的关键词图谱如图1-1所示。

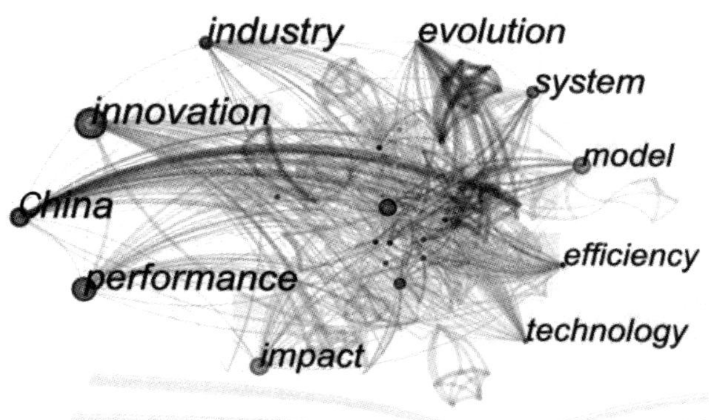

图1-1　国外制造业“产业链+创新链+人才链”研究关键词图谱

关键词图谱共出现节点 274 个，连线 1061 条。图中圆圈的大小代表关键词的共现次数的多少。其中创新（innovation）出现次数最多，共出现 30 次，其次为绩效（performance）、中国（China）等（见表 1-4）。关键词共现次数越多，节点越大，但是节点越大不代表中心性相应就越高。中心性表明了该词与其他关键词之间的联系，其表示方法是通过节点间的连线数量来显示。若中心性超过 0. 1 的节点，则说明该节点为中心节点，在研究中较为重要且具有较大的影响力。关键词创新（Innovation）中心性最高，为 0. 25，表明该关键词与其他关键词有较多联系，对其他的关键词有比较大的影响力；刨除搜索关键词"Innovation""Talent""Industry"，中国（China）、绩效（Performance）、系统（System）关键词中心性较高，应着重分析该类关键词相互之间以及与研究主题之间的关系。

表 1-4　国外制造业"产业链+创新链+人才链"文献发文量前十的关键词

排名	发文量	中心性	年份	关键词
1	30	0. 25	2012	Innovation
2	20	0. 15	2012	Permormance
3	18	0. 20	2014	China
4	16	0. 06	2019	Impact
5	15	0. 24	2014	Industry
6	14	0. 15	2009	System
7	12	0. 05	2020	Model
8	10	0. 04	2020	Strategy
9	9	0. 12	2014	Evolution
10	8	0. 06	2012	Technology

国外对制造业产业链、创新链、人才链的研究往往具有国际视野和丰富经验，可以为中国的制造业发展、创新驱动和人才培养提供有益的借鉴和参考。

促进制造业自身的产业升级、技术创新和人才培养。同时国外对制造业产业链、创新链、人才链的相互融合越发重视，先后出台了多条法律法规促进三者间的结合。同时国外研究在探讨制造业、创新和人才对产能、绩效的影响方面积累了丰富的理论和实证研究成果，这些研究可以帮助人们深入理解不同产业领域中创新和人才因素对绩效的作用机制和路径，为提高制造业的产业绩效、加强创新驱动和人才培养提供科学依据和指导。

总的来说，国外制造业“产业链+创新链+人才链”的研究对象主要集中在中国地区制造业，可以为中国在制造业高质量成长、创新驱动和人才培养方面提供新的思路和方法，帮助提高绩效和推动系统的协同发展。中外研究成果的结合可以促进中国在制造业数智化转型升级和高质量成长方面取得更大的进展。

2. 国外制造业“产业链+创新链+人才链”相关研究的聚类分析

进一步分析国外制造业“产业链+创新链+人才链”三者结合相关文章之间的研究脉络和知识结构，本书对国外制造业“产业链+创新链+人才链”相关研究关键词通过使用对数似然比（LLR）算法进行聚类分析，最终得到国外制造业“产业链+创新链+人才链”相关研究关键词的聚类时间序列图谱，如图 1-2 所示。通过对 169 篇文章进行聚类分析，共得到 8 个聚类，聚类前的数字表明了该聚类包含文献的多少，聚类前数字越小，则说明聚类包含的文献越多。其中，s 值越接近 1，网络的同质性越高，当 s 值为 0.7 时，国外制造业“产业链+创新链+人才链”相关研究聚类结果具有高信度，s 值大于 0.5 则说明聚类合理，s 值为 0.8711，说明国外制造业“产业链+创新链+人才链”相关研究聚类具有相当高的可信度；q 值的区间为 0~1，当 q 值大于 0.3 则说明聚类的社团结构显著，q 值为 0.6019，表明该聚类的社团结构显著。将图 1-2 关键词进行分类，可以从以下三个方面进行分析：

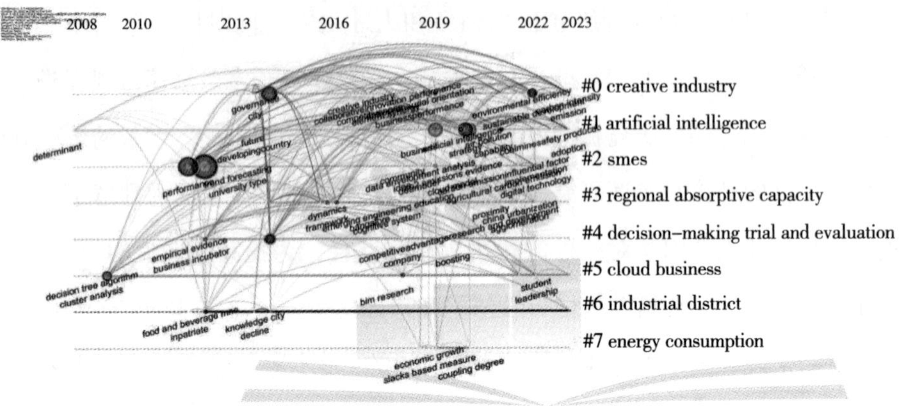

图 1-2　国外制造业“产业链+创新链+人才链”关键词聚类的时间序列图谱

（1）制造业的产业领域相关：创意产业、人工智能、智能制造、云业务、工业区。这些词都涉及不同领域的产业发展，如文化创意产业、人工智能产业、智能制造产业、云计算业务以及工业区的发展。国外的研究经验和实证研究可以对制造业的发展模式、创新动力和人才培养提供经验和理论支持，属于初步研究阶段。

（2）区域发展和合作相关：区域吸收能力、决策试验和评估、工业区。这些词涉及地区或区域的发展和合作。国外的研究可以对区域间的吸收能力、决策试验和评估以及工业区的建设模式和效果进行经验分享。通过分析产业结构，结合当地人才策略，创新政策制定发展路线。

（3）能源和环境相关：能源消耗。这个词涉及能源问题和环境影响。国外的研究可以为减少能源消耗、提升能源效率以及推动可持续发展提供经验和技术支持，通过研究能源消耗，进行产业创新，改善企业经营现状，提高经营利润，吸引人才，为开辟发展新领域新赛道、不断塑造发展新动能提供了新的思路和路径选择。

总体而言，国外制造业“产业链+创新链+人才链”研究可以涵盖这些词所代表的不同领域和问题。这些研究可以为我国在不同领域的政策制定、资源配置和人才培养提供借鉴和启发。通过借鉴国外的研究成果，我国可以推动制造业的发展和创新驱动，提升区域发展能力，吸引大批人才，促进制造业的蓬勃发展和国际竞争力的提升。

3. 国外制造业“产业链+创新链+人才链”相关研究的热点趋势分析

关键词的凸显情况能够显示出不同阶段的研究热点，研究关键词的凸显情况有助于剖析该研究领域的热点以及未来的发展趋势，图 1-3 则列出了国外制造业“产业链+创新链+人才链”相关研究不同时间阶段最强烈的 15 个关键词，这些关键词涵盖了国外制造业“产业链+创新链+人才链”研究领域的不同方面。它们之间可以通过时间的推移来观察其发展和演进。

Keywords	Year	Strength Begin	End	2000~2023年
knowledge management	2000	1.22012	2018	
evolution	2000	1.472014	2017	
drug discovery	2000	1.22014	2016	
dynamics	2000	1.472016	2020	
creative industry	2000	1.012017	2019	
impact	2000	1.62019	2023	
business	2000	0.942019	2021	
model	2000	1.742020	2023	
artificial intelligence	2000	1.292020	2021	
behavior	2000	0.962020	2021	
artificialintelligence	2000	0.962020	2021	
firm	2000	1.462021	2023	
research and development	2000	1.462021	2023	
management	2000	1.422021	2023	
policy	2000	0.922021	2023	

图 1-3 国外制造业“产业链+创新链+人才链”研究关键词凸显情况

初始阶段关注知识管理和制造业的产业创新的演变，着重探索知识管理、制造业的产业演变和药物发现等方面的内容。随着时间推移，研究的重点逐渐转向动态、影响和商业模式等方面。这些关键词涵盖了产业创新的不同层面，从动态变化、创意产业发展到影响力和商业模式的创新。在中期阶段，人工智能、行为以及模式成为研究的重点。这些关键词反映了技术在创新中的应用、个体和组织行为以及创新模式的重要性。在后期阶段，研究关注公司和产业之间的关系，研发活动的创新和管理的作用，以及政策对产业创新和发展的影响。

这些关键词之间存在着紧密的联系和演进关系。一方面，它们涵盖了产业创新的不同方面，从知识管理到商业模式，再到公司和政策等。另一方面，它们也表明了研究的重点随着时间的推移而不断变化，从早期的知识管理和产业演变到后期的研发和管理。这个演进过程反映了对产业创新和人才培养的认识和研究的全面发展。

通过对前文的分析总结可以发现，国外制造业“产业链+创新链+人才链”主要研究领域集中在以下五点：①创新模式研究：国外的研究关注不断探索新的创新模式，包括开放创新、合作创新、数字化创新等，以推动产业创新和人才培养；②科技与创新政策研究：研究者们关注科技与创新政策的制定和执行，以促进产业创新和人才培养的有效发展；③创新生态系统研究：关注创新生态系统的建设和运行机制，研究创新网络、创新孵化器、创新集群等，以促进产业创新和人才培养；④人才培养和创新能力研究：国外关注培养具备创新能力的人才，研究人才培养机制、人才流动性以及人才对产业创新的贡献；⑤技术和数字化创新研究：研究者们关注技术和数字化创新对于产业创新和人才培养的影响，包括人工智能、大数据、云计算等技术的应用。

然而，目前国外学者对制造业“产业链+创新链+人才链”的综合研究仍存在一些不足，主要有以下四点：

（1）缺少跨学科研究：虽然有许多研究关注“产业链+创新链+人才链”，但综合跨学科的研究仍然相对较少。各学科对于三者间的相互联系原理尚不明确，更多的跨学科研究可以深入探讨各个学科之间的交叉影响和互动作用。

（2）缺少区域差异性研究：国外研究大多关注全球范围内的“产业链+创新链+人才链”，但对于不同地区的差异性研究仍较少，各个地区在产业发展、创新能力和人才培养方面的特点和需求也需要更深入的探讨。

（3）缺少不确定性和创新管理研究：面对不确定的环境和快速变化的市场条件，三者之间的变化以及变化程度研究尚浅。研究者们可以更深入地探讨如何管理不确定性和创新风险，以及如何应对不确定性对产业创新和人才培养的挑战。

（4）缺少跨文化和国际研究：随着全球化的深入发展，跨文化和国际研究对于理解不同文化环境下的产业创新和人才培养也变得更为重要。目前研究领域尚未涉及国际间的创新、产业、人才在不同文化下的发展状况。

（二）国内制造业“产业链+创新链+人才链”相关研究

1. 国内制造业“产业链+创新链+人才链”相关研究的关键词分析

为探究国内制造业“产业链+创新链+人才链”相关研究发展现状，本书以“产业”“人才”“创新”为关键词，对2000~2023年发表在核心期刊以及SCI、CSSCI上的文章进行检索（见表1-5），最终共检索到18132篇文章（其中核心期刊、SCI、CSSCI文章共13424篇，博士论文4708篇）。文章主要集中在经济体制改革、高等教育、职业教育、工业经济等领域。为进一步研究三者对国内工业领域的影响，因此将研究领域缩小至工业经济领域。通过Citespace软件进行文献查重，经过数据筛选，最终得到有效样本研究文献1254篇。由此也可以看出国内对三者结合的研究远超国外。

表1-5 国内研究样本数据检索条件

检索条件类别	检索条件假设
检索日期	2023年10月23日
时间阈值	2000~2023年

续表

检索条件类别	检索条件假设
数据库	CSSCI、SCI、核心期刊
检索策略	检索主题“产业”“创新”“人才”
节点类型	关键词（Keyboard）

对1254篇文章进行关键词共现，对排名前十的关键词进行凸显，最终得到的关键词图谱如图1-4所示。得到的关键词图谱共有619个节点，937条连线。值得注意的一点是，尽管国内相关文献数目较多，涉及领域较广，但是从生成的关键词图谱可以发现关键词之间联系较少，说明国内文献之间联系较少。

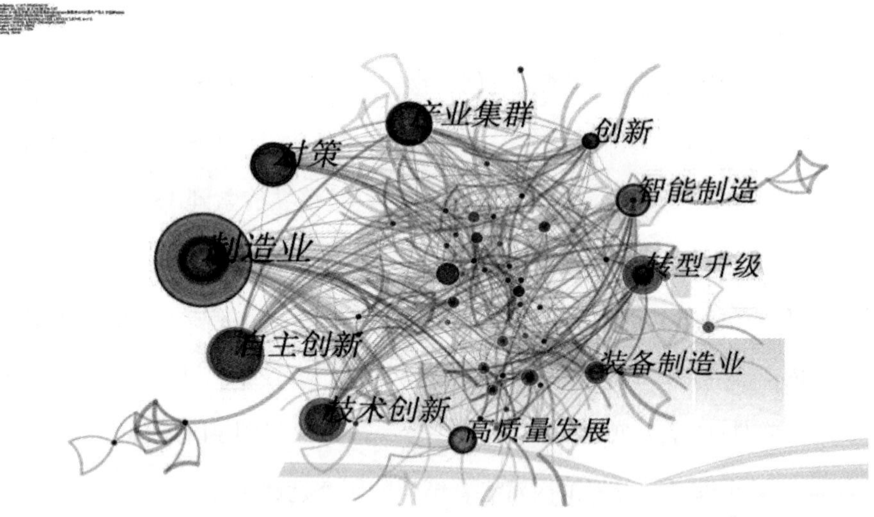

图1-4　国内制造业“产业链+创新链+人才链”研究关键词图谱

其中制造业出现次数最多，达到了89次，其次为自主创新、产业集群、对策等关键词（见表1-6）。在这些关键词中中心性最高的也为制造业

(0.19)，为关键节点。说明制造业与“产业”“创新”“人才”三者之间关系最为密切，围绕其展开研究最多；此外，自主创新（0.10）、对策（0.11）关键词中心性超过0.1也较高，它们与“产业+创新+人才”之间的关系也应着重分析。

表1-6 国内“产业链+创新链+人才链”研究发文量前十的关键词

排名	发文量	中心性	年份	关键词
1	89	0.19	2002	制造业
2	47	0.10	2006	自主创新
3	45	0.06	2004	产业集群
4	42	0.11	2000	对策
5	40	0.07	2001	技术创新
6	29	0.05	2011	转型升级
7	28	0.04	2015	智能制造
8	27	0.06	2003	创新
9	26	0.04	2009	装备制造业
10	24	0.03	2020	高质量发展

“产业链+创新链+人才链”的研究与制造业、自主创新、对策之间存在紧密的关系和相互作用。

制造业是产业创新的基础和核心，它涉及产品、工艺、技术以及生产方式的创新。制造业通过引入创新技术、开展新产品研发、改进生产过程等方式推动产业创新。自主创新是推动制造业创新成长的重要路径。通过自主创新，制造业企业可以提高技术竞争力、产品品质、降低生产成本等，从而推动整个产业的发展。

人才是推动产业创新的关键要素。有创新能力、创新意识的人才能够在产业中开展前沿研发、创新设计和市场营销等工作，促进产业创新的发展。人才的培养和引进是企业进行自主创新的基础。企业需要具备创新能力的人才来进行科技创新、管理创新等，以提高企业的核心竞争力和市场影响力。

政策对产业创新有着重要的引导作用，通过制定创新政策、提供财政支持、营造良好的创新环境等方式，推动产业创新的发展。政策对企业进行自主创新提供了重要支持。政府对技术研发、知识产权保护、科技金融等方面的政策制定和推行，可以激励企业进行自主创新。同时对人才培养提供了指导和支持。政府通过实施人才政策、设立人才培训机构、提供奖励政策等，促进人才培养和引进，为产业创新提供了人才支持。

总的来说，制造业、自主创新、对策以及人才培养之间存在着密切的联系和互动作用。它们共同构成了“产业链+创新链+人才链”的研究领域，相互促进和影响，共同推动了经济发展和产业转型升级。政策支持在这一过程中发挥重要作用，引导和激励各方面的合作和发展。

2. 国内制造业“产业链+创新链+人才链”相关研究的聚类分析

将 1254 篇文章进行关键词的聚类分析，得到图 1-5。共得到 10 个聚类，将聚类进行排列。图 1-5 的 s 值为 0.8833，说明该聚类具有相当高的可信度；q 值的区间为 0~1，当 q 值大于 0.3 则说明聚类的社团结构显著，图 1-5 的 q 值为 0.7008，表明该聚类的社团结构显著，因此该图具有参考价值。刨除关键词分析中的“自主创新”“制造业”“对策”，其余 6 个关键词——战略性新兴产业、智能制造、产业升级、中国纺织工业联合会、产业链、发展战略——与国内的“产业链+创新链+人才链”研究之间存在着密切的关系。

战略性新兴产业和智能制造可以归类到“产业升级”和“技术创新”领域。战略性新兴产业是指国家经济发展中重要的新兴产业，而智能制造是其中的核心技术和发展方向。战略性新兴产业需要依靠智能制造来推动产业创新和发展。

产业升级和中国纺织工业联合会可以归类到“产业发展”和“行业组织

与协作”领域。产业升级指将传统产业转型升级为更具竞争力和高附加值的产业形态，而中国纺织工业联合会则是纺织行业的行业组织和协会，致力于行业发展。中国纺织工业联合会通过制定发展战略、推动创新和协同合作，促进纺织行业的产业升级。

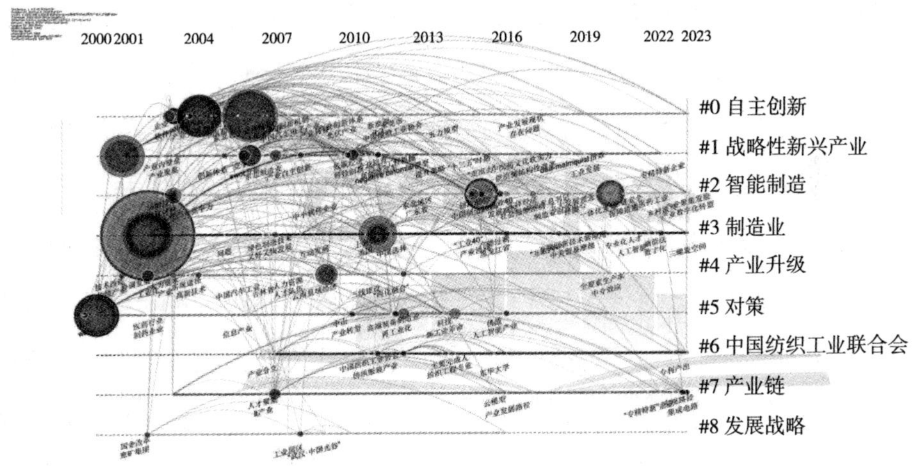

图 1-5　国内制造业“产业链+创新链+人才链”关键词聚类的时间序列图谱

产业链和发展战略可以归类到“产业发展”和“战略规划”领域。产业链是指从原材料供应到最终产品的全过程，发展战略则是为推动产业发展制定长远目标和策略。产业链研究可以帮助理解产业结构和创新协同，而发展战略则指导产业链的发展方向和创新路径。

这些关键词的研究与人才培养、政策制定等相互交织，共同推动着产业创新和发展。

3. 国内制造业“产业链+创新链+人才链”相关研究的研究热点趋势分析

通过关键词的凸显情况可以发现国外学者研究脉络（见图 1-6），根据国内“产业链+创新链+人才链”研究关键词的凸显情况可以将国内研究阶段分为以下四部分。

Keywords	Year	Strength	Begin	End	2000~2023年
新型工业化	2000	6.53	2003	2009	
软件产业	2000	6.42	2003	2010	
自主创新	2000	11.78	2006	2009	
装备制造业	2000	4.31	2009	2013	
战略性新兴产业	2000	5.6	2010	2012	
电子信息产业	2000	4.47	2010	2015	
技术创新	2000	4.27	2010	2013	
智能制造	2000	7.44	2015	2023	
转型升级	2000	7.25	2015	2020	
中国智造	2000	5.26	2015	2019	
制造业	2000	4.6	2015	2021	
制造强国	2000	4.56	2015	2019	
创新驱动	2000	4.5	2015	2017	
军民融合	2000	4.69	2018	2020	
高质量发展	2000	12.71	2020	2023	

图 1-6　国内制造业“产业链+创新链+人才链”研究关键词凸显情况

（1）产业结构转型和升级：新型工业化、装备制造业、转型升级、制造业、制造强国、高质量发展。

（2）科技创新和技术发展：自主创新、技术创新、智能制造、创新驱动、军民融合。

（3）产业发展和战略规划：战略性新兴产业、电子信息产业、中国智造。

（4）人才培养和人力资源：产业链+创新链+人才链、人力资源。

这些分组可以帮助理解这些关键词在国内“产业链+创新链+人才链”研究中的不同方面和主题。产业结构转型和升级关注产业的结构和发展路径，科技创新和技术发展强调技术创新和推动产业发展的关键。产业发展和战略规划涉及产业的整体发展和国家战略，而人才培养和人力资源则是支撑产业创新和

发展的重要支持。

总的来说，这些关键词的发展逻辑是由传统产业向技术密集型和高附加值产业转变，推动产业集聚和结构调整，培育战略性新兴产业，强调科技创新和技术发展，推动智能制造和转型升级，提高制造业的创新能力和全球竞争力，并注重人才培养和高质量发展。这样的发展顺序和逻辑旨在实现国内产业的创新、转型和升级，提升国家的经济实力和综合竞争力。

在国内对于制造业“产业链+创新链+人才链”研究的重点领域可以总结如下：

创新创业和产业发展研究：国内研究关注创新创业对于产业发展的作用，研究创新企业成长、创新政策支持以及创新创业生态系统建设等方面；人才培养与创新能力研究：研究者们关注人才培养对于创新能力的影响，研究人才培养机制、人才流动性以及人才对产业创新的贡献；创新管理研究：国内研究关注如何有效管理创新活动，研究创新管理的理论和实践，包括创新过程管理、创新团队组织和创新文化塑造等方面；技术创新与科技政策研究：关注技术创新对产业发展和创新能力的推动作用，以及科技政策对技术创新和产业升级的引导和支持；跨界合作与创新生态系统研究：研究相关领域的跨界合作和创新生态系统建设，包括大企业与创业公司合作、产学研合作、创新孵化器和科技园区等方面。

尽管国内对“产业链+创新链+人才链”研究的关注度不断增加，远超国外，但仍然存在一些欠缺的方面：

（1）跨学科研究：国内研究在制造业“产业链+创新链+人才链”领域还相对注重各个单一学科的研究，跨学科的合作和研究仍然相对较少，缺乏综合性的研究视角。

（2）企业创新与人才培养的衔接：国内研究关注创新企业的成长和发展，但对于如何有效培养和引进创新人才，以及人才培养与企业创新的衔接还需要进一步研究。

(3) 组织创新能力的提升：虽然国内研究强调了创新能力的重要性，但对于组织如何提升创新能力还需要更深入的研究，以探索创新能力的培养和强化。

(4) 小微企业和中小企业的创新研究：国内研究中更多关注大型企业的创新，中小企业和小微企业的创新活动研究还相对较少。

五、制造业数字化治理与绿色成长文献述评

(一) 国外制造业数字化治理与绿色成长协同研究

1. 国外制造业数字化治理相关研究

(1) 关键词分析。

本书对国外数字化治理相关研究基于可视化分析视角，以“Digitalization”为关键词对 WOS 核心数据库 SCI、SSCI 中相关文献进行搜索，限定检索时间为 2008~2023 年，共搜索到 4762 篇文章，对搜索到的文献进行分析可知数字化的研究主题主要集中在设计与制造、管理等学科领域，为了得到与制造业数字化有关的文章，本书在此基础上又进行了进一步的筛选，选择了“管理”类文章作为研究领域，共得到文章 412 篇。经过数据筛选，剔除会议、报纸、图书等文献，再经人工去重，最终得到有效样本研究文献 383 篇。将 383 篇数字化相关文章的关键词进行了共现，显示出排名前十二的关键词，生成的关键词图谱如图 1-7 所示。图 1-7 中共有节点 347 个，连线 1832 条。图中圆圈的大小代表关键词的共现次数的多少。其中数字化（digitalization）出现次数最多，共出现 133 次，其次为创新（Innovation）、管理（Management）等（见表 1-7）。关键词共现次数越多，节点越大，但是节点大并不代表中心性相应就越高。中心性表明了该词与其他关键词之间的联系，其表示方法是通过节点间的连线数量来显示的。关键词数字化（digitalization）中心性大于 0.1 为关键

节点，表明该关键词与其他关键词有较多联系，对其他的关键词有比较大的影响力；此外，关键词创新（Innovation）与管理（Management）的中心性分别为0.06与0.08，也具有较大的影响力。因此，在国外数字化领域中，创新与管理是管理者应该关注的重点。数字化与创新和管理之间的关系可以从以下两个方面展开。

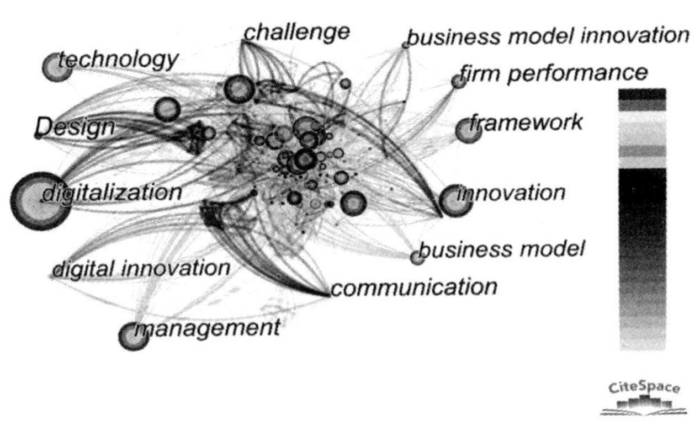

图 1-7 国外数字化研究关键词图谱

表 1-7 国外数字化发文量前十的关键词

排名	发文量	中心性	年份	关键词
1	133	0.12	2010	digitalization
2	70	0.06	2010	Innovation
3	55	0.08	2017	Management
4	52	0.04	2019	Impact
5	51	0.07	2010	Technology
6	43	0.06	2018	Performance
7	36	0.01	2020	Digital transformation
8	36	0.01	2020	Sustainability

续表

排名	发文量	中心性	年份	关键词
9	35	0.06	2012	Framework
10	33	0.03	2018	Model

一方面，数字化为创新提供了巨大的机会和平台。数字化技术的快速发展和普及使创新更加容易和高效。例如，互联网和移动应用的兴起为新的商业模式和服务提供了空间，创造了无数新的创业机会。同时，数字化也提供了更多的数据和信息资源，为创新提供了更多的参考和支持。此外，创新可以通过数字化技术来改进产品、优化流程、提供个性化服务等。创新对数字化的发展起到推动作用。创新需求的不断增长促使数字技术的进步和应用。例如，人工智能的发展离不开对更智能、更高效的解决方案的需求。创新还带来了新的业务需求，需要数字化来支持和实现。

另一方面，管理在数字化和创新过程中发挥着重要的作用。管理需要对数字化和创新的资源、流程和风险进行有效的规划和控制。数字化和创新通常需要跨部门、跨组织的协作，而管理可以提供有效的组织架构和流程，使数字化和创新能够顺利进行。管理还需要对数字化和创新过程进行评估和监控，以确保达到预期的效果和目标。数字化和创新也对管理提出了新的挑战。数字化和创新通常伴随着不确定性和变革，需要灵活的管理方法和组织文化来适应和引领变化。管理需要不断学习和更新知识，以保持与数字化和创新的步伐同步。管理还需要关注数字化带来的数据安全和隐私保护等重要问题，以及创新过程中的风险问题。

可见国外数字化与创新和管理之间的联系是紧密的。数字化为创新提供了平台和机会，创新推动了数字化的发展，而管理在数字化和创新过程中发挥着重要的作用。它们相互支持和促进，在数字化不断发展的过程中不断完善。这都为后续数字化的研究提供了新的研究思路与理论基础。

（2）聚类分析。

为了进一步研究国外数字化相关文章之间的研究脉络和知识结构，本书对关键词通过使用对数似然比（LLR）算法进行了聚类分析，最终得到了关键词的聚类时间序列图谱，如图 1-8 所示。通过对 383 篇文章进行聚类分析，共得到 10 个聚类，聚类前的数字表明了该聚类包含文献的多少，聚类前数字越小，则说明聚类包含的文献越多。其中，s 值越接近 1，网络的同质性越高，当 s 值为 0.7 时，聚类结果具有高信度，s 值大于 0.5 则说明聚类合理，s 值为 0.7494，说明该聚类具有相当高的可信度；q 值的区间为 0～1，当 q 值大于 0.3 则说明聚类的社团结构显著，q 值为 0.4703，表明该聚类的社团结构显著。

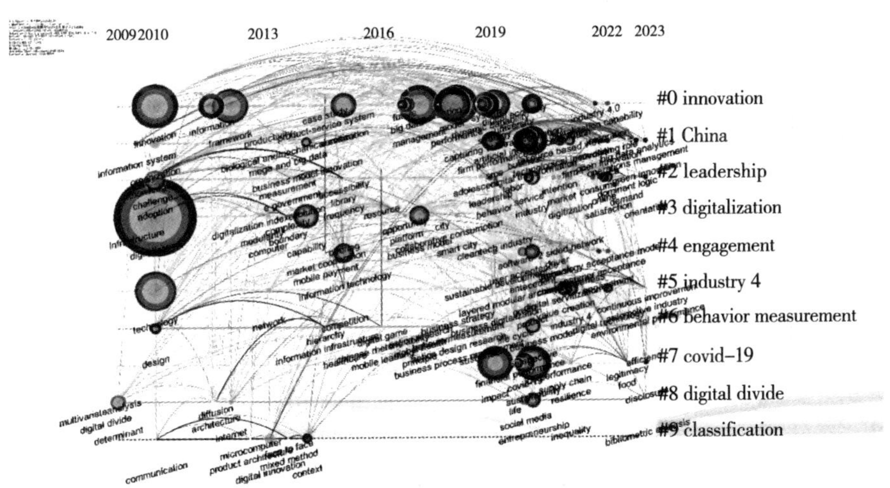

图 1-8 国外数字化关键词聚类的时间序列图谱

由此得出：创新（innovation）、中国（China）、领导力（leadership）、数字化（digitalization）、参与（engagement）、工业 4.0（industry 4.0）、行为测

量（behavior measurement）、COVID－19、数字鸿沟（digital divide）、分类（classification）排名前十的聚类。在这些聚类中，刨除主题词以及管理类专业名词，其余聚类均与数字化有一定的联系。体现在以下七个方面：

1）数字化与创新：数字化为创新提供了基础和支持。数字化技术的发展推动了创新的范围和速度，为新的商业模式、产品和服务创造了机会。创新又反过来促进了数字化技术的应用和进步，如在互联网、人工智能、大数据等领域的创新应用。

2）数字化与中国：中国积极推动数字化发展，将数字经济作为经济转型升级的重要驱动力。中国在数字技术的应用、创新产业培育等方面取得了重要进展，被视为全球数字化领域的重要参与者和竞争者。

3）数字化与领导力：数字化时代对领导力提出了新的要求。领导者需要具备适应数字化变革的能力，引领组织转型和创新。数字化还提供了更多的数据和信息，使领导者能够更好地进行决策和管理。

4）数字化与工业 4.0：工业 4.0 强调数字化在制造业中的应用，以实现智能化生产和数字化供应链管理。数字化技术和工业 4.0 的融合为企业提供了更高效、灵活和智能的生产方式，推动了制造业的转型和升级。

5）数字化与行为测量：数字化技术为行为测量提供了更多的可能性。通过数字化设备和算法，我们可以更准确地收集和分析个体或群体的行为数据，用于研究、决策和改进。行为测量又可以为数字化技术提供反馈和指导，用于优化用户体验和个性化服务。

6）数字化与 COVID－19：COVID－19 疫情加速了数字化的应用和创新。疫情期间，数字技术被广泛用于远程办公、在线教育、医疗健康等领域。疫情还增强了数字化转型的迫切性，企业和机构需要通过数字化来适应新的经济和社会环境。

7）数字化与数字鸿沟：数字鸿沟是指不同个体、地区或国家之间在数字化领域的差距。数字化的发展在一些地区和群体之间存在差异，进一步加剧了不平等现象。数字鸿沟的减少需要政府、企业和社会各方的努力，以提供普惠的数字化机会和资源平等。

总体来看，国外数字化与创新、中国、领导力、工业 4.0、行为测量、COVID-19 和数字鸿沟之间存在着复杂的相互影响和联系。它们共同构成了数字化时代的重要议题和挑战，需要全球各方的共同努力来推动数字化发展和应对相关问题。

（3）研究热点趋势分析。

关键词的凸显情况能够显示出不同阶段的研究热点，研究关键词的凸显情况有助于剖析该研究领域的热点以及未来的发展趋势，可以大致将它们分为 4 个阶段。

基础概念类（早期阶段）：通信（2010~2014 年）。在此时期，通信技术的发展成为数字化的基础。通信技术的进步为信息的传递和交流提供了更快速、便捷的方式。

技术与方法类（中期阶段）：模块性（2013~2017 年）、生产率（2013~2019 年）、设计（2015~2019 年）、大数据（2017~2019 年）。模块化的设计和开发方式使系统更加灵活和可扩展，有助于数字化技术的快速升级和集成。而数字化的广泛应用使得生产力得以提升。通过数字化技术，企业能够优化生产流程、提高效率，并获得更高水平的生产力。同时数字化技术也为设计带来了全新的可能性。通过数字化工具和平台，设计师可以更加高效地创造和实现创意，推动了设计行业的创新和发展。这期间大数据的概念逐渐崭露头角。数字化时代产生了大量的数据，通过对这些数据进行收集、分析和利用，可以获得更深入的洞察，为决策提供支持。

发展趋势与转型类（中后期阶段）：演变（2014~2015 年）、平台（2017~2018 年）、智慧城市（2018~2020 年）、互联网（2019~2020 年）。数字化领域在这个阶段经历了前所未有的快速演变。新的技术和概念不断涌现，推动着数字化的发展和创新。而数字化平台的兴起带动了数字化的发展。通过数字化平台，企业可以整合各种资源和服务，实现更高效的协同和价值创造。数字化技术在城市管理和公共服务中的应用，使城市变得更加智慧化。智慧城市概念的提出和推动，推动了城市数字化的进程，其中互联网在数字化时代扮演着重要角色。互联网的发展将信息和服务连接到一起，推动了数字化的快速普及和应用。

未来展望与影响类（后期阶段）：未来（2019~2020年）、公司业绩（2019~2020年）、产品（2020~2021年）、观点（2020~2021年）、采用（2020~2021年）。数字化技术对未来的影响和前景成为人们关注的焦点。数字化被认为将在未来持续发展和改变各个领域的方式。数字化的快速发展引发了各种观点和看法。数字化技术使产品的设计、制造和交付变得更加智能化和个性化。数字化的推动使得各行各业的产品都趋向于数字化和智能化。产品多样化也对公司业绩产生了重要影响。通过数字化转型，企业能够改善运营效率、提升客户体验，从而实现业绩增长。如今随着数字化的飞速发展，学者、专家和业界对数字化的影响和未来发展提出了各种观点和预测。数字化技术的采用程度在这个阶段不断增加。

这样的分类根据关键词所表示的概念、技术、趋势和影响等不同阶段的性质进行了时间规划，帮助理解了这些关键词的演变和发展过程。

2. 国外制造业绿色成长研究脉络与热点

（1）关键词分析。

本书对国外制造业绿色成长相关研究基于可视化分析视角，以“Green development”“Sustainable development”为关键词对WOS核心数据库SCI、SSCI相关文献进行搜索，限定检索时间为2008~2023年，共搜索到16169篇文章，对检索结果进行分析，可知国外绿色成长的研究主题主要集中在可持续科学、管理、林业等学科领域，为了得到与数字化有关的绿色成长文章，本书在此基础上又进行了进一步的筛选，选择了“管理”类文章作为研究领域，共得到文章1225篇。经过数据筛选，手动剔除会议、报纸、图书等文献，再经人工去重，最终得到有效样本研究文献861篇。

将有效样本的关键词共现，显示出排名前十的关键词。生成的关键词图谱如图1-9所示。其中共有500个节点，3488条连线，由此可见国外绿色成长相关研究要早于数字化相关研究。绩效（performance）出现次数最多，其次为可持续发展（sustainable development）、可持续性（sustainability）、管理（management）等。关键词可持续发展（sustainable development）的中心性为0.15，超过0.1，视为关键节点。值得注意的关键词还有绩效（performance）、创新（innovation），它们的中心性分别为0.07、0.06，着重分析国外绿色成长与绩效和创新之间的关系，有助于厘清相关文章之间的脉络，对绿色成长有更深入的了解（见表1-8）。

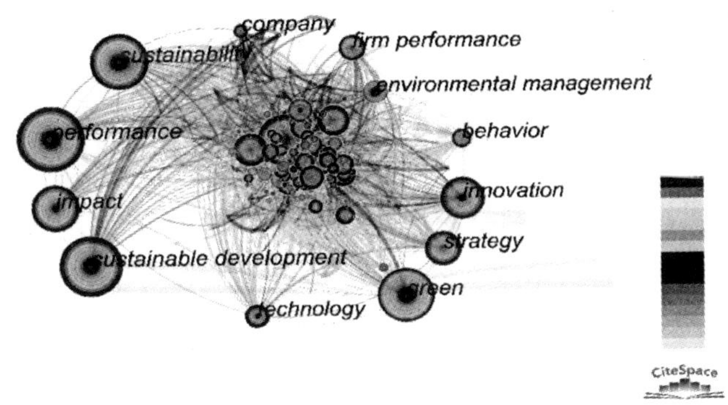

图1-9　国外绿色成长研究关键词图谱

表1-8　国外制造业绿色成长发文量前十的关键词

排名	发文量	中心性	年份	关键词
1	225	0.07	2008	Performance
2	224	0.15	2008	Sustainable development

续表

排名	发文量	中心性	年份	关键词
3	189	0.11	2008	Sustainability
4	170	0.05	2008	Management
5	163	0.06	2008	Impact
6	162	0.05	2008	Green
7	120	0.06	2008	Innovation
8	109	0.01	2017	Green innovation
9	100	0.05	2012	Strategy
10	97	0.03	2009	Model

绿色成长与创新和绩效之间的关系是相辅相成的。创新推动绿色成长，通过创新，可以提出新的绿色技术、解决方案和商业模式，为环境可持续性和资源效率提供更好的解决方案。创新能够改变现有的生产和消费方式，促进清洁能源的开发利用、循环经济的实施以及环境友好产品和服务的推广。

相反，绿色成长的要求推动了创新的产生和发展。为了满足环境保护和可持续发展的需求，企业和组织需要不断寻求创新的解决方案。绿色成长的目标鼓励了科技创新、产品创新和管理创新，以实现更环保和可持续的发展。

创新的产生与发展能够进一步提高绩效，创新对绿色成长的绩效产生积极影响。通过引入和应用新的绿色技术和解决方案，企业可以提高资源利用效率、减少环境污染以及降低成本。这些举措有助于改善企业的绩效指标，如能源效率、碳排放、废物管理和生产效率等。创新还可以提高竞争力和市场地位，为企业带来长期的商业价值。

而绿色绩效的提升又反过来推动了创新，绿色绩效的监测和评估可以激励企业进行创新。通过对企业环境绩效的评价和披露，社会和市场能够更好地认识到企业的环境表现。这种透明度鼓励企业采取创新措施来改善其环境绩效，以回应利益相关者和市场的需求。

综上所述，可见国外绿色成长与创新和绩效之间通过相互促进和反馈形成了一个良性循环。创新推动绿色成长，促进企业和组织在绿色领域取得更好的绩效。反过来，通过评估和监测绿色绩效，推动创新和发展出更环保和可持续的解决方案。政策和法规的创新也为绿色成长提供了必要的支持和指导。这样的互动关系有助于推进国外的绿色转型和可持续发展。

（2）聚类分析。

同上文分析方法，对国外与绿色成长相关的 861 篇文献进行了聚类分析，得到的聚类时间序列图谱如图 1-10 所示。图 1-10 中共出现了 9 个聚类，s 值为 0.6885，说明该聚类具有相当高的可信度；q 值的区间为 0~1，当 q 值大于 0.3 则说明聚类的社团结构显著，q 值为 0.3511，表明该聚类的社团结构显著。

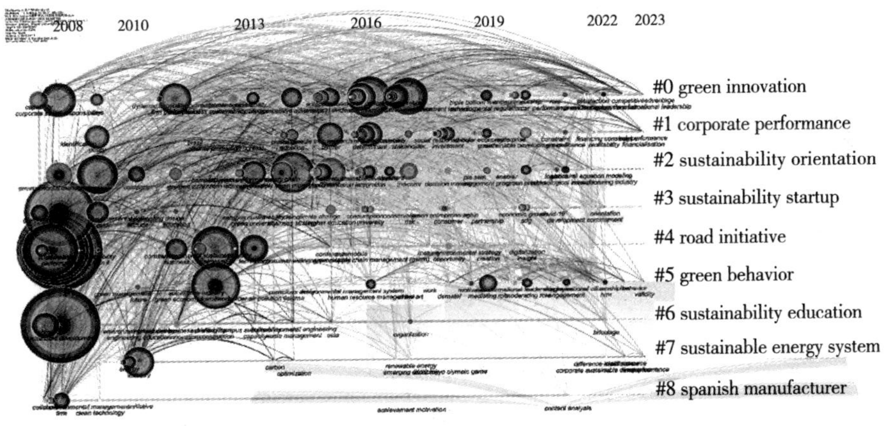

图 1-10　国外绿色成长关键词聚类的时间序列图谱

在这些聚类图谱中，每一项均与绿色成长有着密切的关系。这些关键词均涉及国外绿色成长的不同方面。绿色创新、可持续性导向和可持续发展初创企业等关键词强调创新和商业实践在推动国外绿色成长中的重要性。可持续性能源系统强调绿色能源的发展和应用，而受到道路倡议的推动，绿色基础设施建设得到推进。可持续发展教育关注培养可持续发展意识和能力的教育体系建设。西班牙制造商代表了制造业在国外绿色成长中的角色。

其中，绿色创新（green innovation）方面：国外学者认为绿色创新是指在产品、服务、技术和商业模式等方面推动绿色成长的创新。绿色创新能够促进环境可持续发展，通过提高资源效率、降低排放和减少环境影响等方式，推动企业和社会实现绿色转型。

企业绩效（corporate performance）方面：国外学者认为企业绩效是衡量企业经营成果和成就的指标，包括财务绩效、市场表现、环境表现等。在国外绿色成长研究中，企业绩效被视为重要的衡量标准，绿色成长可以提高企业绩效，包括降低成本、提高效率、增加市场份额和品牌声誉等。

可持续性导向（sustainability orientation）方面：国外学者认为可持续性导向是指企业或组织在决策和行动中将可持续发展纳入考虑的导向或理念。具有可持续性导向的企业更加注重生态环境、社会责任和经济可行性的均衡发展，致力于在经济运行中实现可持续发展。

可持续发展初创企业（sustainability startup）方面：国外学者认为可持续发展初创企业是指以可持续发展为核心理念和目标的初创企业。这些企业致力于推动绿色和可持续的商业模式、产品和服务，以创新的方式解决环境和社会问题，塑造可持续未来。

道路倡议（road initiative）方面：国外学者认为道路倡议是指一些国家提出的区域和全球合作倡议，目标是促进基础设施建设和经济发展。在国外绿色成长中，可以借助道路倡议推进绿色基础设施建设，包括可再生能源、电动交通、清洁生产等领域，推动绿色成长的跨国合作。

绿色行为（green behavior）方面：国外学者认为绿色行为指的是人们在日常生活中采取的环保和可持续的行为。这些行为包括节约能源、减少废物、选择环保产品等，通过改变个体和社会行为，共同促进绿色成长。

可持续发展教育（sustainability education）方面：国外学者认为可持续发展教育是指教育体系中涵盖可持续发展理念和实践的教育内容和培养方式。国外注重可持续发展教育的推广和普及，培养可持续发展意识和创新思维，为绿色成长提供人才支持。

可持续性能源系统（sustainability energy system）方面：国外学者认为可持续性能源系统指的是使用可再生能源、能源高效利用和低碳技术来满足能源需求的系统。这些系统促进了绿色能源的发展和可持续能源供应，为国外绿色成长提供了能源支撑。

西班牙制造商（Spanish manufacturer）方面：国外学者认为西班牙制造商代表具有制造业背景的企业，这些企业在国外绿色成长中扮演了重要角色。许多西班牙制造商致力于绿色创新和可持续发展，通过采用环保材料、提高能源效率、减少废物和污染物排放等方式，推动绿色生产和可持续发展的实践。

这些关键词共同构建了一个综合的绿色成长框架，强调了创新、导向、行为、能源、教育和产业等多个维度对于推动国外绿色成长的重要性。它们相互关联，相辅相成，共同推动了国外的绿色转型和可持续发展。

（3）研究热点趋势分析。

通过关键词的凸显情况可以发现国外学者研究脉络，国外绿色成长研究关键词的凸显情况可以将国外绿色成长的研究阶段分为以下七个部分：生态创新（2011~2016 年）和设计（2011~2016 年）方面：一致认为生态创新和设计关注在推动绿色成长中引入创新理念和方法，以减少环境影响和提高资源利用效率。设计可以为产品和服务提供绿色解决方案，促进生态创新。

环境管理（2012~2018 年）和绿色（2012~2014 年）方面：一致认为环境管理和绿色关注的重点是如何有效管理和保护环境资源。绿色可以指导在生产、消费和运营过程中减少环境污染和负面影响的实践。环境管理则强调如何制定和实施环境标准和政策，促进可持续发展。

绿色供应链管理（2012~2017 年）和环境可持续性（2012~2015 年）方面：一致认为绿色供应链管理与供应链中的环境问题相关，强调整个供应链过程中的环境可持续性。它包括供应商选择、产品设计、物流与运输等环节，致力于减少环境影响并提供可持续发展的解决方案。

运营（2016~2017 年）和选择（2016~2018 年）方面：一致认为运营和选择关注如何在生产运作和消费过程中做出绿色选择，以减少资源消耗和环境压力。选择可以涉及个人购买决策，而运营则包括企业运作中的绿色实践。

可持续运营（2016~2017 年）和整合（2018~2020 年）方面：一致认为可持续运营关注如何在企业运营中整合可持续发展的理念和实践，从而实现环境、社会和经济的协调发展。整合强调将各个方面的绿色实践和政策纳入一个整体框架中，实现更全面的可持续发展目标。

机遇（2018~2020 年）和可持续发展目标（2020~2021 年）方面：一致认为机遇指的是针对绿色成长所带来的机会和潜力，包括新的市场需求、政策支持和技术创新等。可持续发展目标则涉及国际社会共同努力的可持续发展目标，旨在维持地球生态系统的平衡和人类的幸福。

转型领导（2020~2021 年）方面：一致认为转型领导强调领导者在绿色转型中的重要作用，包括引领组织转型、推动创新、应对挑战等方面。转型领导可以激励组织和社会实现可持续发展的目标。

这些关键词共同构建了一个关于国外绿色成长的框架，并反映了其在不同时间段内的演进和重点。从关注创新及设计、环境管理和绿色到环境可持续性、供应链管理、运营、选择、整合、机遇和可持续发展目标，这些关键词呈现了绿色成长的逐步演进，并强调了在全球范围内实现可持续发展的重要性。

3. 国外制造业数字化与绿色成长结合研究的热点分析

在对国外学者制造业数字化与绿色成长的相关文献进行可视化分析、研究热点趋势分析、关键词凸显等操作后，将二者研究领域内发文量前十的关键词进行比对分析，如表 1-9 所示，可以发现 Sustainability（可持续性）、Management（管理）、Impact（影响）、Innovation（创新）、Performance（绩效）、Model（模式）这 6 个关键词在数字化与绿色成长的文献中均大量出现，这 6 个关键词可以按照它们对数字化与绿色成长的作用和影响进行分类。Sustainability（可持续性）、Management（管理）、Impact（影响）这 3 个关键词强调数字化技术从宏观层面对可持续性和绿色成长的关键作用和影响。Innovation（创新）、Performance（绩效）、Model（模式）这 3 个关键词强调从微观层面上数字化技术如何在创新、效率和模式转变方面对绿色成长起到推动作用。

表 1-9 国外数字化与绿色成长相关文献关键词对比

国外绿色成长发文量前十的关键词	国外数字化发文量前十的关键词
Performance	digitalization
Sustainable development	Innovation
Sustainability	Management
Management	Impact
Impact	Technology
Green	Performance
Innovation	Digital transformation
Green innovation	Sustainability
Strategy	Framework
Model	Model

通过前文对“数字化”和“绿色成长”的相关文献进行分析总结后，本书发现部分学者在此基础上深入研究了数字化对绿色成长的关键作用和影响，

以及数字化对绿色成长的推动作用，基于此分析，本书以“Green development”和“Digitalization”为关键词，设置区间为2008~2023年，对WOS数据库中的SCI、SSCI文章进行了检索，共检索到150篇相关文献。为了增加文章可信度，本书又以相同主题在DDS外文博硕论文数据库中进行了搜索，结果搜索到的文章数为0，这表明外文博硕论文尚未出现对数字化和绿色成长关系的研究，尽管外文对于数字化和绿色成长单独研究的文献较多，但是两者相结合的文献研究仍较少，这表明该领域仍有较大的探索空间。

（二）国内制造业数字化治理与绿色成长协同研究

1. 国内数字化治理相关研究脉络与热点

（1）关键词分析。

为探究国内数字化研究发展现状，本书以“数字化发展”为关键词，对2000~2023年发表在核心期刊以及SCI、CSSCI上的文章进行检索，最终共检索到385篇文章（其中核心期刊、SCI、CSSCI文章共383篇，博士论文2篇）。通过Citespace软件进行文献查重，经过数据筛选，最终得到有效样本研究文献372篇。

同样对372篇文章关键词进行共现，同时凸显排名前十的关键词，最终得到的关键词图谱如图1-11所示。得到的关键词图谱共有399个节点，828条连线。其中“数字化发展”出现次数最多（149次），其次是数字化、数字经济等关键词。关键词“数字化发展”的中心性最高，为1.18，为关键节点，说明该关键词影响最大，与其他关键词联系最多；其中“数字化”中心性也较高，为0.53，考虑搜索关键词为数字化，因此不对其进行分析。此外，企业数字化（0.08）、数字经济（0.12）中心性都较高，因此应着重分析两者与国内数字化之间的关系。值得注意的一点是，尽管国内数字化研究较多，但是文章之间联系较国外学者对数字化的研究仍较少，由表1-10可以发现，排名前十的关键词中仍存在中心性为0的关键词，这表明国内学者对数字化研究领

域较窄，彼此之间合作较少，与相关文章的联系较少，不能搭建起合适的桥梁。

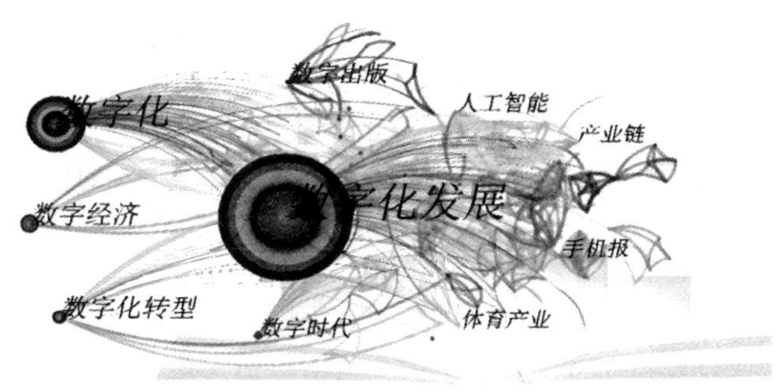

图 1-11　国内数字化研究关键词图谱

表 1-10　国内数字化研究发文量排名前十的关键词

排名	发文量	中心性	年份	关键词
1	149	1. 18	2000	数字化发展
2	65	0. 53	2001	数字化
3	28	0. 08	2000	企业数字化
4	24	0. 00	2000	优势互补
5	24	0. 00	2000	乡村企业数字化
6	24	0. 00	2000	上市企业
7	24	0. 00	2000	信贷供给
8	24	0. 00	2000	企业绿色化转型
9	21	0. 12	2013	数字经济
10	21	0. 00	2000	商业银行

企业数字化和数字经济与国内数字化之间的关系可以从不同角度展开分析。

技术驱动与创新：国内数字化推动了企业数字化和数字经济的发展。数字技术的持续进步和创新，如云计算、大数据、人工智能、物联网等，为企业提供了丰富的数字化工具和解决方案，促进了企业的数字化转型与创新。企业数字化通过应用这些技术，实现业务流程的自动化、优化和创新，提高了企业的竞争力和效率。

数据驱动与智能决策：国内数字化促进了企业对数据的搜集、分析和应用，从而实现数据驱动的决策和运营。数字化技术使得企业能够更全面、准确地收集和分析业务数据，从而洞察消费者行为、市场趋势和业务状况，做出更明智的决策。通过数据驱动的决策，企业可以更加精确地满足消费者需求、提高产品质量、优化供应链等，从而推动数字经济的发展。

商业模式创新与转型：国内数字化为企业带来了商业模式创新和转型的机遇。数字化技术改变了市场格局、消费者行为和竞争环境，促使企业重新思考和调整自身的商业模式。企业通过数字化创新，如电子商务、共享经济、在线教育等，可以开拓新的商业领域，满足新兴市场需求，提供创新的产品与服务，推动数字经济的蓬勃发展。

人员驱动与就业机会：国内数字化推动了企业对人才培养和招聘的需求，刺激了数字经济的就业机会的产生。企业数字化转型需要具备相关技能和知识的人才，如数据分析师、人工智能专家、网络安全专家等。数字经济发展也带来了新兴的职业岗位，如电子商务运营、数字营销、在线教育培训等。国内数字化为人才的培养和就业提供了广阔的领域。

发展动力与政策支持：国内数字化与企业数字化和数字经济发展密切相关的一个方面是政府的支持和推动。政府出台一系列数字化相关政策，促进企业数字化转型与创新，提供有利的发展环境和政策支持，鼓励创业创新，推动数字经济的快速发展。

综上所述，国内数字化对企业数字化和数字经济的发展产生了深远影响。

技术驱动、数据驱动、商业模式创新与转型、人才培养与就业机会以及政府支持等方面的联系与互动，共同推动了企业和国家数字化发展和数字经济的繁荣。

（2）聚类分析。

将 372 篇文章进行关键词的聚类分析，得到图 1-12。共得到 10 个聚类，将聚类进行排列。本图 s 值为 0.9691，说明该聚类具有相当高的可信度；q 值的区间为 0~1，当 q 值大于 0.3 则说明聚类的社团结构显著，q 值为 0.723，表明该聚类的社团结构显著。

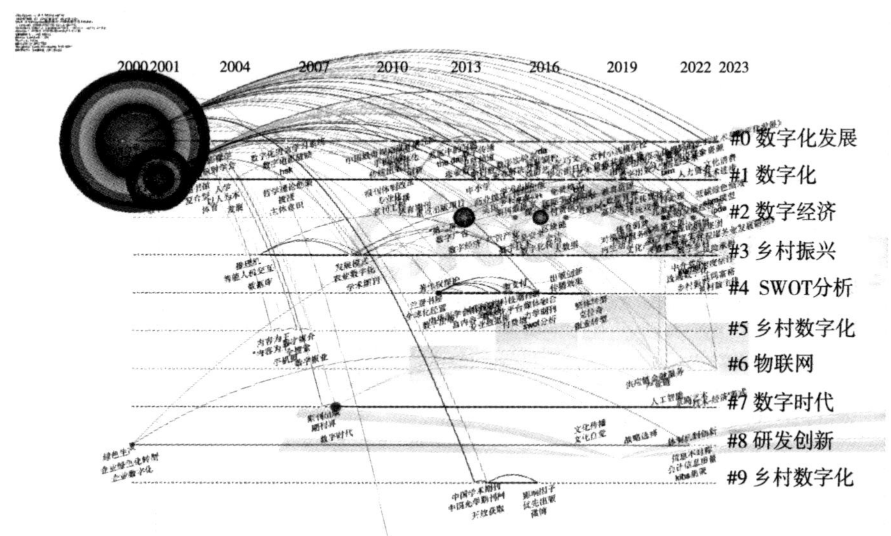

图 1-12 国内数字化关键词聚类的时间序列图谱

通过分析图 1-12 可知，除去关键词“数字化”相关专业名词，数字经济、乡村振兴、SWOT 分析、乡村数字化、物联网、研发创新等关键词均与国内数字化有着密切联系。

数字经济：数字经济是指以数字技术为支撑，以数字贸易、数字产业和数字化为特征的经济形态。国内数字化对数字经济的发展起到了重要的推动作用。数字技术的快速发展为数字经济提供了技术基础，促进了各行业的数字化转型和创新。同时，国内数字化还为数字经济提供了发展平台，如电子商务、移动支付、在线教育等数字化产业的兴起，推动了数字经济的发展。

乡村振兴：乡村振兴是国家战略，旨在实现农村经济发展、农民增收和农村社会进步的目标。国内数字化与乡村振兴密切相关。数字技术的应用可以促进农村经济的转型升级和创新发展，如农业物联网、智能农业、电子商务等的兴起。数字化还可以提供农村信息服务和公共服务，改善农村居民的生活条件。因此，国内数字化为乡村振兴提供了重要支持和动力。

SWOT 分析：SWOT 分析是对企业或组织现状进行综合评估的一种方法，包括对其优势（Strengths）、劣势（Weaknesses）、机会（Opportunities）和威胁（Threats）的分析。国内数字化对 SWOT 分析有一定的影响。数字化技术的应用可以帮助企业更好地识别和评估自身的优劣势，并发现机会和应对威胁。同时，数字化还为 SWOT 分析提供了更多的数据和分析工具，提高了分析的精准度和可靠性。

乡村数字化：乡村数字化是指将数字技术应用于农村经济和社会发展的过程，以推动乡村的现代化和可持续发展。国内数字化为乡村数字化提供了重要的技术支持和发展平台。通过数字技术的应用，农村地区可以实现农业智能化、数字化农产品销售、数字化农村金融等，促进农村经济的发展和农民的增收。

物联网：物联网是通过互联网将各种智能设备、传感器和物体相连接的网络系统。国内数字化与物联网密切相关。数字化技术的快速发展为物联网的蓬勃发展提供了技术支撑。物联网的应用涉及农业、制造业、城市管理等各个领域，通过物联网可以实现设备之间的互联互通和数据的实时采集与处理，提高了工作效率和资源利用率。因此，国内数字化对物联网的发展具有重要促进作用。

研发创新：国内数字化对研发创新起到了重要的推动作用。数字化技术的快速发展为企业提供了创新的工具和方法，加快了研发进程、降低了研发成本。国内数字化还促进了创新的合作与交流，通过数字化平台可以更便捷地分享和获取研发创新的知识和资源。此外，数字化技术还为研发创新提供了新的领域和机会，如人工智能、大数据分析、虚拟现实等。这些技术的应用可以帮助企业进行更深入的市场分析、产品设计和用户体验优化，推动研发创新的发展。

从分类的角度来看，这 6 个关键词可以分为两个主要类别：

经济类别：数字经济和乡村振兴可以归类为经济类别。国内数字化对数字经济的发展提供了支持，推动了数字贸易和数字产业的兴起。同时，也促进了乡村经济的数字化转型和创新发展。

技术类别：SWOT 分析、乡村数字化、物联网和研发创新可以归类为技术类别。这些关键词都涉及数字化技术的应用和发展。SWOT 分析可以借助数字化工具和数据分析技术提升其准确性和有效性。乡村数字化和物联网都涉及数字技术在农村和物理世界的应用。研发创新则是利用数字化技术加快研发过程、降低成本和提升创新能力。

综上所述，国内数字化与这 6 个关键词之间存在密切的关系。国内数字化通过技术支持、创新和发展平台推动了数字经济和乡村振兴的发展。同时，数字化技术也为 SWOT 分析、乡村数字化、物联网和研发创新提供了新的机遇和解决方案。这些关键词从不同角度反映了数字化对经济、技术和创新的影响和推动作用。

通过对比国内外学者对数字化研究关键词聚类的分析，可以发现国外对数字化的研究最初是从工业领域开始，出现工业 4.0（industry 4.0）、领导力

(leadership) 等关键词。而国内数字化的研究领域出发点则是从农业出发，逐渐出现乡村振兴、乡村数字化等关键词，这表示国内外对数字化研究领域最初并不相同。

(3) 研究热点趋势分析。

对关键词进行凸显，共发现 17 个关键词，大体可以将 17 个关键词分为三个阶段：初期阶段（2000~2008 年），中期阶段（2009~2016 年），发展阶段（2017 年至今）。

初期阶段（2000~2008 年），绿色生产成为关注的焦点。数字化技术的发展和应用推动了绿色生产和污染治理的进步，国内数字化技术的应用帮助企业实现绿色生产，减少对环境的影响，提高资源利用效率。有效对污染进行治理，帮助企业更好地管理和优化生产过程，减少对环境的污染和资源的浪费。数字化转型为政府和企业提供了更多的信息和数据，提高了决策的可靠性和精确性，从而降低了经济政策的不确定性。数字技术的应用和数据分析也可以帮助政府和企业更好地理解和应对经济政策的变化和挑战，促进经济发展和创新。

中期阶段（2009~2016 年），数字化的投入使得数字图书馆的建设逐渐兴起。数字技术的应用使得图书馆的资源可以以数字化形式进行存储、管理和检索，提高了图书馆的服务质量和效率。数字出版也在此阶段兴起，文学作品可以通过数字传播，其传播速度及传播广度都有了质的飞跃。学术期刊的传播也因此更为便捷，数字化开始向文化领域拓展。

发展阶段（2017 年至今），随着大数据技术的兴起，我们可以更好地利用海量数据进行分析和应用，揭示潜在的商业机会、科学发现和社会趋势，推动各个领域的发展和创新。“互联网+”、数字技术、数字经济等专业名词的出现，则代表着国内数字化处于发展不断深化和扩展的阶段。数字化转型涉及各个领域和行业，数字经济飞速发展。在国家层面，国家也开始推行数字治理，数字化技术已经开始向政府治理和公共服务迈进。

综上所述，这 17 个关键词代表了国内数字化发展进程中的不同阶段和面向，展现了数字化技术与经济、环境、政策和创新等领域之间的密切关系和相互影响。

2. 国内绿色成长研究脉络与热点

（1）关键词分析。

为探究国内绿色成长研究现状，本书以“绿色低碳发展”为主题词，对 2000~2023 年发表在核心期刊以及 SCI、CSSCI 上的文章进行检索，最终共检索到 678 篇文章（其中核心期刊、SCI、CSSCI 文章共 620 篇，博士论文 58 篇）。通过 Citespace 软件进行文献查重，经过数据筛选，最终得到有效样本研究文献 649 篇。对 649 篇文章进行关键词共现，对排名前 11 的关键词进行凸显，最终得到的关键词图谱如图 1-13 所示。得到的关键词图谱共有 509 个节点，1493 条连线。其中“绿色低碳发展”出现次数最多（130 次），其次是低碳发展、绿色成长、低碳经济等关键词。关键词“绿色低碳发展”的中心性最高，为 0.52，为关键节点，围绕低碳发展的关键词较多；其中“低碳经济”“绿色成长”“绿色低碳”等关键词中心性也较高，分别为 0.40、0.33、0.28，考虑搜索关键词为低碳绿色成长，因此专有名词不对其进行分析。此外，碳中和（0.05）、碳达峰（0.05）、绿色金融（0.07）、可持续发展（0.08）、高质量发展（0.04）这五类关键词中心性都较高，并且它们与绿色成长之间有着不可分割的关系（见表 1-11），因此，应着重分析它们与国内绿色成长之间的关系。

“碳中和”和“碳达峰”是国内绿色成长的目标和路径，通过减少温室气体排放来实现可持续发展。“绿色金融”则为低碳和环保项目提供资金支持，推动了碳中和和碳达峰的实现。“可持续发展”与“高质量发展”则是一个总体目标，在经济增长过程中的环境、社会和经济三个方面取得平衡，保持发展速度的同时保持质量。

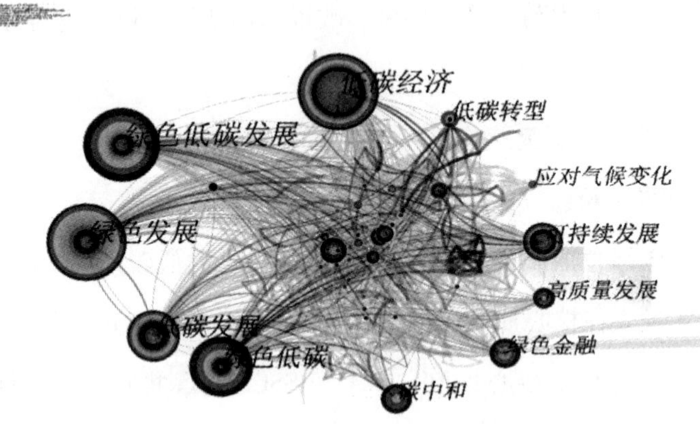

图 1-13　国内绿色成长研究关键词图谱

表 1-11　国外绿色成长发文量前十的关键词

排名	发文量	中心性	年份	关键词
1	130	0.52	2010	绿色低碳发展
2	111	0.40	2009	低碳经济
3	94	0.33	2011	绿色成长
4	76	0.28	2010	绿色低碳
5	67	0.25	2010	低碳发展
6	55	0.05	2021	碳中和
7	42	0.08	2011	可持续发展
8	35	0.05	2021	碳达峰
9	32	0.07	2011	绿色金融
10	29	0.04	2021	高质量发展

碳中和：碳中和是指通过减少温室气体排放和增加碳汇，将净排放量降至零或接近零的过程。在国内绿色成长中，碳中和是一个重要目标和方向。通过

采取减排措施、提高能源效率、推动可再生能源和清洁能源的发展，国内努力实现碳中和目标，减少对气候变化的影响。

碳达峰：碳达峰是指温室气体排放量达到峰值后开始逐渐下降。在国内绿色成长中，碳达峰是实现碳中和的重要里程碑。通过调整能源结构、促进绿色技术创新和推动清洁能源转型，国内力争在2030年前后实现碳达峰，并逐步减少温室气体排放。

绿色金融：绿色金融是指将环境和可持续发展因素纳入金融决策和投资活动中，推动环保和可持续发展的金融模式。在国内绿色成长中，绿色金融发挥着重要作用。通过引导资金流向环保和低碳领域，支持清洁能源、节能环保和循环经济等绿色产业的发展，绿色金融为国内绿色成长提供资金支持和金融创新。

高质量发展：高质量发展是指在实现经济增长的同时，注重提高经济质量、效率和创新能力，推动全面、协调、可持续发展。在国内绿色成长中，高质量发展是一个重要方向。通过转变发展方式、提升产业水平、提高创新能力和提质增效，国内追求更高水平的经济发展，确保经济发展与环境保护相协调，实现经济、社会和环境的可持续发展。

这些关键词之间相辅相成，共同构建了国内绿色成长的框架。通过践行低碳经济、推动环保金融和生态文明建设，国内努力实现经济的高质量、可持续和绿色成长，以应对气候变化、保护环境和实现可持续发展的挑战。

（2）聚类分析。

将649篇文章进行关键词的聚类分析，得到图1-14。共得到9个聚类，将聚类进行排列。s值为0.8201，说明该聚类具有相当高的可信度；q值的区间为0~1，当q值大于0.3则说明聚类的社团结构显著，q值为0.5794，表明该聚类的社团结构显著。

聚类是共现网络中的关键词，通过算法将关系紧密的关键词进行聚类，为每一个关键词进行赋值，同一聚类中值最大的关键词当选为代表，进行排序。与前文不同的是，将得到的关键词聚类图与前文对比，发现图 1-14 中出现的聚类关键词与表中发文量排名前十的关键词高度重合，这表明了国内学者在对绿色成长领域进行深入研究时，引入的关键词在该领域都有较高的相似性和代表性，因此得到的关键词聚类情况与绿色成长的关键词图谱高度重合，在此不做过多分析，仅分析绿色农业与绿色供应链与绿色成长之间的关系。

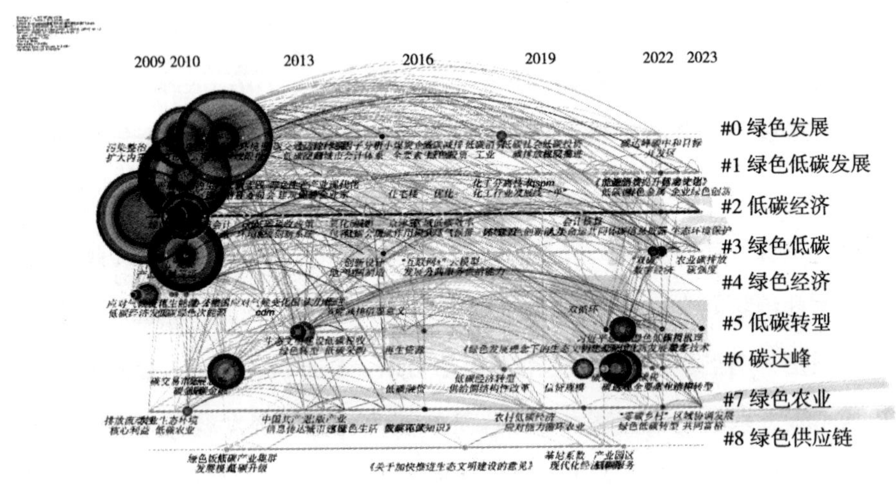

图 1-14 国内绿色成长关键词聚类的时间序列图谱

绿色农业是指在农业生产和经营过程中，采用生态友好的农业技术和管理模式，减少对环境的负面影响，提高农产品的品质和安全性。在国内绿色成长中，绿色农业具有重要地位和作用。绿色农业的发展促进了农业可持续发展和农村经济的绿色转型。通过推广有机农业、生态农业和精准农业等绿色农业模式，减少农药和化肥的使（施）用，保护生态环境，提高农产品的质量和安全性，促进农业生态化、循环化和低碳化。

绿色供应链是指在产品从生产环节到消费环节的整个供应链过程中，减少环境影响、优化资源利用、提高产品可持续性的供应链管理模式。在国内绿色成长中，绿色供应链发挥了重要作用。通过推动供应链的绿色化，减少环境污染和资源浪费，优化物流和运输方式，提高产品的可追溯性和环境友好性，绿色供应链促进了整个产业的绿色转型和可持续发展。

绿色农业和绿色供应链相互支持和促进，共同为国内绿色成长提供了可持续的农产品供应和消费体系。

（3）研究热点趋势分析。

将绿色成长的相关文章进行关键词凸显，共得到15个凸显词。可以发现国外学者对数字化和绿色成长的研究开始时间相差不大，相关文章的关键词凸显时间大多是从2010年开始的，但国内对于数字化的研究时间要比国外学者研究更早一些，而绿色成长研究却远远迟于数字化的研究，这表明我国绿色成长意识较为落后，仍有较大的进步空间。

这些关键词之间存在内在的逻辑关系和时序关系。可以看到，国内的绿色成长经历了从重点关注低碳减排和环境友好发展，逐渐演变为更加全面的绿色经济和可持续发展。绿色成长、低碳发展和可持续发展作为核心概念贯穿于这些关键词的演变过程中。国内在早期阶段注重低碳绿色成长，推动经济增长与环保的协调发展，强调减少温室气体排放和资源消耗。随着时间的推移，国内逐渐意识到单纯的低碳减排还不足以满足全面的可持续发展需求，于是提出了绿色经济和可持续发展的理念，更加注重经济、社会和环境的协同发展。

同时，为了应对气候变化和减缓环境破坏，国内在不同时间段提出了碳减排、碳中和、碳达峰等目标。这些目标旨在通过减少碳排放和增加碳汇，实现全社会的净零排放，推动低碳转型和绿色成长。此外，国内还将绿色消费和绿色信贷纳入考虑范围，提倡人们选择环保和可持续发展的产品和服务，同时为绿色产业和项目提供贷款和金融支持。这体现了推动绿色供应链和绿色金融的重要性，促进了可持续发展路径上的各个环节的绿色转型。

总而言之，这些关键词的演变反映了国内绿色成长理念和目标的不断深化和细化过程，体现了国内在经济、环境和社会层面追求可持续发展的努力。它们之间存在着逻辑关系，组成了国内绿色成长的整体框架，为实现经济增长与资源环境的协调发展提供了指导和路径。

在对国内学者数字化与绿色成长的相关文献进行可视化分析、研究热点趋势分析、关键词凸显等操作后，将二者研究领域内发文量前十的关键词进行对比分析，如表 1-12 所示，不难发现国内学者在对绿色成长和数字化的研究领域大多是各自为战，彼此双方并没有产生过多交叉，但是这并不代表国内研究在数字化与绿色成长领域不存在交叉融合。通过分析关键词可以发现两者之间还是存在一定联系的。为深入探讨绿色成长与数字化之间的具体关系，本书以“绿色成长”和“数字化”为主题词，设置区间为 2000～2023 年对 CNKI 中的 SCI、CSSCI、核心期刊文章进行检索，共发现 75 篇相关文章，为了增加文章层次，本书又以相同主题在 CNKI 学位论文数据库中进行了搜索，结果搜索到的文章数为 7 篇。通过将所检索文章进行阅读、分析、总结得出以下结论。

表 1-12　国内数字化与绿色成长相关文献关键词对比

国内绿色成长发文量前十的关键词	国内数字化发文量前十的关键词
绿色低碳发展	数字化发展
低碳经济	数字化
绿色成长	企业数字化
绿色低碳	优势互补
低碳发展	乡村企业数字化
碳中和	上市企业
可持续发展	信贷供给

续表

国内绿色成长发文量前十的关键词	国内数字化发文量前十的关键词
碳达峰	企业绿色化转型
绿色金融	数字经济
高质量发展	商业银行

国内学者主要针对不同地区，不同产业，数字化对绿色成长的作用机制展开研究。史小坤、宋鹏鹤（2023）通过整合2001~2014年中国工业企业数据库、中国工业企业污染排放数据库和国泰安（CSMAR）数据库发现数字化转型显著降低了企业的污染排放水平，数字化转型的减排效应主要来源于源头防治而非末端治理；李帅娜（2023）采用2011~2020年中国30个省份样本数据实证检验了数字化对制造业绿色转型的影响及其异质性冲击发现数字化发展显著赋能了制造业绿色转型，这种赋能效应不仅体现在生产率方面，而且体现在产业结构方面，同时数字化发展能够通过提高能源利用效率、促进绿色技术创新来推动制造业绿色转型；史小坤（2023）利用双向固定效应模型检验数字普惠金融支持农业高质量发展的作用效果与实现路径，数字普惠金融对农业高质量发展具有显著的促进作用，并且数字金融覆盖广度、使用深度和数字化程度均对农业高质量发展作用显著；柳江（2023）结合2011~2020年30个省份工业数据，从环境效益和经济效益两个维度进行实证分析数字经济发展增加了工业研发投入和创新产出，有效提升技术创新水平，并促进绿色产品创新和绿色工艺创新，实现工业绿色转型升级；李金昌（2023）基于2009~2021年中国上市公司样本数据实证发现，企业数字化转型通过提升内部能力建设、增强市场外部关注、吸引政府补贴三种途径促进绿色转型，值得深入研究的一点是从政策层面看，低碳城市试点在数字化转型对绿色转型的作用机制中发挥一定的正向激励作用，但囿于“双碳”目标提出时间较短，其激励作用尚未显现；蒋煦涵（2023）结合高端制造行业特征构建绿色成长评价指标体系，从企业

动态能力视角刻画数字化转型对高端制造业绿色成长的动态演进过程，高端制造业在数字化转型过程中，主要通过企业的动态能力路径降低资源消耗、减少环境污染和推动绿色技术创新，进而促进高端制造业绿色成长；罗军（2023）实证检验了数字化对制造业绿色成长的影响，发现数字化主要通过优化要素结构、提高资源配置效率、降低成本和技术创新四条路径促进制造业绿色成长，但生产规模扩大起到一定抑制作用；吴传清（2023）利用面板回归、GMM、空间计量等方法从直接传导机制、间接传导机制、异质性效应机制等维度研判长江经济带 108 个地级市数字化转型对制造业绿色成长的影响。长江经济带数字化转型可显著提升制造业绿色成长效率，长江经济带数字化转型可通过加快绿色技术创新和优化能源结构间接推动制造业绿色成长。

也有部分学者针对数字化对绿色成长的正向作用机制提出质疑，深入研究了不同情况下数字化对绿色成长的作用机理。王和勇（2023）构建了区域制造业数字化转型的评价指标体系，对 2017~2021 年我国 30 个省份的制造业数字化转型程度与制造业转型绩效的关联度进行计算，研究发现为了最大程度实现制造业的高质量发展，数字化发展领先的地区应该更加重视绿色成长，中等地区应该更加重视创新和成果的转化，落后地区应该更加重视营销模式的改革。而不是一味地发展数字化；李少林（2021）利用双重差分法基于 2003~2017 年我国 93 个环保重点城市的面板数据系统评估区块链技术对制造业绿色成长的影响，最终发现中介效应分析显示当前阶段绿色技术创新对制造业绿色成长的促进作用优于数字化全要素生产率和能源利用效率，因此数字化对绿色成长不同阶段的作用机理有待进一步研究。

通过对前文的分析总结可以发现双碳下数字化与绿色成长结合的热点分析主要集中在以下五点：

1）可再生能源与数字化：数字技术如大数据分析、人工智能和物联网等被广泛应用于可再生能源领域，用于提高能源生产和利用效率。例如，通过智能电网监控、风力和太阳能发电设备的远程管理，以及智能家居节能方案等。

2）数字化智慧城市：数字技术为城市提供了诸多机遇，使城市能够更加智能、高效地运行，同时降低环境污染。这包括智能交通管理、智能垃圾处理、智能建筑等，以提高城市生活质量并降低能源消耗。

3）数字农业：数字技术在农业领域的应用有助于提高粮食生产效率和农作物的质量。例如，通过传感器和无人机监测，农民可以实时了解土壤湿度和作物生长情况，从而合理施肥和灌溉，最大程度地减少化肥和水的使用。

4）循环经济与数字化：数字技术可用于推动循环经济的发展，通过大数据和区块链技术跟踪和管理物质循环，降低资源浪费和环境污染。数字技术还有助于实现废弃物管理和回收的智能化，提高废弃物再利用率。

5）数字化的碳减排：数字技术可以用于监测和评估碳排放，从而帮助企业和政府采取减排措施。而这些技术包括智能电网、电动车辆、智能传感器等。此外，数字技术还有助于提高能源效率，例如通过智能家居管理实现减少能耗。

这些研究热点结合不同领域，从不同的研究角度来挖掘数字化与绿色成长之间的内在关系。

第三节 研究内容与方法

一、研究内容

本书基于产业融合理论、智能制造理论等相关理论，以数字经济下我国制造业数智化融合转型升级能力为研究对象，构建其网络模型、评价指标体系，利用2012~2021年我国30个省份（除西藏和港澳台地区）相关数据，从定性、定量两方面对数字经济下我国制造业数智化融合转型升级能力进行研究，从而得出其相关机理与提升路径。本书各个部分的主要研究内容如下：

第一章，绪论。本章主要从研究背景、研究意义、国内外研究现状等方面进行阐述。

第二章，相关概念界定及理论基础。本章主要介绍全书涉及的相关概念及重要理论基础，包括数字经济、制造业转型升级、制造业高质量成长及制造业数智化融合转型升级能力的相关概念界定，以及产业融合理论、智能制造理论、系统动力学理论等理论基础，对其进行梳理总结。

第三章，数字经济下我国制造业数智化融合转型升级系统机理分析。本章对数字经济下我国制造业数智化融合转型升级能力的目标要素、主体要素以及影响因素进行剖析，在此基础上利用Vensim PLE软件构建数字经济下我国制造业数智化融合转型升级能力发展的网络模型，并对系统运行路径进行分析，为下文指标体系的构建奠定理论基础。

第四章，数字经济下我国制造业数智化融合转型升级能力测度与分析。本章从产业基础能力、创新驱动能力、两化基础能力、质效提升能力以及绿色发展能力5个维度，共22个具体指标构建了数字经济下我国制造业数智化融合转型升级能力的评价指标体系，采用时空极差熵值法对我国整体、四大区域及各省份的制造业数智化融合转型升级能力进行测算，并予以评价。

第五章，数字经济下我国制造业数智化融合转型升级能力区域差异、时空演进及空间溢出效应分析。首先，本章利用Dagum基尼系数对中国30个省份的数字经济下制造业数智化融合转型升级能力的地区差距进行测度与分解，从整体地区差距及演变趋势、地区内差距及演变趋势、地区间差距及演变趋势、差距来源及其贡献度四个维度进行分析。其次，利用 Kernel 核密度估计法对各地区制造业数智化融合转型能力的分布特征、波峰特征、分布延展性及极化趋势展开系统分析，研究其演变趋势与发展规律。最后，通过构建传统和基于空间马尔科夫链转移概率矩阵对数字经济下我国制造业数智化融合转型能力的空间溢出效应进行实证分析。

第六章，基于复合 DEA 的数字经济下我国制造业数智化融合转型升级能力空间异质性分析。运用复合 DEA 模型对数字经济下我国制造业数智化融合转型升级能力的空间异质性进行分析，探究各影响因素对四大区域的作用程度并进行说明。

第七章，以山东省高技术制造业、先进制造业、战略性新兴产业三类制造业为案例，基于前文的理论研究，从投入产业角度构建制造业高质量成长的指标体系，运用复合 DEA 方法进行制造业高质量成长实证分析。

第八章，数智化融合转型升级与高质量成长对策研究。结合前文定性定量研究，为我国各地区因地制宜地推动数字经济下我国制造业数智化融合转型能力的提升提供相应的路径与对策建议。

第九章，为全书结论。全面总结上述各研究结论。

二、研究方法

（一）文献分析法

首先选取“数字经济”“智能制造”“制造业转型升级”“数智化融合转型升级能力”等中文关键词，“digital economy”“transformation and upgrading”“smart manufacturing”等英文关键词，通过 CNKI、WOS、Science Direct、DDS 外文博硕士论文数据库等中外文期刊数据库查阅、收集、整理相关电子资源和研究论文。其次通过国务院各部委网站、各省份政府门户网站收集相关政策，及时掌握最新的政策导向。最后在此基础上，通过广泛借鉴学者的研究成果，对相关概念、理论和研究动态进行梳理分析，了解目前研究存在的不足之处，结合数字经济下我国制造业数智化融合转型升级能力的相关政策形成本书的研究思路。

（二）系统动力学研究法

系统动力学是用于分析研究复杂的信息反馈系统，通过定性与定量相结合的方式揭示事物之间的因果关系及运行规律的一种研究方法。在本书数字经济下我国制造业数智化融合转型升级能力网络模型构建与机理分析部分，在对相关要素进行分析的基础上，运用 Vensim PLE 软件借助系统动力学方法构建系统网络模型，分析系统的运行机理，为相关路径提升作参考。

（三）实证研究法

本书在测算数字经济下我国制造业数智化融合转型升级能力过程中使用了时空极差熵值法，并运用 Dagum 基尼系数分析区域差异及其来源，运用 Kernel 核密度估计对时空演变趋势进行总结，运用马尔科夫链模型对空间溢出效应进行分析，最后借助复合 DEA 模型探究各影响因素对数字经济下我国制造业数智化融合转型升级能力的影响程度。

（四）定性与定量研究方法

本书运用系统动力学方法进行定性研究，依据构建的数字经济下我国制造业数智化融合转型升级能力综合网络模型分析其内在的运行机理；通过收集数据与建立指标体系，利用时空极差熵值法、Dagum 基尼系数、Kernel 核密度估计以及马尔科夫链模型、复合 DEA 模型等方法进行定量研究，评价全国层面、地区层面的数字经济下我国制造业数智化融合转型升级能力，为后续相关路径与政策建议的提出做铺垫。

第二章

相关概念界定及理论基础

第一节　核心概念界定

一、数字经济的内涵与特征分析

对于任何一个领域的研究来说，概念界定都是十分重要的工作，是展开研究的必要基础，也是对所研究对象的边界进行限定的依据。基于上文的文献综述，本章对数字经济作出如下概念界定：数字经济是以数据要素为核心要素，以数字平台及其生态为重要信息载体，以数字技术创新为主要驱动力，通过与传统产业融合发展，不断提升传统产业数智化水平的一种新型经济形态。通过数字经济的内涵不难看出，数字经济具有如下四大特征：第一，具有高渗透性。数字经济本身通过数字技术与传统产业的融合展现出其具有的高渗透性特征，成为提升效率、优化经济结构的重要动力。随着数字技术的快速发展，数字经济与传统产业的融合进一步深入已经深刻地影响到传统产业的经营发展模式。通过云计算、大数据、工业互联网等数字技术，数字经济在人们的生产生活等领域能广泛实现数据与信息的互联，“互联网+”模式与生产生活的多方面渗透融合，引发了不同领域的颠覆性变革，提升资源配置效率，增强数据资源的开放共享性，在实现经济效益增长的同时也推动了社会资源的合理分配，助推社会全面进步。第二，具有高技术性。数字经济的高技术性主要体现在建立在社会最新数字技术成就的基础之上，数字经济部门生产的产品主要有蕴含巨大价值的数据要素；区块链、5G、工业互联网等数字技术以及数控机床、工业机器人、智能传感器等智能制造设备，这些产品大多属于“卡脖子”领域的战略性新兴产业，具有高技术特征。第三，具有高赋能性。在数字经济时代，新一代信息技术具有鲜明的自身优势，通过数字技术赋能传统产业转型升级、将数据要素及智能制造设备应用到传统产业中，可极大地帮助传统产业提质增效、降低能耗，不断衍生出新产品、新业态，最终提升企业数智化水平，具有广阔的发展空间。第四，具有高融合性。互联网技术所体现的“联结一切、跨界融合”特点，奠定了数字经济发展的高融合性。数字经济具有创新性强、辐射范围广的特性，不断推动着经济社会由点到面、由局部到整体的数智化融合转型升级，成为社会经济高质量成长的新动能。

二、智能制造的内涵与特征分析

基于上文的文献综述，本章对智能制造作出如下概念界定：智能制造是指通过智能生产系统生产智能产品并提供智能服务的新型制造模式（吕文晶，2019）。伴随着人工智能技术、智能数据库等信息技术的不断发展，智能制造得到了快速的发展，智能制造的特征可以概括为如下三个方面：第一，生产过程高度智能化。关键制造节点的智能化是智能制造的核心内容，它能构建出一套完善的生产与信息回路，从而让制造流程拥有了自我学习、组织、诊断、决策等智能化的行为和功能。首先，该系统可以自主地整合一组最适合于制造任务需求的构架，实现最优化的柔性制造；同时，该系统还可以对产品的加工过程进行严密的监测，并可以对产品的加工信息进行实时的记录。其次，在整个生产流程中，每个环节都有明确的分工，互不干涉。最后，通过引入先进的技术，智能制造可以进行自主学习、自我维护，从而建立起一套完整的知识体系，这套体系建立在专业人士的指导下，通过实践可以得到不断地提升、改进，从而达到更高的科学水平；当智能制造设备出现系统故障时，系统会自动监测并进行修复，极大地提高了生产效率。第二，资源配置高度智能化。智能制造是一种以智能工厂为基础的生产方式，它涵盖了多个环节，包括加工、装配、服务和管理。在这个过程中，产品生产、设计和供应链三个方面构成了活动的核心，它们共同构成了整个过程的基础框架。智能制造技术的发展，使人工智能、制造、信息网络等技术得到了有效的整合，从而使得智能工厂的运行更加高效、可靠，并且能够实现信息、物料、管理等多方面的协同，从而更好地满足智能工厂的需求，从而提高生产效率和质量。所以，智能制造可以实现对资源的高度智能化的分配，从而可以缩短研发设计周期，提高生产效率。另外，智能制造通过内部的传感器等技术，可以对资源进行位置和反馈，实现跨区域、跨地域的资源分配，从而突破了原有的本地化生产的局限。第三，产品高度个性化、智能化。智能制造技术在制造业中的应用使得企业的生产活动不再是专注于生产同类化产品，而是更多地追求产品种类的多样化和丰富化。通过应用先进的互联网技术，智能设计系统可以收集消费者的各种需求，并且提供灵活的定制服务，让用户可以随时随地参与到产品的设计和生产中，以便更好地满足他们的独特需求及偏好，并且有效地提升产品的个性化水平。

三、制造业转型升级的内涵与特征分析

关于制造业转型升级，目前还未有明确的定义。部分学者对转型和升级分别展开研究。在“制造业转型”一词出现之前，国外学者对“转型”的描述大多是从组织转型视角切入。组织转型被认为是组织的架构、运行机制、发展方向以及组织文化等方面发生的根本性及深刻变革。Orlikowski（1996）借助实证研究概括了组织转型的特点，即变革是组织实践中特有的，通过组织参与者的定位实践来实施，随着时间推移不断调整和创新；Armenakis AA（1999）提出组织转型主要包括四个方面：组织转型的内容、组织内外部的转型条件、组织在转型期间采取的行动以及设计组织转型的标准问题；Walsh，James P

（2006）认为绝大多数组织转型是通过对组织活动的大部分或所有领域的快速及不连续性变革来实现。除从组织转型视角来定义转型外，国外学者还从其他方面对转型做出了描述，如 Sahu A（2021）从精益制造的角度来研究转型，以文献综述的形式描述了精益制造与组织转型，以更结构化的方式分析了制造转型的具体路径，从组织学习、创新、文化的角度提出了自己独特的见解。在国内，转型一般被认为是转变发展方式，也是产业结构的客观现象（张亚鹏，2021）。同时也是把依靠能源资源过度消耗、扩张的粗放发展方式转变为注重效率、发展质量和效益的科学发展和集约化发展的过程（刘志彪，2011）。庄志彬和林子华（2014）认为制造业转型具有彻底性、系统性、革命性、前瞻性和转型内容多维性的特征，强调知识资源是转型的基础。

学者们从不同角度对制造业升级展开研究，认为制造业升级指的是产品技术含量逐渐提升、差异化特征明显，更加品牌化、特色化的动态发展过程。Caloghirou Y（2004）提出企业升级的过程可视为企业的“吸收能力”，通过企业内部和外部的知识、投资等生产要素的积累，促使企业完成升级活动；有的学者从企业功能升级的角度来进行界定，如 Burger（2018）认为功能升级指的是从主要业务职能到 ICT、研发、营销或物流等更高附加值活动的多元化；有的学者站在全球价值链的视角进行分析，如 Ryan 等（2020）认为企业的竞争力取决于其在全球价值链中升级和从事更高附加值活动的能力，从生产转向创新通常被视为企业在全球价值链内实现升级的巅峰，企业升级也被界定为是企业通过提升其技术创新能力来增强竞争力，进而从事更高附加价值的活动的动态发展过程；大多数学者通常会将关于“升级”的研究与“技术创新”联系起来，但须注意的是二者之间存在本质和明显区别，Laursen 和 Salter（2006）认为创新是企业组织保持新想法、产品保持持续不断改进的能力，而制造业升级是以创新为手段，从事更高附加值的活动，实现产品新功能的动态发展过程。在国内，黄赜琳等（2022）认为制造业升级是一个不断学习、生产技能

由简单到复杂的过程，同时伴随着生产力水平的提升和产业结构的优化（宋文月和任保平，2018），制造业升级是增加制造产品的附加值，提升制造业在国际中的地位，构筑起现代制造业体系的动态发展过程（李苍舒，2010）。

也有学者将制造业转型升级视为一体加以研究（季良玉，2016）。有学者认为制造业转型升级以创新驱动为主引擎（张志元和李兆友，2015），是一个由低成本劳动力、高能耗高污染、低附加值型、资源粗放型的状态发展为技术密集型、低能耗低污染、高附加值型、集约型状态演变的过程（曾繁华等，2015）。主要包括四个方面的内容：一是制造业在全球价值链的地位提高，其产品附加值提升；二是制造业的产值比重和其劳动力数量持续增长；三是资本、知识、技术密集型产业逐渐代替劳动密集型产业，制造业包含的要素密集度发生变化，呈现出制造技术电子信息化、网络化和智能化的特点；四是知识创新能力、人力资本等软实力产业要素重要性增强（陈晓佳，2014）。

本书梳理了学者们对制造业转型升级的定义如表 2-1 所示。

表 2-1　学者们对制造业转型升级的定义

研究内容	主要人物	研究观点
制造业转型	Armenakis（1999）；张亚鹏（2021）；焦勇（2020）；赵福全（2016）；庄志彬（2014）；罗建强（2013）；余稳策（2017）	制造业转型是产业结构的客观现象；推动制造业从规模化生产向个性化定制转变，实现制造服务精准化和制造过程数字化的过程；彻底性、系统性、革命性、前瞻性和转型内容的多维性，强调知识资源是转型的基础
制造业升级	Joonkoo 和 Gereffi（1999）；Laursen（2006）；Ryan（2020）；黄赜琳等（2022）；宋文月和任保平（2018）；李苍舒（2010）；苏任刚（2022）；孙巍（2021）；李自若（2020）；张营营（2019）	一个不断学习、生产技能由简单到复杂的过程；以技术进步为基础的生产力水平提升和产业结构优化；优化制造行业结构，提高生产效率和技术水平，增加制造产品的附加值，提升制造业在国际中的地位，构筑起现代制造业体系的动态过程

续表

研究内容	主要人物	研究观点
制造业转型升级	张志元（2015）；曾繁华（2015）；房建奇（2019）；原毅军（2019）；蔡延泽（2021）；那丹丹（2020）；黄晗和张金隆等（2020）；胡志明（2021）	包括转型和升级两个方面，是一个由低成本劳动力、高能耗高污染、产品附加值低、粗放型的状态发展为高技术含量、低能耗低污染、高附加值、集约型状态的演变过程

结合上述学者的研究，本章对制造业转型升级作出如下定义：制造业转型升级指的是制造业发展方式向数智化融合转型，产业结构向高级化和合理化演进，价值链向中高端攀升的一个动态发展过程。且制造业转型升级具有以下六方面的特征：

第一，以数字技术为核心。数字技术是制造业转型升级过程中的关键要素，传统制造业的生产及管理模式存在信息化程度低、生产效率低下、管理模式落后等问题，已难以适应数字经济时代快速、高质量、低成本发展的要求。在这样的情况下，制造业若想摆脱传统发展模式的弊端，就必须以数字技术为核心，将数字技术与制造企业的发展深度融合，力求打造数字化的生产及发展模式，推动数字化设计、自动化技术、云操作、大数据分析等新业态与新模式的兴起，实现制造业高质量成长。

第二，以知识创新与技术创新为驱动力。制造业转型升级就是大量新知识与新技术结合起来催生的产物，转型升级的关键就是知识、技术与人才，随着新一轮科技革命和产业变革的兴起，世界各国都在积极加快新技术的研发工作，以技术创新推动产业升级，是国际新形势下的必然趋势。

第三，资金密集。制造业转型升级对数字化设备要求高，在制造业转型升级过程中需要引入大量的数字化设备以及对员工进行数字化技术方面的培训，转型升级对企业来说是企业发展的重要转折点，需要投入大量的资金、人力、物力，因此要有充足的资金支持，同时要有完善的数字化设备作为基础设施支撑。

第四，从业人员为复合型专业人才。制造业转型升级需要大量的复合型专业型人才，如需要有能对数据进行分析、掌握一定的数字技术、能设计研发智能系统、能进行软件开发和编程，又能在系统运营中进行系统维护以及熟悉智能制造流程的复合型人才。

第五，以工业互联网为基础载体。工业互联网已逐渐成为新一代数字技术赋能制造业转型升级的重要基础载体及强劲支撑，制造业企业利用工业互联网，形成现实工业与智能科学结合、数字空间与物理世界融合的智能决策系统，优化方式更加简便与智能，在这样的背景下，工业互联网对制造业转型升级的赋能推动作用日益凸显，已成为制造业乃至其他行业实现转型升级的重要动力。

第六，高度的创新精神与创新能力。高质量成长一定是由创新驱动的，创新能力是我国制造业转型升级的核心驱动力，也是制造业最不可或缺的关键要素。创新精神是影响制造业转型升级的主观因素，企业在发展过程中会营造一种强烈的创新氛围，整合创新要素，聚集创新活动，以创新推动企业的转型升级。

四、制造业高质量成长的内涵与要素分析

制造业高质量是指拥有自具有较强的产业竞争力、拥有核心的自主知识产权和知名品牌、能够依靠创新获取持续的市场竞争优势和可持续性发展能力。与传统制造业不同，制造业高质量通常在技术、核心品牌、体制机制、主体经营管理、企业文化理念等方面表现出显著的创新性特征，在制造业高质量成长过程中表现出特有的规律。

市场经济中，制造业活动的目标从根本上来说就是追求利润的最大化，不断地积累盈利，在这个过程中制造业也在不断成长，这是制造业自身发展的本质要求。但究竟如何定义制造业高质量成长呢，学者们并没有统一的说法。有学者认为制造业高质量成长是指制造业规模的扩大，这种观点强调了制造业高

质量成长的直观表现；也有学者认为制造业高质量成长是一个制造业功能不断改善的过程；也有学者认为制造业高质量成长是指制造业在一个相当长（至少3年）的时间内保持制造业整体竞争力水平平衡、稳定增长的势头，这种观点强调了制造业高质量成长的支撑动力。综合学者们已有的观点，我们认为，制造业高质量成长是以盈利为支撑的制造业资产（包括有形资产和无形资产）价值的增长。制造业高质量成长必须要以盈利为基础，任何其他方式的成长都是不可能持续的，也就是要求制造业高质量成长是内生于自身行为。制造业的盈利包括当期盈利和未来的盈利。制造业资产价值反映的是资产在存续期内可以为制造业带来的现金流的净现值，这是市场对制造业未来盈利能力所做的判断。制造业高质量成长并不要求其在每一时期都获得盈利，有些制造业在短时间内有可能是亏损的，但其资产的价值仍然有可能是在不断增加的，这是因为市场对其未来盈利能力充满信心。也有制造业现期的盈利水平可能很高，但资产价值有可能在贬值，这是市场对其未来的成长持悲观态度。以制造业资产价值的增长来定义制造业高质量成长的一个便利之处是资产价值的可衡量性，而且便于横向和纵向比较，制造业高质量成长状况是可以明确计量的。

制造业高质量成长要素即影响制造业高质量成长的关键因素。基于资源基础理论、核心能力理论、仿生学理论、系统学理论等不同视角，国内外学者提出了制造业高质量成长的不同要素构成（见表2-2）。

表2-2 不同理论视角下的制造业高质量成长要素

研究视角	要素维度	代表性观点
资源观	资源	人力资源、物力资源、组织资源（Wernerfelt，1984；Barney，1991）；人力资源、物力资源、财务资源、组织资源、声誉资源和技术资源（Grant，1991，2004）；人力资源、财力资源、技术资源、物力资源、市场资源、企业文化（王核成，2005）；

续表

研究视角	要素维度	代表性观点
能力观	能力	管理能力、技术能力、价值观与行为规范等（Barton，1992）；产品技术能力、用户洞察力、组织能力、制造工艺能力等（Meryer，1994）；生产能力、技术能力、市场能力和财务能力（王迎军，1998）；技术创新能力、制造能力、营销能力、企业家能力和组织管理能力（王庆喜，2004）；不同阶段的融资能力（Anne et al.，2003）；知识储备、学习能力（Lee，2010）；创新、组织能力、企业规模（Uhlaner，2013）
企业家素质、异质性企业	异质性特征	文化（Alford，2000）；政策法律制度（Beck，2002）；管理、战略和经营（Harris et al.，2006）；研发与创新、生产网络、开放性以及研发投入、培训、管理者教育和参与生产网络（Li，2007）；资源、协同和公司的异质能力，如运营、营销、人力、财务、技术等内部环境要素（Gupta，2013）；组织结构、技术创新和企业文化因素（郑海航等，2006）；组织能力、企业规模和创新（Uhlaner et al.，2017；Schimke & Brenner，2011）；企业规模、创新努力和出口份额（Brenner & Scbimke，2015）；企业生产率、规模（李洪亚，2016）；技术创新、网络嵌入性（陶秋燕，2017）；创新战略、过程创新和产品创新（Goedhuys，2012）；企业年龄、企业规模、制造业类型、研发活动、合作网络（Schimke，2013）；创新（Coad et al.，2016）
仿生学	基因	信念、价值观和准则等（Hammer et al.，1997）；技术创新、产品与市场等13个方面的因素（张玉明，2011）；技术、企业家、产品、制度四个碱基要素，以及资本和知识两个双链要素（张玉明，2015）
外部环境	环境因素	非正式经济（Byung，2009）；乡村投资气候（Tidiane，2010）；获得生产资源的途径、税收和市场机会影响制造业高质量成长潜力（Esther，2011）；在法治不健全的国家，严格的政治制度（Boubakri et al.，2015）
内外部综合	内外部因素	制度与组织创新、结构调整、成长战略、管理创新、技术创新、政策支持（林汉川等，2004）；外部环境因素（包括政治环境、人口环境、金融环境），内部环境因素（由资源、协同和异质性能力），战略对内外部环境起到调节作用（Gupta et al.，2013）

资料来源：笔者整理。

制造业高质量成长要素可以分为两类：第一类是外部成长要素；第二类是内部成长要素。

（1）制造业高质量成长外部要素构成分析。制造业领域的企业处于整个社会产业系统运行内、具有复杂开放性系统特征，制造业高质量成长必然与社会系统结构内的其他客体要素有着广泛而深刻的联系。如经济水平、政治环境、社会文化环境、历史环境和自然环境等都会对企业成长产生影响：

1）政策与法律要素。是制造业成长外部要素中最重要的核心要素。

2）行业结构与发展水平要素。制造业高质量成长过程中必然受到其所在行业结构和发展水平影响。例如，当企业所在行业处于衰退期，或者当拟进入行业存在较高壁垒时，行业特殊性将会给制造业高质量成长带来严重冲击。

3）市场需求及竞争状况要素。一方面，稳定的市场需求将决定着企业产品的扩张极限。另一方面，市场潜在的需求是拉动制造业高质量成长的最重要的外部动力之一。

4）合作伙伴及中介服务支持体系要素。一方面，构建良好的联盟关系，选择恰当的合作伙伴，是制造业高质量成长的主要模式之一。另一方面，企业通过科技中介机构在各类市场主体中推广创新技术，促进创新成果转化，为制造业高质量成长搭建技术交流与分享的平台，不仅能够有效增加市场机遇，降低企业市场交易成本，同时也为制造业高质量成长提供支持。

（2）制造业高质量成长内部要素构成分析。制造业高质量成长过程涉及内部的各环节、各层次、各部门，成长内容是由战略创新、技术创新、品牌创新、制度与组织创新、文化创新和商业模式创新等方面构成的有机整体：

1）战略创新要素。竞争是制造业高质量成长过程中不可回避的问题，在竞争环境下，制造业高质量确立“战略”在经营管理中的主导地位。根据制造业高质量成长目标和战略本身的特点，制造业高质量成长战略创新要素是引导制造业持续、健康成长的必然选择。

2）技术创新要素。技术创新是制造业高质量成长的核心内部创新要素。是指制造业运用先进的科学技术改进现有组织方式和工艺，生产出新产品，从而提高制造业的市场竞争力、实现高质量成长。

3）品牌创新要素。在经济全球化、网络化趋势下，品牌创新在提升制造

业形象，提升制造业创新产品的市场竞争力等方面具有重要作用。产品的竞争和企业间的竞争明显地表现为品牌创新的竞争。制造业品牌创新是制造业提升竞争力的必然选择。

4）商业模式创新要素。商业模式是由完整的服务、产品、信息流体系构成。商业模式创新作为一种新的创新要素形态，其重要性已经不亚于其他创新要素，它既可以包括要素间关系或者动力机理的变化，也可以包括多个商业模式构成要素的变化。

5）文化创新要素。文化创新是指企业根据本身的特点和性质，使其成长与环境相匹配，形成体现共同价值观的创新企业文化。

6）制度与组织创新要素。是制造业高质量成长的前提，是企业为获得追加、超额收益而对现存制度所进行的变革。企业通过制度与组织创新不断地完善内部的各种规章制度，合理配置各种创新要素，通过改变企业产权结构，为企业创新活动提供合理的创新制度保障。包括企业产权制度与组织创新、经营制度与组织创新、人事制度与组织创新、营销制度与组织创新等要素。

根据系统动力学理论可知，提高制造业高质量成长动力，从而促进核心竞争力的提升。外部成长要素的影响与内部成长要素的作用，共同构成了制造业高质量成长的动力机理。制造业高质量成长的关键在于如何在动态环境下，在成长要素间协调一致的基础上实现量的扩张和质的改善，即需要建立起相应的成长机理。

五、数字经济下我国制造业数智化融合转型升级能力的内涵

数字经济下我国制造业数智化融合转型升级能力中的“数”代表数字，强调信息化层面的网络、技术、数据等；“智”代表智能，强调智能化的基础设施，数字经济下我国制造业数智化融合转型升级能力的内涵要求制造业企业要顺应时代发展的潮流，以“智能制造”“中国智造”等相关政策为引领，持

续提质增效，减少资源消耗，最终实现制造企业的数字化、智能化、绿色化发展。由此可见，数字经济下我国制造业的数智化融合转型升级能力不仅反映了数智融合，还体现了依托产业基础的动力变革、质效变革及绿色发展。综合上述关于数字经济、智能制造及制造业转型升级的概念界定与分析，本书对数字经济下我国制造业数智化融合转型升级能力作出如下定义：制造业数智化融合转型升级能力指的是制造业在规模扩大、结构升级以及价值链提升过程中利用数字经济部门提供的数据要素、数字技术和数智产品，以智能基础设施为载体，以数智技术创新为动力，对其生产经营各环节进行改造升级，从而提升其数字化、智能化融合发展水平，推动制造业提质增效、实现绿色发展的能力。并从以下五个维度对数字经济下我国制造业数智化融合转型升级能力的内涵进行分析：

（1）产业基础能力。产业基础能力是指制造业数智化融合转型升级过程中通过智能制造设备等基础设施的应用，实现企业数智化生产与管理的能力。作为制造业数智化融合转型升级的基础设施保障，产业基础能力是制造业核心竞争力的根本体现，也是推动制造业数智化融合发展的关键所在。

（2）创新驱动能力。创新驱动能力是指制造业数智化融合转型升级过程中以技术创新为核心驱动力，通过创新投入研发及成果转化，推动技术创新和技术突破的能力。创新驱动是实现制造业数智化融合转型升级的第一动力，技术创新通过直接、间接等方式来实现这一目标，拉动制造业效率的提升并促进制造企业的高质量成长。

（3）两化基础能力。两化基础能力是指制造业数智化融合转型升级过程中数字经济与制造业不断融合，并以智能基础设施为载体，借助新一代信息技术推动数字化与智能化高层次深度融合，助力制造业实现数智化融合转型升级的能力。两化基础能力的提升是制造业数智化融合转型升级最直接的体现，也是制造业高质量成长的必然选择。

（4）质效提升能力。质效提升能力是指制造业数智化融合转型升级过程中从研发生产到组织销售等一系列流程的转变，不断催生产品创新及服务升级，提升质量、提高效率的能力。制造业数智化融合转型升级能力的提升离不开效率驱动，高效率才能实现高质量，进而获得消费者对产品的信赖，推动品牌建设，实现制造企业数智化融合转型升级能力的提升。

（5）绿色发展能力。绿色发展能力是指制造业数智化融合转型升级过程中利用数字技术与智能设施转变制造业生产方式，实现绿色转型升级，提高资源利用效率，着力提升生态文明建设和节能环保的能力。主要包括两方面的含义：一方面是在制造业生产过程中减少污染物的排放，降低制造业对环境的负外部性；另一方面是在制造业生产过程中降低能耗，更好地实现制造业的可持续发展。

第二节　理论基础

一、产业融合理论

1963 年，美国学者罗森伯格指出技术创新模糊了产业边界，促进了产业融合，首次提出产业融合的概念。Negrouponte（1978）通过三个交叉又具有重合部分的圆圈来表示三个不同产业间的技术融合，且重合的圆圈部分代表创新最活跃、成长性最强的产业领域。随着互联网技术的发展，“数字融合”逐渐推动相关产业的融合。

随着学者们对产业融合理论的不断探索，产业融合的定义也形成了相对统一的观点，即产业融合指不同产业、同一产业的不同行业间不断进行延伸、渗透融合，从而催生新产业、新行业的过程。在产业融合过程中，不仅在微观层面上使得企业间的竞争、合作关系发生变化，改变了产业结构、绩效、发展空间等中观层面上的反馈效应，也对宏观层面上的经济增长和就业等产生促进作用（刘昭洁，2018）。同时，技术创新等外部因素也加速了产业融合进程，在一定程度上提升了产业的生产效率与竞争力。伴随着近年来数字经济的快速发展，通过促进产业间的技术融合，使得产业融合成为普遍发生的现象，打破了传统产业的边界，推动了一系列新产业形态的出现。

二、智能制造理论

随着智能技术、数字和信息技术在制造业各领域的广泛而深入的应用，智能制造已经成为全球各国制造产业竞争的核心，引起世界各国政府的广泛关注，各国纷纷出台促进智能制造发展的相关政策，以此来推进本国制造领域的战略转型和产业变革。自智能制造概念提出以来，国内外政府、企业、研究机构、专家学者对智能制造给出了多种不同的定义，对这些定义进行综合分析、归纳整理后，得出以下具有代表性的概念：

（一）智能制造的定义

智能制造定义为信息技术与制造技术的结合，具有优化决策、收集信息、执行控制等功能，面向全生命周期，以高质量和灵活性生产产品和服务用户。智能制造能够实现先进智能系统（AIS）的扩展应用、实时响应产品需求动态，以及实时优化制造流程和网络供应链。从原材料进口到产品交付市场，智能制造可以覆盖整个制造过程，为产品、运营和业务系统创造知识密集型环境，连接工厂、配送中心、企业和整个供应链。简而言之，智能制造强调人工智能技术或新一代技术的结合，包含制造业的物联网、大数据等信息技术、全产业链和生命周期的设计、生产、物流、销售、加工等流程；在目标方面，它可以最大限度地提高生产力，实现实时网络优化生产，缩短生产周期，提高产品质量，降低能源消耗。从广义上来讲，智能制造不仅指智能制造，还包括智能产品、智能制造方法、智能控制和智能服务。

（二）智能制造的特征

资源配置的高度智能化。智能制造的载体是智能工厂，智能制造流程主要包括智能加工与装配设计、智能服务与管理等多个环节。针对智能工厂的全部流程主要分为三部分，分别是产品的生产制造、产品智能设计以及产品供应链。当前的智能制造属于先进制造技术、信息网络技术以及人工智能三种技术高度融合的产物，这就意味着其载体智能工厂应满足信息流、物资流以及管理流的高度统一，利用对资源配置的高度智能化，来实现智能工厂中三个部分的资源共享、便捷服务等，最终降低产品的研发周期、增强产品生产率等。

生产过程的高度智能化。对于智能制造来说，实现关键制造环节的智能化是整个流程的核心，其目的是在整个制造流程搭建出流畅且闭环的生产与信息回路，这样通过先进的技术融合保障在制造的过程中能够自我学习、诊断、决策等智能化的行为。当面临制造过程中的问题时，可以进行一定的自我分析、自我调节等措施。

产品的高度智能化。智能化不仅是一种生产模式，更重要的是一种产品设计理念。任何智能化产品在设计初期会依据客户所需的要求对产品进行特定设计，之后把所需原材料投入到智能制造的流程中，并且对整个产品制造流程密切监控，实现对产品制造的完全把握。此外，产品的高度智能化还体现在对产品进行销售以及售后环节，对特定产品的销售信息和客户所反馈的体验信息进行交互，第一时间掌握产品制造的可行性，依据客户反馈意见对产品制造流程加以改善，提高客户满意度以及产品的销售量，最终降低制造过程中的原材料以及能源消耗，实现企业的节能减排，防止企业产能过剩。

三、系统动力学理论

系统动力学理论主要指出了系统的行为模式和特征，主要依赖于系统内部反馈控制结构和机制。1978 年，美国系统科学家 G. Gordon 将系统定义为根据一定规律相互作用和相互依赖的所有事物的综合。总体而言，系统应具备以下四个基本特征：第一，系统内部结构有其对象和过程的定义；第二，系统的观察可以通过系统内主要变量间的输入和输出关系来完成；在系统中对输入进行处理，形成输出并退出系统；第三，系统是现实的归纳；第四，系统的不同组成部分之间也存在相互作用。在大系统状态下，系统不同部分间的作用关系决定了系统的动态行为特征。随着方法论和系统科学的流行，人们开始分析和调控整个系统的行为。在大多数情况下，由于系统的规模，很难直接对其进行分析。例如，由于经济系统规模大，涉及的因素和对象多，直接对其进行调整控制可能存在造成巨大经济效益损失的风险。因此。从提升分析水平、降低控制成本及风险预控的角度来看，都需要对所研究的大型系统进行模型建立，仿真模拟系统内部结构，模拟系统内部调整变化，预见其调整结果。

第三章

数字经济下我国制造业数智化融合转型升级系统机理分析

本章将数字经济下我国制造业数智化融合转型升级过程视为一个非线性的动态系统，系统运行过程中各要素之间互相作用、互相融合，在该系统中存在以关键要素为载体的循环、连续、相互联系和促进的多重循环与反馈。依据产业关联理论与系统动力学反馈原理，分别对其目标要素、主体要素及影响因素等关键要素进行系统分析，强调关注动态而非静态、整体而非局部地分析各要素行为的变化，使系统得到持续良性的运行和发展，有助于更深层次地研究数字经济下我国制造业数智化融合转型升级能力提升的科学规律。

第一节　数字经济下我国制造业数智化融合转型升级系统关键要素分析

系统是由相互作用和相互依赖的若干组成部分结合的具有特定功能的有机整体，本书将数字经济下我国制造业数智化融合转型升级视为一个动态发展系统，具体特征如下：第一，在该系统中存在着信息反馈机制；第二，研究过程与人们日常的思维模式是一致的，因此更易被理解与接受，与现实系统的重合度也会更高；第三，把社会系统利用符号模型化，对解决战略决策和政策问题更为有效。

一、数字经济下我国制造业数智化融合转型升级系统目标要素

目标要素是数字经济下制造业数智化融合转型升级系统运行的核心关键要素，通过该系统的高质量运行，制造企业的数智化融合转型升级能力将会得到大幅提升，并实现产业基础持续壮大、创新驱动显著增强、两化融合提速升级、质量效益大幅提升、全面推行绿色发展的目标。结合上文对数字经济下我国制造业数智化融合转型升级能力的内涵分析，这一目标具体体现在以下五个方面：

第一，产业基础持续壮大。围绕我国制造业领域产业基础能力的薄弱环节，制造企业将从产业部门与产业要素两方面入手，通过整合各方资源，补齐发展短板，加强关键核心技术和重大短板攻关，在政府引导下解决一批“卡脖子”的基础产品和基础技术，大力推动我国制造业迈向中高端水平。

第二，创新驱动显著增强。企业创新主体地位日益巩固，创新投入研发力度逐渐加大，创新成果转化效率不断提升，重点领域将取得重大突破，企业创新能力与核心竞争力将明显增强。

第三，两化融合提速升级。制造企业将充分发挥海量数据与新一代数字技术的优势，以智能基础设施为载体，逐步提升企业各个环节的数智化融合发展水平，不断催生出新产品、新业态、新模式，再造生产流程，重塑产业格局，实现制造企业的高质量成长。

第四，质量效益大幅提升。制造企业利用数据这一新型生产要素，通过数字技术对生产、经营、服务等各项流程进行优化，将进一步提高生产效率、推动质量建设，促使企业由劳动密集型向技术密集型转变。

第五，全面推行绿色发展。制造企业能耗、物耗及环境污染物排放呈明显下降趋势，通过新一代节能环保数字技术的广泛应用，制造企业将全面推行绿

色生产，构建绿色制造体系，走可持续发展的生态文明道路。

二、数字经济下我国制造业数智化融合转型升级系统主体要素

数字经济下我国制造业数智化融合转型升级系统运行的过程，只有基于该系统的各项主体才能完成。主体要素在该过程中起主导作用，各主体的主观能动性决定着融合转型升级能力的提升效果。数字经济下我国制造业数智化融合转型升级能力是由不同主体要素组成的开放复杂的生态系统，各主体实现多元共治，且发展伴随着整体数字化、智能化程度的提升。主要包括以下六个主体：

一是政府机构。政府是数字经济下我国制造业数智化融合转型升级系统的主体要素之一。一方面，政府出台了一系列政策，为数字经济下我国制造业数智化融合转型升级能力的提升提供引领与支撑；另一方面，政府利用数据共享、减税降费等方式降低制造业数智化融合转型升级的成本与风险，提高转型能力。

二是制造企业。制造企业是数字经济下我国数智化融合转型升级能力提升的执行者，也是转型升级的实现载体，制造企业以大数据、物联网、云计算等新一代数字技术为支撑，融合传统产业与新兴产品，更新产品生产工艺及流程，不断提高生产效率，助力实现数字经济下我国数智化融合转型升级能力的提升。

三是“高校+科研院所”。数字经济下我国制造业数智化融合转型升级能力的提升离不开高技能人才的支撑以及关键核心技术的研发，因此高校与科研院所是重要的主体要素。通过政产学研合作，高校与企业、科研院所共建技术创新与服务平台，推动关键技术的转移及成果转化，为数字经济下我国制造业数智化融合转型升级能力的提升注入源源不断的动能。

四是平台企业。平台企业是指通过搭建一个数据信息存储、分享、浏览及

互动的平台来提供服务的企业总称，是数字经济下我国制造业数智化融合转型升级系统重要的主体要素之一。平台是各类数据的集聚地，可以帮助企业快速、准确地获取有效信息，降低数据资源搜寻成本，从而助力企业数智化融合转型升级能力的快速提升。

五是中介机构。数字经济下我国制造业数智化融合转型升级能力的提升与金融机构、数据管理中心等中介机构息息相关。转型需要长期大量的资金投入，金融机构等组织可有效促进融资需求的形成，数据管理中心通过推进数据在市场内的高效流通，逐步释放数据要素红利，从而促进制造业数智化融合转型升级，进一步发挥中介机构对制造业高质量成长的助力作用。

六是消费者。消费者同样是数字经济下我国制造业数智化融合转型升级能力提升过程中重要的主体要素构成。制造业数智化融合转型升级的最终目的就是最大限度地满足消费者定制化、个性化的需求，提高客户体验；反之，消费者的反馈意见也可以对企业转型升级起到一定的促进作用，企业可以更有针对性地对相关问题进行改善，助力制造企业数智化融合转型升级的实现。

数字经济下我国制造业数智化融合转型升级系统的各主体要素之间相互联系、共同作用，要加快构建以企业为主体、市场为导向、知识与数据为基础、政产学研相结合的产业数智化融合转型升级体系，加强企业人才队伍建设，借助平台企业与中介机构的大力支持，推动数字经济下我国制造业数智化融合转型升级能力的提升，进而助力制造企业高质量成长。

三、数字经济下我国制造业数智化融合转型升级系统影响因素

数字经济下我国制造业数智化融合转型升级能力的提升受到全方位、多角度因素的影响，主要包括动力因素与障碍因素两部分。

（一）动力因素

一是数字基础设施建设日趋完善。数字基础设施是指应用新一代数字技术的新型基础设施体系，传统制造业的基础设施相对落后，导致生产效率低下，自动化、数字化水平较低，而制造业数智化融合转型升级过程需要大量的自动化设备，互联网平台、宽带、智能设备等建设的完善与否直接决定了制造业数智化融合转型升级能力的提升程度，作为重要的产业基础条件，完备的数字基础设施建设对数字经济下我国制造业数智化融合转型升级能力的提升具有强烈的推动与支持作用。

二是复合型人力队伍建设日益推进。良好的人才队伍建设与人力资本积累是推动数字经济下我国制造业数智化融合转型升级能力快速提升的决定性因素。素质高、学习能力强、拥有专业数字技能的人才在制造业数智化融合转型升级过程中的作用越发显著，企业对数字化人才的需求也在急剧增长，建立一批既懂技术又懂业务的复合型人才队伍在一定程度上会大力促进制造业数智化融合转型升级的发展，对企业数智化融合转型升级的实现具有正向的促进作用。

三是政策制度有力支撑。数字经济下我国制造业数智化融合转型升级受到了国家和政府的高度重视，具有良好的政策环境，一系列政策制度的出台为其提供了良好的前提条件与环境保障。在政府政策的引领下，数字经济下我国制造业数智化融合转型升级能力的提升实现起来会有更加清晰的方向，更容易达到目标。

四是创新驱动能力逐渐增强。创新能力是制造业数智化融合转型升级过程中最为重要的驱动力，我国始终坚持实施创新驱动战略，创新能力的提高，有利于制造企业摆脱传统、落后的发展模式，改善生产及管理模式，优化生产线流程，推动科技成果产业化，通过技术创新提升生产效率和管理效率，并进一步改善产品质量，令创新引擎助力制造企业数字化、智能化水平的提升，最终实现制造业的高质量成长。

五是企业文化创新氛围逐渐增强。创新的企业文化与企业家精神能加速制造业数智化融合转型升级能力的提升。企业文化所形成的文化氛围与价值导向对企业来说是一种激励作用，制造企业实现全方位数字系统的构建以实现数智化融合转型升级，不仅包括数字技术的广泛应用及创新，还包括数字化的组织结构、数字化的企业文化、数字化的人才团队构建以及数字化企业氛围的创建等。总而言之，创新、数字化的企业文化有助于进一步推动制造业数智化融合转型升级的实现。

六是市场结构优化。制造业数智化融合转型升级的重要原因之一是传统制造企业的生产及管理模式已无法适应当今时代市场结构及需求的变化，消费者对产品的需求从以往的满足基本生活逐渐转向个性化、定制化。随着竞争的日益激烈，制造企业唯有借助数字技术，以数字经济为依托，通过数智化融合转型升级实现自身从研发生产到组织销售等一系列流程的数智化提升，不断催生产品创新及服务升级，增强企业的市场竞争力。市场竞争力的提高有利于企业内部制造活动的协作能力与效率的大幅度提升，有效促进制造业数智化融合转型升级朝着高质量成长不断迈进。

七是国际国内及行业背景实现推动。从国际背景来看，全球制造业格局发生了深刻变化。首先，各个国家纷纷出台关于数字经济与制造业的各项战略，为制造业数智化融合转型升级提供政策保障，在国际竞争中争取处于优势地位；其次，印度等新兴经济体利用其较低的劳动力成本优势逐步加快本国的工业化进程，与其他国家争夺国际市场；最后，从国内及行业背景来看，我国制造业的低成本优势逐渐衰退、整体技术水平与工业强国相比仍存在较大差距以及受新冠疫情的影响，传统制造业的劣势不断显现。在这样的背景下，我国制造业继续加快实现数智化融合转型升级，来实现制造业的高质量成长。

八是价值链驱动发展。目前我国制造业在全球价值链中仍处于较低地位，这与我国制造业数智化融合转型升级较晚、缺乏有力的技术创新支撑等因素有关。但就当前国情来看，我国始终保持着“制造大国”和“工业大国”的地位，积极采取各项措施努力实现我国由“制造大国”向“制造强国”地位的转变，不断提升自主创新能力，实行“底端向上”的制造业升级路线，未来还有很大的发展和提升空间。因此，一定程度上，价值链的驱动可以促进数字经济下我国制造业数智化融合转型升级能力的快速提升。

（二）障碍因素

一是产业基础与技术支撑不够坚实。我国制造业的核心关键技术比较薄弱，且当前部分核心技术被发达国家垄断，我国生产的工业传感器等工业基础仍处于低端市场，部分企业设备尚未基本实现自动化，缺乏一定的安全稳定性。在这样的背景下，我们必须要重视数字经济下我国制造业数智化融合转型升级过程中最重要的创新驱动能力，避免在关键核心技术方面的“卡脖子”问题，助力制造业数智化融合转型升级。

二是存在数据安全与风险障碍。制造业数智化融合转型升级要依托大数据，类型繁多，一旦泄露，将会给企业带来十分严重的数据安全隐患，更严重者会给企业带来难以挽回的损失。数据一旦被篡改或传播，将会导致企业生产制造过程失衡，产生一定的混乱，甚至威胁到企业与客户的隐私安全，这也是阻碍数字经济下我国制造业数智化融合转型升级能力提升的重要因素。

三是数据开放共享障碍。随着数字经济的高质量成长，工业数据已经成为推动制造业数智化融合转型升级的重要战略资源，制造企业对产品生产数据、设备运行数据、政府信息数据以及客户数据等相关数据的需求越来越大，通过数据开放共享，不同制造企业的数据与信息资源可以有效地整合在一起，加快数据之间的互联互通，形成一种更为科学的产业链，助力数字经济下我国制造企业数智化融合转型升级的实现。近年来，我国公共数据开放虽然已经取得了明显进步，但与发达国家相比仍存在较大差距，没有形成标准统一、互联互通的公共数据开放平台体系，企业想精准获取到相关数据仍存在较大难度，导致存在数据实用性不高、可获得性弱、应用成果不突出等问题，阻碍了数字经济下我国制造业数智化融合转型升级的高质量成长。

第二节　数字经济下我国制造业数智化融合转型升级系统综合网络模型

数字经济下我国制造业数智化融合转型升级能力的提升可视为一个以因果关系为基础的动态发展系统，结合上述对数字经济下我国制造业数智化融合转型升级系统的关键要素分析可知，系统中包含诸多要素，且各要素之间相互关联、相互作用，构成了一个“稳中有动”的动态系统。为了更加直观地展示系统各要素之间的因果关系，更加明确地了解数字经济下我国制造业数智化融合转型升级能力提升的作用机理，本书运用 Vensim PLE 软件，依据系统动力学循环反馈原理，构建数字经济下我国制造业数智化融合转型升级系统运行的网络模型（见图 3-1），分析系统内部各要素之间相互作用、共同推进发展的循环过程，揭示系统发展的机理与运行规律，为指标体系的构建提供一定的理论依据。

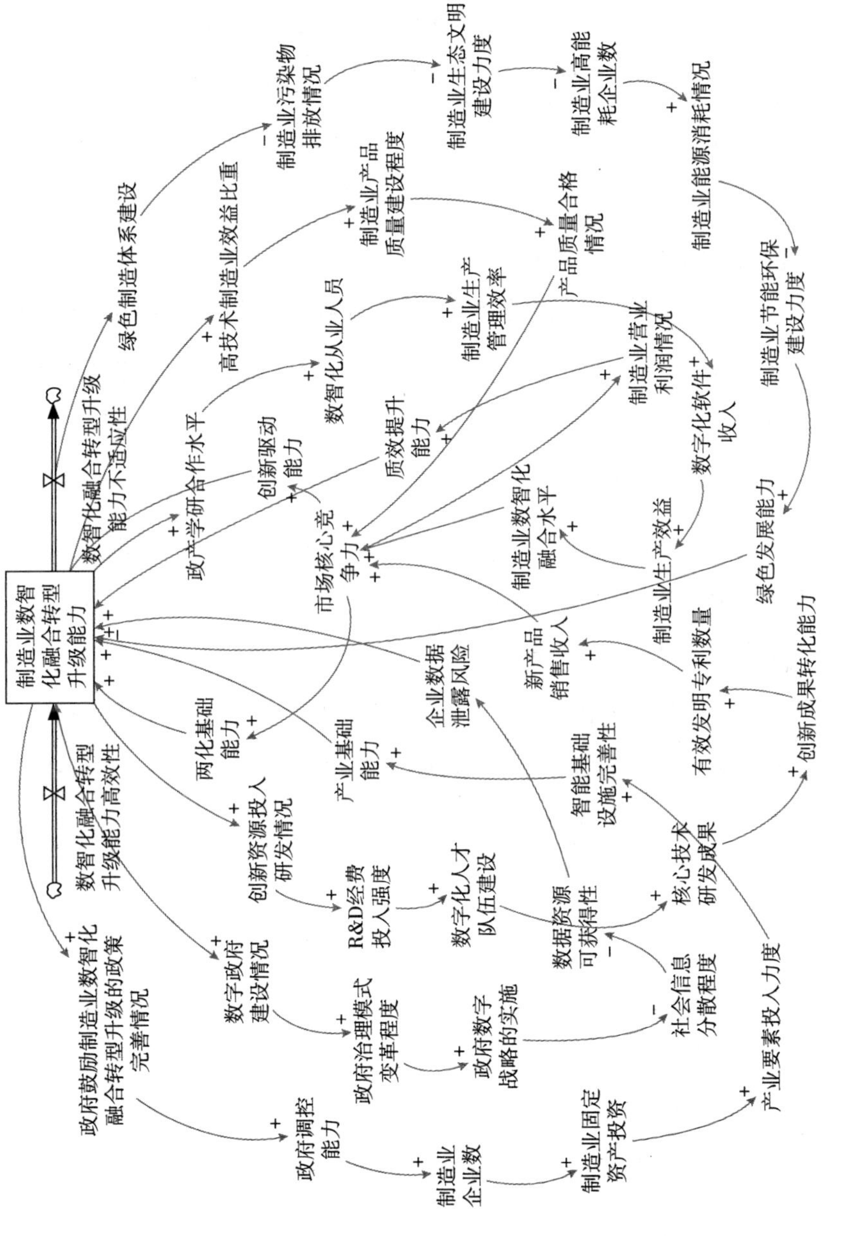

图 3-1　数字经济下我国制造业数智化融合转型升级系统运行综合网络模型

第三节　数字经济下我国制造业数智化融合转型升级系统运行路径分析

数字经济下我国制造业数智化融合转型升级系统中存在着诸多因素共同作用于该系统，而制造业数智化融合转型升级能力的提升又会反过来影响系统内部变量，且该系统中存在着众多反馈回路，不同回路之间纵横交错，相辅相成。本章通过 Vensim PLE 软件进行仿真得出大致 12 条路径，在这些路径中有些核心部分是重复的，因此本章归纳总结出 5 条反馈回路来反映该系统实际运行状况，分别如下：

（1）产业基础能力。

制造业数智化融合转型升级能力↑→政府鼓励制造业数智化融合转型升级的政策完善情况↑→政府调控能力↑→制造业企业数↑→制造业固定资产投资↑→产业要素投入力度↑→智能基础设施完善性↑→产业基础能力↑→制造业数智化融合转型升级能力（正）。

（2）创新驱动能力。

制造业数智化融合转型升级能力↑→创新资源投入研发情况↑→R&D 经费投入强度↑→数字化人才队伍建设↑→核心技术研发成果↑→创新成果转化能力↑→有效发明专利数量↑→新产品销售收入↑→市场核心竞争力↑→创新驱动能力↑→制造业数智化融合转型升级能力（正）。

（3）两化基础能力。

制造业数智化融合转型升级能力↑→政产学研合作水平↑→数智化从业人员↑→制造业生产管理效率↑→数字化软件收入↑→制造业生产效益↑→制造

业数智化融合水平↑→市场核心竞争力↑→两化基础能力↑→制造业数智化融合转型升级能力（正）。

（4）质效提升能力。

制造业数智化融合转型升级能力↑→高技术制造业效益比重↑→制造业产品质量建设程度↑→产品质量合格情况↑→市场核心竞争力↑→制造业营业利润情况↑→质效提升能力↑→制造业数智化融合转型升级能力（正）。

（5）绿色发展能力。

制造业数智化融合转型升级能力↑→绿色制造体系建设↓→制造业污染物排放情况↓→制造业生态文明建设力度↓→制造业高能耗企业数↑→制造业能源消耗情况↓→制造业节能环保建设力度↑→绿色发展能力↑→制造业数智化融合转型升级能力（正）。

通过 Vensim PLE 软件进行仿真，可以发现关于数字经济下我国制造业数智化融合转型升级能力的各要素之间存在着相应的因果关系，进而形成一定的反馈回路（反馈环）。通过反馈回路的信息可知，在数字经济下我国制造业数智化融合转型升级能力提升过程中，每一个要素都不是独立的，系统要素之间是相互影响的，即一种要素可以影响另一种要素，进而对数字经济下我国制造业数智化融合转型升级能力的整个生态系统产生相应影响。每个反馈环都存在一定的极性，数字经济下我国制造业数智化融合转型升级系统中正反馈环数量要大于负反馈环，这说明系统的自我强化作用要比自我调节作用更大，在正负反馈环的共同作用下，系统最终达到一种稳定的状态。

第四节　本章小结

在对上文数字经济下我国制造业数智化融合转型升级能力的相关概念及理论基础进行梳理总结之后，本章分别对其目标要素、主体要素以及影响因素进行分析，依据系统动力学理论，利用 Vensim PLE 软件构建数字经济下我国制造业数智化融合转型升级能力提升的综合网络模型，分析其中各个要素之间的影响机理，归纳总结出 5 条反馈回路来反映该系统的运行状况，为下文建立指标体系提供明确的框架。

第四章

数字经济下我国制造业数智化融合转型升级能力测度与分析

本章将全面衡量我国及各省份的数字经济下制造业数智化融合转型升级能力，并分析其变动趋势和不同省份之间的差异，为各省份制造业有针对性地进行数智化融合转型升级提供参考。

第一节　评价指标体系构建

一、评价指标体系构建原则

（1）科学性原则。为全面客观地评估数字经济下我国制造业数智化融合转型升级能力，需要充分认识到数字经济下制造业数智化融合转型升级的具体内涵和目标，从而选择合理的、全面的、具有代表性的测度指标，最大限度地保证构建的指标体系可以有效反映数字经济下我国制造业数智化融合转型升级的实际状况。

（2）系统性原则。数字经济下我国制造业数智化融合转型升级能力由多种要素构成，因而在建立指标体系时要兼顾全面性和系统性。同时，制造业数智化融合转型升级是一种持续的过程，因此指标体系既要体现数智化融合转型升级过程，也要包含能够体现转型升级结果的相关指标，从而更加全面、充分地反映数字经济下我国制造业数智化融合转型升级能力的现状。

（3）可操作性原则。为了保证数据的可获得性，遵循数据来源真实可靠的原则，以保证数字经济下我国制造业数智化融合转型升级能力评价的真实客观性，本章从官方统计年鉴获取相关指标数据，避免主观因素的介入而影响评价结果，从而定量测度我国各省份的数字经济下制造业数智化融合转型升级能力。

二、指标选取及指标构建

本章以各项政策为指引，结合相关学者研究的理论基础以及前文对数字经济下我国制造业数智化融合转型升级能力的内涵、关键要素与机理分析，以关键要素分析中的目标要素，即实现制造企业数智化融合转型升级能力的提升，也是机理分析综合网络模型中的状态变量为一级指标，该目标要素是整个系统中最为核心的部分，反映系统中各要素的现实状态；基于前文对主体要素、影响因素等关键要素的分析，并根据综合网络模型提取出的 5 条路径，本章在 5 项一级指标下提出了 10 项二级指标与 22 项三级指标，这些指标能够体现出数字经济下我国制造业数智化融合转型升级能力系统中具体的运行活动、行为及活动状态。该指标体系包含产业基础能力、创新驱动能力、两化基础能力、质效提升能力以及绿色发展能力 5 个子系统，共 22 项具体指标。具体指标选择及构建方法如下：

（一）指标选取

（1）产业基础能力。本章基于数据考虑，从产业部门及产业要素两个方面来衡量产业基础能力指标，并设计包括制造业企业数、制造业固定资产投资、互联网普及率、互联网宽带接入端口以及电信业务总量 5 项具体指标来评价产业基础能力。

（2）创新驱动能力。根据指标的可获得性原则，本章从创新研发投入及创新成果转化两个方面入手，设计包括 R&D 经费投入强度、R&D 人员数、有效发明专利数以及新产品销售收入 4 项具体指标对创新驱动能力进行衡量。

（3）两化基础能力。根据制造业数智化融合转型升级能力的内涵要求，

本章从数字化基础及智能化基础两方面出发，设计包括数字化从业人员、数字化设备配置、数字化软件收入、智能生产从业人员以及智能生产效益 5 项具体指标来衡量两化基础能力。

（4）质效提升能力。目前有较多衡量方法，本章聚焦于效益增长及质量建设两个方面，设计包括高技术制造业效益比重、制造业营业利润率、产品质量合格率及产品质量损失率 4 项具体指标，对当前制造业质效提升能力进行评价。

（5）绿色发展能力。本书基于数据的可获得性，从生态文明和节能环保两个方面入手，设计包括单位工业增加值废水排放量、单位工业增加值 SO_2 排放量、单位工业增加值能源消耗量以及固体废物处理利用率 4 项具体指标来衡量制造业绿色发展能力。

（二）指标构建

基于以上分析，在遵循科学性、系统性和可操作性的原则下，构建数字经济下我国制造业数智化融合转型升级能力指标体系，如表 4-1 所示。

表 4-1　数字经济下我国制造业数智化融合转型升级能力空间测度指标体系

目标层	一级指标	二级指标	三级指标	单位	属性
制造业数智化融合转型升级能力	产业基础能力	产业部门	制造业企业数	个	正向
		产业要素	制造业固定资产投资	亿元	正向
			互联网普及率	%	正向
			互联网宽带接入端口	万个	正向
			电信业务总量	亿元	正向
	创新驱动能力	创新研发投入	R&D 经费投入强度	%	正向
			R&D 人员数	人	正向
		创新成果转化	有效发明专利数	件	正向
			新产品销售收入	万元	正向

续表

目标层	一级指标	二级指标	三级指标	单位	属性
制造业数智化融合转型升级能力	两化基础能力	数字化基础	数字化从业人员	人	正向
			数字化设备配置	万元	正向
			数字化软件收入	亿元	正向
		智能化基础	智能生产从业人员	人	正向
			智能生产效益	亿元	正向
	质效提升能力	效益增长	高技术制造业效益比重	%	正向
			制造业营业利润率	%	正向
		质量建设	产品质量合格率	%	正向
			产品质量损失率	%	负向
	绿色发展能力	生态文明	单位工业增加值废水排放量	万吨/亿元	负向
			单位工业增加值 SO_2 排放量	吨/亿元	负向
		节能环保	单位工业增加值能源消耗量	万吨/亿元	负向
			固体废物处理利用率	%	正向

三、数据来源

本章考察样本为2012~2021年中国30个省份（除西藏和港澳台地区）的面板数据，相关指标数据分别来自：《中国统计年鉴》《中国高技术产业统计年鉴》《中国环境统计年鉴》《中国工业统计年鉴》《中国信息产业统计年鉴》《中国城市统计年鉴》《中国经济普查年鉴》以及中国国家统计局网站、各省份历年统计年鉴。其中，针对某些具体指标个别年份或地区缺失的数据，本章采用前（后）三年的增长率均值进行计算填补。

第二节　数字经济下我国制造业数智化融合转型升级能力的测度

一、测度方法

借鉴张友国等（2020）的方法，本章运用时空极差熵值法对数字经济下我国制造业数智化融合转型升级能力进行测度，原因在于该方法能够确定制造业数智化融合转型升级能力空间测度评价指标体系中各指标的权重，较为客观地衡量指标之间的差异性，其主要优势在于克服了传统熵值法仅利用指标特定时间点上信息的局限性，从时间和空间双重维度对指标的相对重要性进行描述，与此同时，时空极差熵值法还能动态地更新指标权重，得出的结果更为科学合理。具体计算过程如下：

假设指标体系中有 k 个指标，涉及的评价对象为 m 个，时间跨度为 n 个时期，则指标体系可表示为 x_i（$i=1, 2, \cdots, k$），各指标的信息熵为 E_i，各指标 x_i 的权重为 W_i，各指标的综合指数为 Z_{jt}。则

（1）无量纲化处理：

$$y_{ijt}=[x_{ijt}-\min(x_{ijt})]/[\max(x_{ijt})-\min(x_{ijt})]\text{（如果 }x_i\text{ 为正向指标）}\quad(4-1)$$

$$y_{ijt}=[\max(x_{ijt})-x_{ijt}]/[\max(x_{ijt})-\min(x_{ijt})]\text{（如果 }x_i\text{ 为逆向指标）}\quad(4-2)$$

（2）指标的归一化处理：

$$p_{ijt}=y_{ijt}/\sum_j\sum_t y_{ijt}\quad(4-3)$$

（3）各项评价指标熵值的确定：

$$E_i = -\ln(mn)^{-1} \sum_j \sum_t p_{ijt} \ln(p_{ijt}) \tag{4-4}$$

（4）各项评价指标权重的确定：

$$W_i = (1-E_i)/(k - \sum_i E_i) \tag{4-5}$$

（5）计算各年份各省份综合指数：

$$Z_{jt} = \sum_{i=1}^{k} W_i \times y_{ijt} \tag{4-6}$$

二、测度结果

根据时空极差熵值法，得到 2012~2021 年中国 30 个省份数字经济下制造业数智化融合转型升级能力综合指数，测算结果如表 4-2 所示。

表 4-2　数字经济下中国各省份制造业数智化融合转型升级能力综合指数

年份 省份	综合指数									
	2012	2013	2014	2015	2016	2017	2018	2019	2020	2021
北京	0.3346	0.3393	0.3547	0.3585	0.3503	0.3464	0.3587	0.3647	0.3677	0.3942
天津	0.2984	0.3050	0.3079	0.3113	0.3110	0.3137	0.3029	0.2934	0.2958	0.2915
河北	0.2196	0.2360	0.2458	0.2549	0.2618	0.2755	0.2817	0.2825	0.2982	0.2812
山西	0.2127	0.2130	0.2104	0.2056	0.2109	0.2263	0.2324	0.2312	0.2492	0.2482
内蒙古	0.1987	0.2098	0.2186	0.2196	0.2257	0.2334	0.2159	0.2068	0.2168	0.2146
辽宁	0.2466	0.2678	0.2669	0.2620	0.2488	0.2574	0.2596	0.2570	0.2693	0.2744
吉林	0.2320	0.2464	0.2485	0.2506	0.2533	0.2532	0.2404	0.2356	0.2442	0.2495
黑龙江	0.2450	0.2486	0.2510	0.2493	0.2635	0.2644	0.2348	0.2335	0.2438	0.2412
上海	0.3213	0.3256	0.3303	0.3303	0.3320	0.3372	0.3342	0.3404	0.3375	0.3309
江苏	0.3897	0.4132	0.4251	0.4377	0.4449	0.4624	0.4761	0.4847	0.5164	0.5260

续表

年份 省份	综合指数									
	2012	2013	2014	2015	2016	2017	2018	2019	2020	2021
浙江	0. 3121	0. 3282	0. 3384	0. 3554	0. 3610	0. 3757	0. 3889	0. 4067	0. 4309	0. 4261
安徽	0. 2593	0. 2686	0. 2751	0. 2817	0. 2923	0. 3069	0. 3119	0. 3087	0. 3150	0. 3114
福建	0. 2895	0. 2963	0. 3047	0. 2992	0. 3057	0. 3091	0. 3231	0. 3268	0. 3369	0. 3541
江西	0. 2008	0. 2149	0. 2250	0. 2314	0. 2301	0. 2562	0. 2791	0. 2932	0. 3066	0. 3094
山东	0. 2917	0. 3097	0. 3280	0. 3392	0. 3464	0. 3602	0. 3713	0. 3677	0. 3822	0. 3830
河南	0. 2538	0. 2676	0. 2776	0. 2913	0. 2982	0. 3051	0. 3144	0. 3136	0. 3399	0. 3349
湖北	0. 2399	0. 2582	0. 2718	0. 2780	0. 2972	0. 3048	0. 3258	0. 3264	0. 3321	0. 3305
湖南	0. 2131	0. 2340	0. 2452	0. 2557	0. 2754	0. 2900	0. 3058	0. 3116	0. 3317	0. 3279
广东	0. 4306	0. 4524	0. 4709	0. 5026	0. 5211	0. 5499	0. 5887	0. 6130	0. 6526	0. 6656
广西	0. 1877	0. 2229	0. 2248	0. 2375	0. 2380	0. 2366	0. 2361	0. 2461	0. 2538	0. 2851
海南	0. 2166	0. 2323	0. 2131	0. 2224	0. 2261	0. 2165	0. 2247	0. 2309	0. 2385	0. 2491
重庆	0. 2553	0. 2629	0. 2674	0. 2773	0. 2817	0. 2949	0. 2954	0. 2995	0. 3172	0. 3191
四川	0. 2426	0. 2552	0. 2614	0. 2717	0. 2702	0. 2879	0. 3062	0. 3145	0. 3584	0. 3629
贵州	0. 1857	0. 2044	0. 2104	0. 2179	0. 2400	0. 2422	0. 2527	0. 2523	0. 2736	0. 2641
云南	0. 2023	0. 2100	0. 2124	0. 2140	0. 2090	0. 2224	0. 2391	0. 2448	0. 2614	0. 2593
陕西	0. 2820	0. 2857	0. 2862	0. 2854	0. 2794	0. 2702	0. 2739	0. 2816	0. 2963	0. 2980
甘肃	0. 1989	0. 2020	0. 2046	0. 1818	0. 2072	0. 2180	0. 2373	0. 2409	0. 2630	0. 2606
青海	0. 1839	0. 1946	0. 1876	0. 1775	0. 2044	0. 1899	0. 1853	0. 1477	0. 1654	0. 1812
宁夏	0. 1637	0. 1862	0. 1901	0. 1669	0. 1735	0. 1740	0. 1825	0. 1894	0. 1949	0. 2069
新疆	0. 1612	0. 1695	0. 1793	0. 1755	0. 1793	0. 1945	0. 2111	0. 2248	0. 2329	0. 2303

第三节　数字经济下我国制造业数智化融合转型升级能力的分析

一、数字经济下我国制造业数智化融合转型升级能力的整体评价

图 4-1 是 2012~2021 年数字经济下我国制造业数智化融合转型升级能力综合指数及子系统指数的变化趋势。根据测度结果，数字经济下我国制造业数智化融合转型升级能力综合指数具有以下三个方面的特征：第一，数字经济下我国制造业数智化融合转型升级能力综合指数较小，均值介于 0.2490~0.3137，这说明当前我国数字经济下制造业数智化融合转型升级能力较弱，未来存有很大的提升空间；第二，数字经济下我国制造业数智化融合转型升级能力综合指数整体呈现上升趋势，由 2012 年的 0.2490 上升到 2021 年的 0.3137，增长幅度达到 25.98%，这表明十年间数字经济下我国制造业数智化融合转型升级能力整体取得了良好的效果；第三，2019~2021 年数字经济下我国制造业数智化融合转型升级能力综合指数出现明显增长，原因在于受疫情影响，制造业数智化融合转型升级迎来新一轮政策力挺，一批落后产能依法依规退出，企业数智化融合转型升级的增长速度得到大幅提升，有了前几年制造业转型改革的积累，制造业行业发展环境不断改善，数字化、智能化与制造业深度融合，为下一阶段数字经济下我国制造业数智化融合转型升级带来新的发展动力。

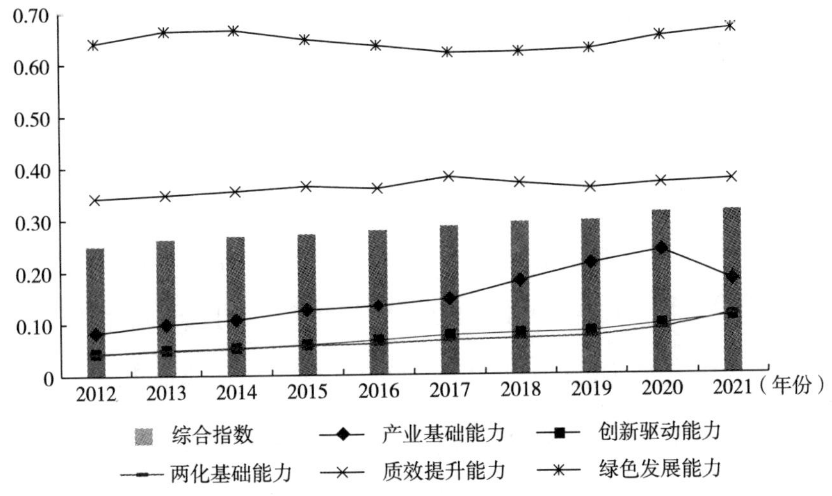

图 4-1　2012~2021 年数字经济下我国制造业数智化融合转型升级能力综合指数及子系统指数变化趋势

从产业基础能力、创新驱动能力、两化基础能力、质效提升能力以及绿色发展能力五个子系统测度结果来看，产业基础能力指数呈现“先上升后下降”的趋势，由 2012 年的 0.0824 增长到 2020 年的 0.2381，年均增长率高达 10.09%，但在 2021 年指数骤然下降，原因在于 2021 年电信服务持续薄利多销，且受国家提出的网络“提速降费”的影响，使得 2021 年电信业务总量下降幅度较大，产业基础能力的提升动力不足。创新驱动能力指数与两化基础能力指数尽管呈现缓慢上升趋势，二者的综合指数变化曲线几乎重合，但整体来看均处于较低水平，2019 年之后的指数增长幅度较大，主要原因是我国经济在进入“新常态”以来，制造业的技术创新能力有了明显的提升。质效提升能力指数波动幅度相对较大，研究期内有升有降，但总体上呈现上升态势，年平均增长率为 1.05%。随着绿色发展理念的提出，制造业绿色发展能力指数在波动中呈现增长态势，虽然 2014~2017 年有小幅下降，但此后稳步提升至

2021 年的 0.6646，随着我国“碳达峰、碳中和”目标的提出，制造业绿色发展任务仍然十分艰巨。

从整体来看，除产业基础能力外，五个子系统指数均在 2019 年之后出现较为明显的增长。其中绿色发展能力指数最大，这表明我国制造业的生态文明和节能环保水平有了进一步的提高，制造业在数智化融合转型升级过程中更加重视环境保护和资源节约；2014~2017 年绿色发展能力出现小幅下降，原因在于我国能源消费比重偏高这一问题短时期内依旧存在，且当前我国仍处于工业化进程中，使能源消费总量有所增加，后续各制造企业通过不断推广绿色生产工艺，绿色发展能力指数开始有所回升。质效提升能力次之，这说明我国制造业质效提升效果显著，质量和效率是制造业数智化融合转型升级的重要基石与反馈，要持续推动制造业质效提升。产业基础能力在 2012~2020 年的增幅最大，原因在于近年来政府将提升产业基础能力作为提升制造业核心竞争力的关键，不断强化“四基”的保障能力，加强工业互联网等新一代基础领域的研发创新，加大基础领域研发投入，在夯实产业基础材料、提升产业基础工艺等方面取得了显著成效。创新驱动能力指数和两化融合能力指数最小，二者变化曲线十分相似，因此技术创新与两化基础是我国制造业数智化融合转型升级能力的短板，创新驱动能力和两化融合能力亟须提升，要将推动创新驱动与数智基础发展作为提升制造业数智化融合转型升级能力的突破口。疫情影响下，虽然不少制造企业积极实施数智化融合转型升级，但由于缺乏长期的数智化战略，在生产、采购、经营、销售等方面都逐渐暴露出一定的劣势，因此制造企业应立足企业现状，因地制宜地采用更加专业具体的战略，加大创新研发投入，增强创新成果输出，充分利用数据要素以及新一代数字技术实现智能化运营与服务，加快实现数字经济下我国制造业数智化融合转型升级能力的稳步提升。

二、数字经济下我国制造业数智化融合转型升级能力区域空间纵向比较

对表4-2数据进行整合，计算出分地区数字经济下制造业数智化融合转型升级能力综合指数并对其变化趋势进行分析，分别如表4-3及图4-2所示。从中可以看出，东部、中部及西部地区与全国整体变化情况呈现相似性，东北地区略有差异。

表4-3　2012~2021年分地区数字经济下制造业数智化融合转型升级能力综合指数

年份	全国	东部地区	中部地区	西部地区	东北地区
2012	0.2490	0.3104	0.2299	0.2056	0.2412
2013	0.2620	0.3238	0.2427	0.2185	0.2542
2014	0.2678	0.3319	0.2509	0.2221	0.2554
2015	0.2714	0.3412	0.2573	0.2204	0.2540
2016	0.2779	0.3460	0.2673	0.2280	0.2552
2017	0.2858	0.3547	0.2816	0.2331	0.2583
2018	0.2930	0.3650	0.2949	0.2396	0.2450
2019	0.2957	0.3711	0.2975	0.2408	0.2420
2020	0.3107	0.3857	0.3124	0.2576	0.2524
2021	0.3137	0.3902	0.3104	0.2620	0.2550

（1）数字经济下我国分地区制造业数智化融合转型升级能力综合指数的特征。由图4-2可知，各地区数字经济下制造业数智化融合转型升级能力综合指数的变化趋势基本相同，除东北地区2017~2019年综合指数出现小幅下降、中部地区2021年综合指数有所降低之外，总体均呈现上升态势，这表明近年来我国各个地区制造业数智化融合转型能力不断提升。从综合指数大小来看，数字经济下我国制造业数智化融合转型升级能力具有明显的区域差异性，呈现

东部、中部、东北、西部依次递减的特点。东部地区是制造业数智化融合转型升级的主力军，凭借良好的区位、体制及市场等相关优势，东部地区拥有一定的数智发展能力与空间，数字经济下制造业数智化融合转型升级能力一直领先于其他三个地区，综合指数均值介于 0. 3104~0. 3902，而中部、西部及东北地区则有待加强。中部地区数字经济下制造业数智化融合转型升级能力综合指数均值介于 0. 2299~0. 3124，2012~2017 年综合指数均低于全国平均水平，2018 年之后在波动中上升，且发展趋势与全国趋于重叠；西部和东北地区的数字经济下制造业数智化融合转型升级能力综合指数呈现交错式发展特征，2019 年之前东北地区综合指数高于西部地区，2019 年之后西部地区反超，但均处于较低水平，原因在于这两大地区的经济发展水平较为落后，制造业产业体系不完整，两化基础能力与技术创新水平和东部地区相比差距较大，资源相对短缺

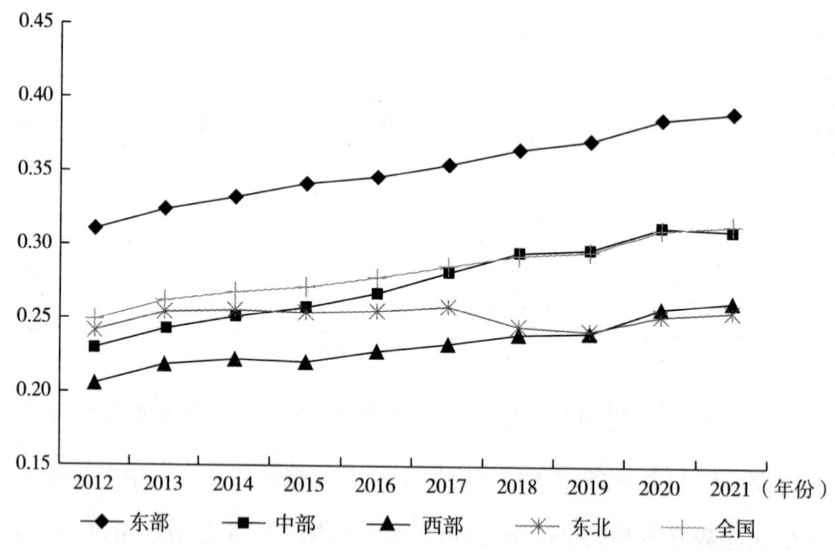

图 4-2　2012~2021 年分地区数字经济下制造业数智化融合转型升级能力综合指数

且消耗量大，因此数字经济下制造业数智化融合转型升级能力相对落后，但2019年之后，西部和东北地区数字经济下制造业数智化融合转型升级能力开始回升且增速较快，区域差异正在逐步缩小，从总体上看，制造业数智化融合转型升级能力仍呈现上升趋势，未来均有很大的发展潜力。

（2）数字经济下我国分地区制造业数智化融合转型升级能力各子系统指数的特征。为进一步分析数字经济下四个地区制造业数智化融合转型升级能力综合指数的差异原因及来源，从而发现制造业数智化融合转型升级能力提升过程中的短板与不足，本章对四个地区从五个子系统角度展开分析，具体如图4-3（a）~图4-3（e）所示。首先，从变动趋势来看，除东北地区的质效提升能力与绿色发展能力有所下降外，四个地区其他的子系统指数整体均在波动中增长，东北三省具有庞大的制造业体系和丰富的产业资源，在我国工业化进程中有着至关重要的作用，然而在转型升级的新时期，东北地区制造业创新水平相对较低，劳动密集型和资本密集型产业难以为继，制造业向技术密集型转变存在较大困难，且由于东北地区经济结构优化过于缓慢，资源消耗和环境污染等问题严重影响着东北地区制造业的数智化融合转型升级，使其质效提升能力与绿色发展能力均有不同程度的下降，且远远低于东部地区的发展水平；从增长率来看，产业基础能力与两化基础能力指数年均增长率最高的均为西部地区，依次为14.62%、29.74%，创新驱动能力、质效提升能力指数年均增长率最高的均为中部地区，依次为16.48%、3.05%，绿色发展能力指数年均增长率最高的为东部地区，为81.21%。其次，对于东部地区来说，绿色发展能力指数最高，介于0.7907~0.8476，均值为0.8121，接下来依次为质效提升能力（0.4415）、产业基础能力（0.2259）、两化基础能力（0.1448）、创新驱动能力（0.1560），但年均增长率却截然不同，绿色发展能力年均增长率仅为0.60%，而年均增长率最高的为创新驱动能力，高达11.51%；中部与东北地区发展相类似，5个子系统中绿色发展能力指数最高，质效提升能力指数次之，

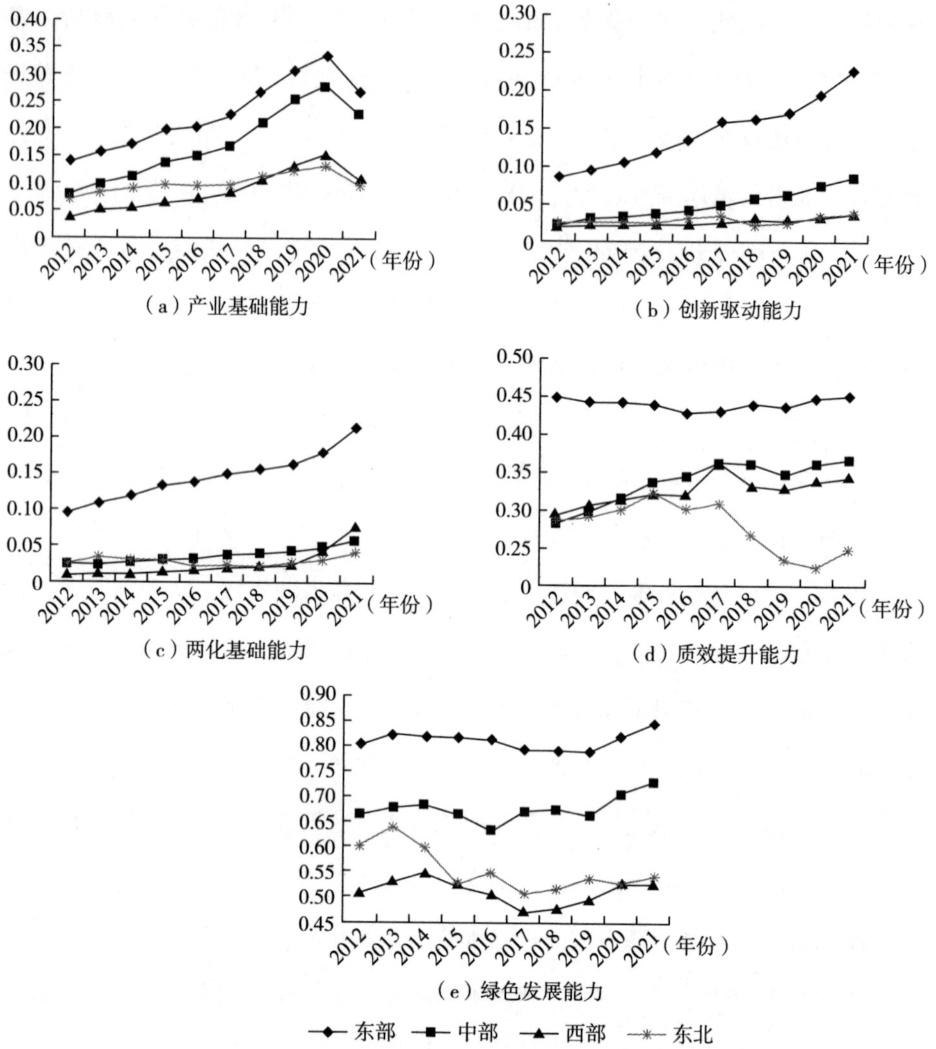

（a）产业基础能力

（b）创新驱动能力

（c）两化基础能力

（d）质效提升能力

（e）绿色发展能力

东部　中部　西部　东北

图 4-3　2012~2021 年分地区数字经济下制造业数智化融合转型升级能力子系统指数

两化基础能力指数最差；西部地区 5 个子系统指数由高到低依次为绿色发展能力（0.5107）、质效提升能力（0.3248）、产业基础能力（0.0848）、创新驱动能力（0.0276）、两化基础能力（0.0241）。由此可见，四大地区中绿色发展

能力指数最高，从各个子系统的角度来看，东部地区制造业数智化融合转型升级发展最好，西部地区和东北地区较为落后，但西部地区的产业基础能力与两化基础能力指数年均增长率最高，这表明西部地区虽然受区位交通、资源等因素的影响，制造业发展一直受到多重限制，导致现阶段西部地区数字经济下制造业数智化融合转型升级能力相对其他地区来说较弱，但随着政策引领以及数智化融合转型升级的深入推进，西部地区的产业基础能力与两化基础能力拥有良好的发展前景。西部地区可以将天然优势转变为产业优势，将对西部地区数字经济下制造业数智化融合转型升级能力的提升起到良好的推动作用。

三、数字经济下各省份之间制造业数智化融合转型升级能力横向比较

从表 4-2 中可以看出，在所研究的 30 个省份中，2012~2021 年，广东和江苏始终稳居前列，北京、上海、浙江、天津及山东在 2012~2017 年大多稳居前列，湖北和河南两省在 2018 年后也跻身于前列，说明这几个地区是数字经济下我国制造业数智化融合转型升级的主力军。2012~2014 年，新疆制造业数智化融合转型升级能力排名靠后，2015~2018 年宁夏制造业数智化融合转型升级能力排名靠后，2019~2021 年则是青海制造业数智化融合转型升级能力排名靠后。总而言之，东部地区制造业数智化融合转型升级能力高于中部地区、东北地区及西部地区。

图 4-4 显示了 2021 年数字经济下我国 30 个省份制造业数智化融合转型升级能力综合指数，可以看出 2021 年我国各省份数字经济下制造业数智化融合转型升级能力综合指数介于 0. 1812~0. 6656，均值 E 为 0. 3134，标准差 SD 为 0. 0970，数字经济下各省份之间制造业数智化融合转型升级能力差别很大。本章借鉴魏敏和吴书昊（2018）的研究，将数字经济下制造业数智化融合转型升级能力划分为四个梯队。

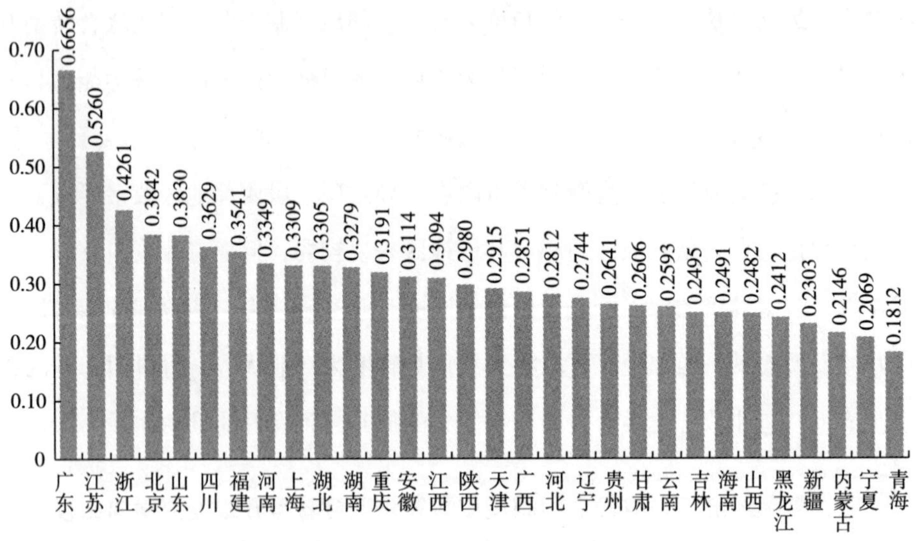

图 4-4　2021 年各省份数字经济下制造业数智化融合转型升级能力综合指数

由表 4-4 可知，2021 年数字经济下我国制造业数智化融合转型升级能力位于“第一梯队”的省份共有 6 个，东部地区有 5 个，西部地区有 1 个，具体包括广东、江苏、浙江、山东、北京及四川。其中东部地区依托其改革开放水平、创新要素集聚、资源种类丰富、人才与区位等优势，以及外向型制造业逐步增多，各省份制造业数智化融合转型升级能力大多领先于全国均值，尤其是广东和江苏处于绝对的领先地位；四川省作为一个发展快、体系全、规模大的制造大省，具有雄厚的产业基础，近年来围绕数智化融合转型升级多措并举，智能制造等高端装备研发制造位于全国前列，正逐渐成为中西部地区制造业数智化融合转型升级的“领头羊”。数字经济下我国制造业数智化融合转型升级能力位于“第二梯队”的省份共有 5 个，具体包括福建、上海、河南、湖北、湖南，这些省份在制造业发展过程中积极响应政府号召，深入开展数智化融合转型升级，制造业数智化融合转型升级能力相对领先，未来还有一定的发展空

间。数字经济下我国制造业数智化融合转型升级能力位于“第三梯队”的省份共有8个，具体包括河北、天津、江西、安徽、陕西、广西、重庆以及辽宁，这些省份的制造业数智化融合转型升级能力综合指数位于全国均值以下，受区位、交通等因素的影响，发展模式较为粗放，创新水平较低，产业基础及两化基础薄弱，因此导致制造业数智化融合转型升级相对落后，未来还有很大的提升空间；数字经济下我国制造业数智化融合转型升级能力位于“第四梯队”的省份共有11个，具体包括海南、山西、贵州、甘肃、云南、新疆、内蒙古、宁夏、青海、黑龙江以及吉林，这些省份的制造业数智化融合转型升级严重落后，数智化融合转型升级能力与其他省份相比存在较大差距，尤其是青海制造业数智化融合转型升级能力综合指数位于0.2以下，这些省份在未来应着重通过新一代信息技术与制造业深度融合转变生产管理模式，促进制造企业数字化、智能化转型，通过创新驱动、两化融合等方式实现数字经济下我国制造业数智化融合转型升级能力的进一步提升。

表4-4　2021年各省份数字经济下制造业数智化融合转型升级能力的区域分布

	东部地区	中部地区	西部地区	东北地区
第一梯队	广东、江苏、浙江、山东、北京	—	四川	—
第二梯队	福建、上海	河南、湖北、湖南		
第三梯队	河北、天津	江西、安徽	陕西、广西、重庆	辽宁
第四梯队	海南	山西	贵州、甘肃、云南、新疆、内蒙古、宁夏、青海	黑龙江、吉林

从2021年数字经济下各省份制造业数智化融合转型升级能力的区域分布来看，第一梯队大多数省份都属于东部地区，只有四川省属于西部地区；中部地区的河南、湖北、湖南属于第二梯队，江西与安徽两个省份属于第三梯队，

山西属于第四梯队；西部地区除四川属于第一梯队之外，其余 10 个省份均属于第三、第四梯队；东北三省制造业数智化融合转型升级能力也相对落后，除辽宁属于第三梯队外，其他 2 个省份均属于第四梯队。综上所述，目前我国制造业数智化融合转型升级能力存在显著的发展不平衡不充分问题，东部和中部地区制造业数智化融合转型升级发展较好，西部和东北部地区发展较为落后。

为了对数字经济下制造业数智化融合转型升级能力的各个子系统指数有一个更为清晰的认知，了解数字经济下各省份制造业在数智化融合转型升级过程中的优势与短板，为进一步推动制造业数智化融合转型升级提供一定的理论依据与科学指导，本章对数字经济下 2021 年各省份制造业数智化融合转型升级能力子系统综合指数进行测算与排名，各个子系统分别从不同角度展示了制造业数智化融合转型升级能力的地区差异，如表 4-5 所示。

表 4-5　2021 年各省份数字经济下制造业数智化融合转型升级能力子系统综合指数及排名

产业基础能力		创新驱动能力		两化融合能力		质效提升能力		绿色发展能力	
广东	0.6220	广东	0.9752	广东	0.6426	北京	0.8869	浙江	0.9692
江苏	0.5533	江苏	0.4007	江苏	0.3908	广东	0.6608	江苏	0.9387
浙江	0.3426	浙江	0.2368	北京	0.3276	重庆	0.6569	上海	0.9373
山东	0.3328	北京	0.1560	四川	0.2959	四川	0.5232	天津	0.9274
河南	0.2969	山东	0.1499	广西	0.2822	江苏	0.4969	安徽	0.9166
湖南	0.2574	福建	0.1241	浙江	0.2214	陕西	0.4480	广东	0.8665
江西	0.2469	湖北	0.1208	山东	0.1738	江西	0.4476	重庆	0.8554
安徽	0.2384	安徽	0.1157	上海	0.1398	河南	0.4377	福建	0.8264
四川	0.2287	上海	0.1068	陕西	0.1290	上海	0.4261	河南	0.8199
河北	0.2263	四川	0.0972	湖北	0.1218	天津	0.3897	湖南	0.8052

续表

产业基础能力		创新驱动能力		两化融合能力		质效提升能力		绿色发展能力	
福建	0.2157	湖南	0.0908	福建	0.1162	福建	0.3893	山东	0.7556
湖北	0.2128	河南	0.0854	重庆	0.0674	浙江	0.3765	湖北	0.7474
广西	0.1687	江西	0.0847	海南	0.0655	山西	0.3399	贵州	0.7393
重庆	0.1249	陕西	0.0726	辽宁	0.0592	海南	0.3338	北京	0.7010
辽宁	0.1145	重庆	0.0591	湖南	0.0576	湖南	0.3320	海南	0.6391
北京	0.1129	天津	0.0589	吉林	0.0543	安徽	0.3307	陕西	0.6012
上海	0.1115	辽宁	0.0568	安徽	0.0522	山东	0.3146	江西	0.5984
陕西	0.1076	贵州	0.0454	江西	0.0516	云南	0.3106	云南	0.5906
云南	0.1000	河北	0.0438	河南	0.0486	湖北	0.3061	辽宁	0.5740
甘肃	0.0950	宁夏	0.0388	天津	0.0401	贵州	0.3028	河北	0.5694
天津	0.0916	黑龙江	0.0350	贵州	0.0323	青海	0.2993	吉林	0.5631
山西	0.0894	甘肃	0.0318	山西	0.0190	宁夏	0.2850	四川	0.5513
黑龙江	0.0894	吉林	0.0254	河北	0.0179	广西	0.2841	甘肃	0.5350
吉林	0.0869	云南	0.0248	云南	0.0132	黑龙江	0.2615	山西	0.4987
新疆	0.0822	内蒙古	0.0239	黑龙江	0.0101	辽宁	0.2466	广西	0.4902
内蒙古	0.0811	海南	0.0235	宁夏	0.0071	河北	0.2367	黑龙江	0.4885
贵州	0.0804	山西	0.0165	内蒙古	0.0049	吉林	0.2336	新疆	0.4570
海南	0.0470	广西	0.0141	甘肃	0.0046	甘肃	0.2330	青海	0.3881
宁夏	0.0432	青海	0.0097	新疆	0.0025	内蒙古	0.2314	宁夏	0.3187
青海	0.0397	新疆	0.0082	青海	0.0025	新疆	0.1916	内蒙古	0.2695
均值	0.1813		0.1111		0.1151		0.3738		0.6646

（1）产业基础能力。数字经济下2021年各省份制造业数智化融合转型升级能力中产业基础能力的指数均值为0.1813，其中高于均值的省份有12个，

其余的18个地区指数均在均值以下且小于0.2，尤其是海南、宁夏与青海三省，指数甚至低于0.05，与产业基础能力指数为0.6220的广东形成强烈对比，这也反映出我国不同省份间的制造业产业基础存在较大的地区差异性。广东和江苏作为我国的制造大省，具有雄厚的制造业基础与丰富的产业资源，在此基础上持续实施大规模的制造业数智化融合转型升级，推动制造业数字化、网络化、智能化发展不断提档加速。而内蒙古、贵州、海南以及青海等西部地区省份的产业基础能力相比之下却较为落后，作为产业形成和高质量发展的基本支撑，产业基础能力决定了制造业数智化融合转型升级的力度和方向，而西部地区经济转轨起步晚，制造业基础薄弱，产业基础能力方面与其他地区省份相比还有较大差距。

（2）创新驱动能力。数字经济下2021年各省份制造业数智化融合转型升级能力中创新驱动能力的指数均值为0.1111，其中高于均值的省份有8个，占比只有26.67%，上海创新驱动能力指数为0.1068，而其他21个省份的创新驱动能力指数均低于0.1，创新驱动能力严重不足。广东创新驱动能力指数较高，表明广东的制造业创新驱动能力在全国都是遥遥领先，同时也反映出我国大多数省份的创新驱动能力较弱，缺乏核心技术创新与关键突破，已成为制约我国制造业数智化融合转型升级能力的重要短板。创新是制造业数智化融合转型升级的第一动力，提高制造业创新能力是我国实现制造强国的战略和重点，因此需要将推动技术创新作为提升数字经济下我国制造业数智化融合转型升级能力的重要突破口。

（3）两化基础能力。数字经济下2021年各省份制造业数智化融合转型升级能力中两化基础能力的指数均值为0.1151，其中高于均值的省份有11个，分别为广东、江苏、北京、四川、广西、浙江、山东、上海、陕西、湖北以及福建，大多集中于东部地区。作为制造业与数字经济发展大省，广东一直致力于推动数字经济与制造业深度融合，并将智能制造作为推进制造业转型升级的

核心和主攻方向，不断培育壮大关键软件、工业互联网等产业，助力制造业实现数字化、智能化转型升级，制造业两化基础能力在全国范围内居于首位；两化基础是制造业数智化融合转型升级能力提升的重要动力，将数字技术融入制造业发展过程中并大力发展智能制造，如北京建设产业投资大数据服务平台，四川致力于加快制造业数字化转型和智能化升级，积极采取多项措施推动这一目标的实现；浙江全力建设全球先进制造业基地、山东不断加强数字基础设施建设，产业链综合竞争力实现有效提升。低于均值的省份有 19 个，占比为 63.33%，大多数省份的两化基础能力严重不足，随着国家各项政策的出台，中西部以及东北地区应充分挖掘自身优势和潜力，将数字化与智能化的有机融合渗透进制造业生产制造的各个环节，逐步提升数字经济下制造企业的数智化融合转型升级能力。

（4）质效提升能力。数字经济下 2021 年各省份制造业数智化融合转型升级能力中质效提升能力的指数均值为 0.3738，高于 2021 年我国各省份制造业数智化融合转型升级能力综合指数均值，这表明 2021 年我国制造业整体效益与产品质量有了大幅提升，质效提升能力有所增强。质效提升能力指数高于均值的省份有 12 个，其中北京作为我国的经济中心，凭借雄厚的科技实力与前沿的发展定位，质效提升能力的指数较高；四川智能制造等高端装备研发制造位于全国前列，重庆现代交通设备等产业加速壮大，近年来两省份协同打造装备制造业产业集群，未来质效提升能力还有很大的进步空间。质效低于均值的省份有 18 个，说明大多数省份的质效提升能力相对较弱。除新疆外，各省份质效提升能力指数均在 0.2 以上，发展态势向好。质效提升能力包括效益增长与质量建设两个方面，受疫情影响，我国制造业数智化融合转型升级不断深入拓展，生产效益稳步提升，企业在追求效益的同时也应注重产品的质量建设，不断提高制造业产品和服务质量水平。

（5）绿色发展能力。数字经济下 2021 年各省份制造业数智化融合转型升级能力中绿色发展能力的指数均值为 0.6646，高于数字经济下 2021 年我国各省份制造业数智化融合转型升级能力综合指数均值及各子系统均值，这表明通过数智化融合转型升级能力的提升，制造企业实行绿色制造，不断朝着绿色低碳的方向发展，追求经济发展与生态效益的平衡。从具体数值来看，绿色发展能力指数高于均值的省份有 14 个，占比为 46.67%，接近全国省份数量的一半，制造业绿色发展相对较好，其中浙江近年来积极转变资源依赖型、能源消耗型的发展模式，大力推动制造业节能降碳，成效显著。绿色发展能力指数低于均值的省份有 16 个，与其他子系统相比，绿色发展能力地区差异相对较小。另外，山西虽有丰富的能源储备，但能源利用率不足、资源环境承载能力较差，且新型工业化水平相对滞后，短期内通过数智化融合转型升级实现绿色制造的能力较弱，导致环境污染严重，制造业绿色发展任务艰巨。随着制造业绿色改造升级进程的加快，绿色发展能力对制造业数智化融合转型升级能力提升的作用愈发显著，在“碳达峰、碳中和”目标背景推动下，制造业绿色发展还有很长的路要走。

第四节　本章小结

本章在对数字经济下我国制造业数智化融合转型升级能力机理进行分析的基础上，构建了包含产业基础能力、创新驱动能力、两化基础能力、质效提升能力以及绿色发展能力 5 个子系统、共 22 项具体指标的数字经济下我国制造业数智化融合转型升级能力空间测度指标体系，运用时空极差熵值法测算了 2012~2021 年全国 30 个省份数字经济下制造业数智化融合转型升级能力综合指数及 5 个子系统指数，对全国及 4 个地区的制造业数智化融合转型升级能力

进行纵向比较，并对各子系统指数的发展趋势进行分析；为了进一步了解数字经济下各省份制造业在数智化融合转型升级过程中的优势与不足之处，对数字经济下 2021 年各省份制造业数智化融合转型升级能力进行横向比较，研究结果对后续路径与对策的提出具有一定的指导意义。

第五章

数字经济下我国制造业数智化融合转型升级能力区域差异、时空演进及空间溢出效应分析

为了进一步衡量数字经济下我国制造业数智化融合转型升级能力在空间均衡发展方面的情况，本章将运用Dagum基尼系数、Kernel核密度估计以及马尔科夫链模型对数字经济下我国制造业数智化融合转型升级能力的区域差异、时空演变趋势及空间溢出效应进行研究。

第一节　数字经济下我国制造业数智化融合转型升级能力的区域差异研究

一、测度方法

关于区域差异的研究目前学者们普遍采用Dagum基尼系数来衡量，它能够充分考虑各子样本的分布情况，并能有效解决样本间的交叉重叠问题，能够精确地衡量地区差异和根源。本章采用Dagum基尼系数法对2012~2021年我国30个省份的数字经济下制造业数智化融合转型升级能力的地区差距进行测度与分解，从而揭示各个地区差异的程度及来源。具体的计算公式如下：

$$G=\frac{\sum_{j=1}^{k}\sum_{h=1}^{k}\sum_{i=1}^{n_j}\sum_{r=1}^{n_h}|y_{ji}-y_{hr}|}{2n^2\mu} \tag{5-1}$$

$$G_{jj}=\frac{1}{2\mu_j n_j^2}\sum_{i=1}^{n_j}\sum_{r=1}^{n_j}|y_{ji}-y_{jr}| \tag{5-2}$$

$$G_w=\sum_{j=1}^{k}G_{jj}p_j s_j \tag{5-3}$$

$$G_j = \frac{\sum_{i=1}^{n_j} \sum_{r=1}^{n_h} |y_{ji} - y_{hr}|}{n_j n_h (\mu_j + \mu_h)} \tag{5-4}$$

$$G_{nb} = \sum_{j=2}^{k} \sum_{h=1}^{j-1} Gjh(p_j s_h + p_h s_j) D_j \tag{5-5}$$

$$G_t = \sum_{j=2}^{k} \sum_{h=1}^{j-1} G_{jh}(p_j s_h + p_h s_j)(1 - D_{jh}) \tag{5-6}$$

其中，k 表示划分区域个数，在本书中 $k=4$，μ 是全国均值，n 是 30，$n_j(n_h)$是 $j(h)$区域内省份数量，$y_{ji}(y)_{hr}$ 是 $j(h)$地区内任意省份的数字经济下制造业数智化融合转型升级能力发展水平。G_{jj} 和 G_{jh} 分别表示区域内和区域间基尼系数，D_{jh} 表示两个区域间数字经济下制造业数智化融合转型升级能力综合指数的相对影响，$p_j = n_j/n$，$s_j = n_j\mu_j/n\mu_j$。

二、数字经济下我国制造业数智化融合转型升级能力的区域差异及其演变趋势分析

根据上述 Dagum 基尼系数法，测算出我国区域数字经济下制造业数智化融合转型升级能力综合指数的基尼系数，如表 5-1 和图 5-1 所示。

表 5-1　2012~2021 年数字经济下我国制造业数智化融合转型升级能力区域基尼系数及分解结果

年份	总体	区域内				区域间						贡献率（%）		
		东部	中部	西部	东北	东—中	东—西	东—东北	中—西	中—东北	西—东北	区域内	区域间	超变密度
2012	0. 1365	0. 1109	0. 0135	0. 0535	0. 0957	0. 1422	0. 1611	0. 2119	0. 0475	0. 1034	0. 0957	20. 59	70. 02	9. 39
2013	0. 1286	0. 1088	0. 0187	0. 0527	0. 0845	0. 1342	0. 1540	0. 2010	0. 0466	0. 0937	0. 0862	20. 64	71. 01	8. 34
2014	0. 1331	0. 1181	0. 0160	0. 0568	0. 0831	0. 1478	0. 1571	0. 2071	0. 0474	0. 0891	0. 0905	20. 89	69. 56	9. 54
2015	0. 1450	0. 1243	0. 0649	0. 0111	0. 1049	0. 1576	0. 1579	0. 2231	0. 0541	0. 1094	0. 0984	21. 64	69. 25	9. 10
2016	0. 1387	0. 1256	0. 0680	0. 0128	0. 0894	0. 1489	0. 1609	0. 2127	0. 0675	0. 1062	0. 0809	21. 60	69. 55	8. 85
2017	0. 1406	0. 1351	0. 0557	0. 0097	0. 0912	0. 1408	0. 1708	0. 2163	0. 0648	0. 1117	0. 0802	21. 98	69. 38	8. 64

续表

年份	总体	区域内				区域间						贡献率（%）		
		东部	中部	西部	东北	东—中	东—西	东—东北	中—西	中—东北	西—东北	区域内	区域间	超变密度
2018	0. 1452	0. 1434	0. 0545	0. 0225	0. 0913	0. 1366	0. 2035	0. 2168	0. 1003	0. 1181	0. 0686	22. 22	68. 76	9. 02
2019	0. 1524	0. 1500	0. 0504	0. 0216	0. 1071	0. 1414	0. 2142	0. 2231	0. 1095	0. 1222	0. 0780	22. 87	67. 59	9. 53
2020	0. 1519	0. 1582	0. 0486	0. 1144	0. 0225	0. 1398	0. 2149	0. 2132	0. 1206	0. 1102	0. 0849	24. 16	64. 36	11. 48
2021	0. 1515	0. 1628	0. 0460	0. 1086	0. 0289	0. 1490	0. 2130	0. 2121	0. 1126	0. 1033	0. 0839	24. 27	63. 98	11. 75

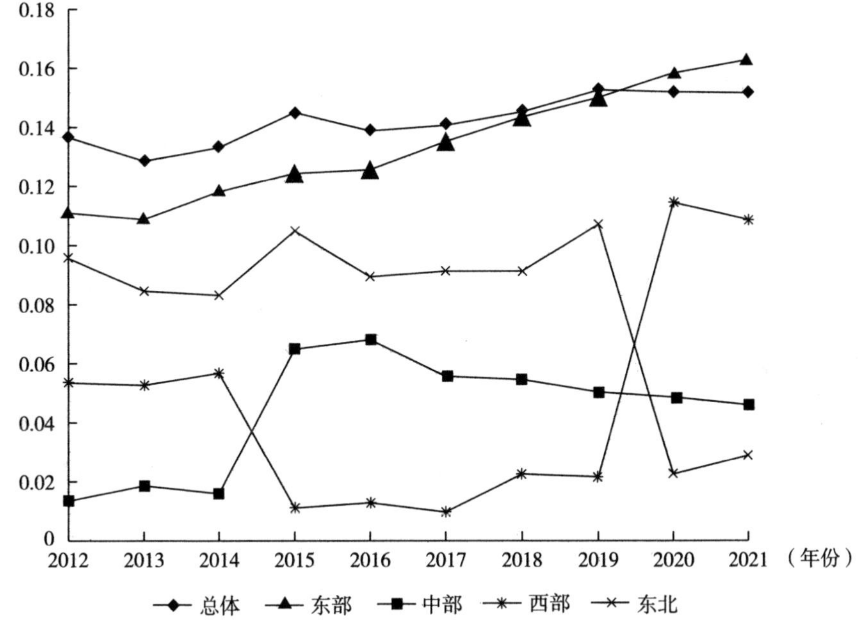

图 5-1　数字经济下我国制造业数智化融合转型升级能力的总体差异及区域内差异演变趋势

（1）总体差异及其演变趋势。从图 5-1 中可以看出，样本考察期内总体区域差异较小，基尼系数介于 0. 1286~0. 1524，虽存在明显的空间差距，但整体来说较为平衡；从总体区域差异的演变趋势来看，数字经济下我国制造业数智化融合转型升级能力的总体基尼系数呈现波动中上升的趋势，基尼系数由

2012 年的 0.1365 上升至 2021 年的 0.1515，上升幅度达 10.99%，这说明从 2012~2021 年，数字经济下我国制造业数智化融合转型升级能力的区域差异在加大。具体来看，2012 年开始基尼系数呈现小幅下降，并于 2013 年达到最低值 0.1286，随后立即回弹，2015 年又是一个转折点，此后从 2016 年开始基尼系数呈现稳步上升趋势，直至 2019 年，数字经济下我国制造业数智化融合转型升级能力的区域差异才有所减小。这表明从 2012 年以来，尽管数字经济下我国制造业数智化融合转型升级能力整体发展水平一直有所提升，但地区之间的不均衡程度仍表现出扩张趋势，这与各地区的政府政策、产业基础、经济实力、人才建设、市场结构等多重因素有关。

（2）区域内差异及其演变趋势。从区域内差异来看，东部地区的基尼系数始终高于其他地区的数值，基尼系数均值为 0.1337，这表明东部地区数字经济下制造业的内部数智化融合转型升级不平衡情况最为严重。2012~2014 年除东部地区外，东北、西部、中部三大区域基尼系数由高到低依次递减，2015 年中部地区的基尼系数急剧上升，2015~2019 年三大区域基尼系数由高到低依次为东北、中部、西部，2019~2020 年是一个交叉转折点，西部地区基尼系数骤然上升，东北地区基尼系数急剧下降，呈现“X”形变化走势。具体来看，考察期内东部地区基尼系数呈稳步上升态势，基尼系数由 2012 年的 0.1109 上升至 2021 年的 0.1628，这说明近年来东部地区制造业数智化融合转型升级能力在整体不断提升的同时区域内部的差异也表现出扩大趋势，特别是 2016~2021 年扩大趋势明显，扩大幅度为 29.62%；以 2021 年为例，东部地区各个省份数字经济下制造业数智化融合转型升级能力在各个梯队中均有涉及，能力水平差距较大，区域内部梯度的存在是导致东部地区数字经济下制造业数智化融合转型升级能力差异大的直接原因。中部地区区域内差异一直呈现上下波动的状态，其中 2012~2014 年较为稳定，基尼系数在 0.0135~0.0160 波动，2014 年后骤然上升，增长至 2015 年的 0.0649，2016 年之后下降过程趋于平稳，但总体仍然呈扩大趋势。西部地区的区域内差异整体来说波动较大，在2019年前基尼系数一直小于东北地区，考察期间的均值为0.0301，但2019年之后反超东北地区，迅速扩大至2020年的0.1144，是同年东北地区的5.08倍，这主要由于广西、四川、贵州等省份数字经济下制造业数智化融合转型升级能力水平增速的提高，导致西部地区区域内差异增大，制造业数智化融合转型升级发展不平衡态势加剧。东北地区区域内差异的变化趋势与西部地区大致呈对称状态，基尼系数在2019年时最大，为0.1071，此后快速下降至2020年的0.0225，说明这一期间内区域差异较小，2020年以后区域内差异有持续扩大的趋势。

（3）区域间差异及其演变趋势。图5-2显示了数字经济下我国制造业数智化融合转型升级能力的区域间差异及其变化趋势。从总体趋势来看，四大区域间差距明显，其中东部与东北地区之间差距最大，中部与西部地区之间差距最小，说明东部地区与其他各区域间的制造业数智化融合转型升级不平衡情况较为突出，区域协调发展任务艰巨。其中，东部—东北的区域间基尼系数最大，这说明东部地区凭借良好的区位、经济、人才优势，制造业数智化融合转型升级能力要远远高于东北地区，东北地区制造业数智化融合转型升级能力较低，制造业数智化融合转型升级还处于较为落后的状态；但在2016年，国家发展和改革委员会制定了《东北振兴“十三五”规划》，提出要支持新一代数字技术与制造业相融合，完善自主创新体系，大力推动制造业新型制造模式的建设，在政策的支持下东北地区制造业数智化融合转型升级呈现追赶态势，东部—东北地区的区域间差异有明显缩减趋势。东部—西部区域间基尼系数在2012~2017年一直保持在相对稳定的水平，数值介于0.1540~0.1708，2017年之后，区域间基尼系数上升，区域差异出现扩大，说明东部与中部地区之间的制造业数智化融合转型升级差异有所增加。东部—中部区域间基尼系数呈现弱“W”形变化趋势，整体来说较为稳定。区域间差异较小的是中部—东北、西部—东北、中部—西部，区域间差异的基尼系数均值分别为0.0771、0.1067、

0.0847，中部—东北地区区域间差异基尼系数在 2014 年达到最小值 0.0891，此后一直上下波动，2021 年的基尼系数要小于 2012 年的基尼系数，说明在研究期内中部—东北地区区域间差异有所减小；中部—西部地区基尼系数在 2012~2021 年呈上升趋势，2021 年基尼系数值为 2012 年的 2.37 倍，其中 2017~2018 年上升趋势最为明显，增长率为 54.78%，西部—东北地区区域间差异基尼系数则在波动中下降，这表明西部与东北地区之间的差距是逐渐缩小的。总而言之，在多重因素的影响下，部分地区之间的差距呈缩小态势，制造业数智化融合转型升级能力发展水平趋于协调，与此同时，像东部—西部地区之间的差距却呈现一种扩大态势，制造业应打破区域边界，发挥发展良好地区的辐射效应，推动落后地区数字经济下制造业数智化融合转型升级能力的有效提升，实现各个区域间的协同发展。

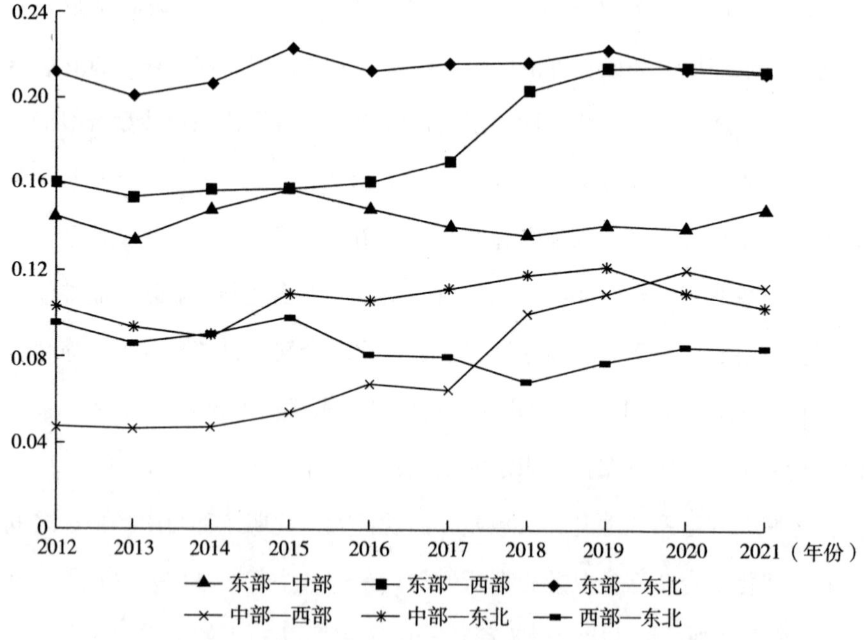

图 5-2 数字经济下我国制造业数智化融合转型升级能力的区域间差异演变趋势

（4）区域差异来源及贡献率。图 5-3 展示了数字经济下我国制造业数智化融合转型升级能力的差异来源及其贡献率。从差异来源角度分析可知，区域间差异贡献率最大，这说明区域间差异是导致数字经济下我国制造业数智化融合转型升级能力总体区域差异的最主要来源。从演变趋势角度分析可知，数字经济下我国制造业数智化融合转型升级能力贡献率主要呈现以下特点：区域间差异表现呈下降趋势，区域内差异及超变密度呈现上升趋势，但上升幅度较为微弱。区域间差异贡献率呈“上升—下降—上升—下降”的演变特征，对数字经济下我国制造业数智化融合转型升级能力总体区域差异的作用程度逐渐减弱；区域内差异一直呈稳定上升态势，这表明区域内差异对数字经济下制造业数智化融合转型升级能力区域差异的作用程度有所提升，但与区域间差异相比对总体区域差异的贡献较小，是造成区域差异的次要原因；超变密度贡献率同样呈现一定的上下波动特征，在 2013 年和 2015 年出现小幅下降之后，2019 年大幅上升，总体上也表现为上升态势，这说明不同地区之间的交叉重叠问题越发严重，未来对于区域差异的影响作用会不断加强。

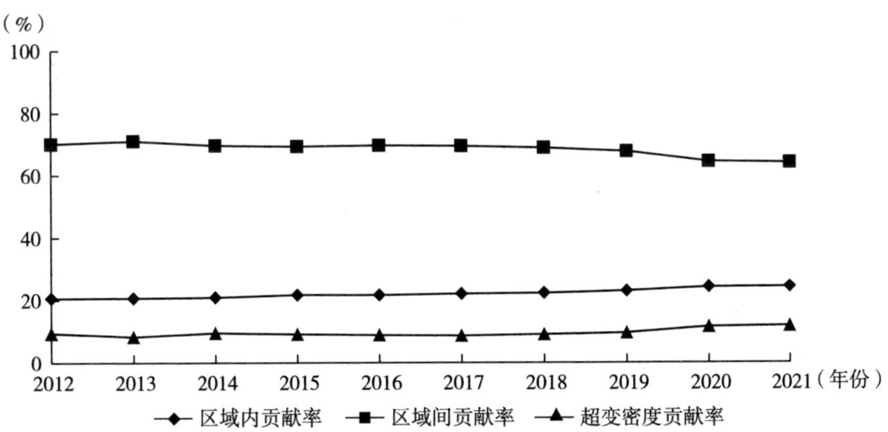

图 5-3　数字经济下我国制造业数智化融合转型能力区域差异的来源及贡献率

第二节　数字经济下我国制造业数智化融合转型升级能力的时空演变研究

Dagum 基尼系数从相对差异的角度揭示了数字经济下我国制造业数智化融合转型升级能力的空间格局，本书进一步从绝对差异的视角出发，采用 Kernel 核密度估计法来对我国及四大地区数字经济下制造业数智化融合转型升级能力的水平状态、分布态势、延展性以及极化趋势进行分析，更加深入地了解我国 2012~2021 年数字经济下制造业数智化融合转型升级能力的分布动态及演进规律。

一、测度方法

Kernel 核密度估计法是利用连续的密度曲线描述数字经济下制造业数智化融合转型升级能力的分布状态，通过核密度估计结果中数字经济下制造业数智化融合转型升级能力的位置、形态和延展性等信息来分析中国各区域的数字经济下制造业数智化融合转型升级能力的分布特征，以及随时空变化的演进趋势。核密度曲线的分布是数字经济下制造业数智化融合转型升级能力的重要体现，波峰的宽度和高度反映了数字经济下制造业数智化融合转型升级能力水平以及分散、聚集的程度，波峰的数量反映了制造业数智化融合转型升级能力的极化水平，而分布延展性反映了制造业数智化融合转型升级能力最强的省份与其他省份之间的区域差异特征，差异越大，则拖尾越长。假设 $f(x)$ 是数字经济下我国制造业数智化融合转型升级能力综合指数 x 的密度函数：

$$f(x)=\frac{1}{N_h}\sum_{i=1}^{N}K\left(\frac{X_i-\bar{x}}{h}\right) \tag{5-7}$$

本书运用高斯核密度函数对全国及四大区域数字经济下制造业数智化融合转型升级能力综合指数的分布动态演进进行估计。

$$K(x)=\frac{1}{\sqrt{2\pi}}\exp\left(-\frac{x^2}{2}\right) \tag{5-8}$$

二、数字经济下我国制造业数智化融合转型升级能力的动态演进分析

（一）数字经济下我国整体制造业数智化融合转型升级能力的分布动态

图 5-4 展示了数字经济下我国制造业数智化融合转型升级能力不同时期的动态演进情况，从图中可以看出，数字经济下我国制造业数智化融合转型升级能力的分布情况发生明显变化。从波峰的演变来看，数字经济下我国制造业数智化融合转型升级能力核密度曲线的主峰位置不断右移，说明数字经济下我国

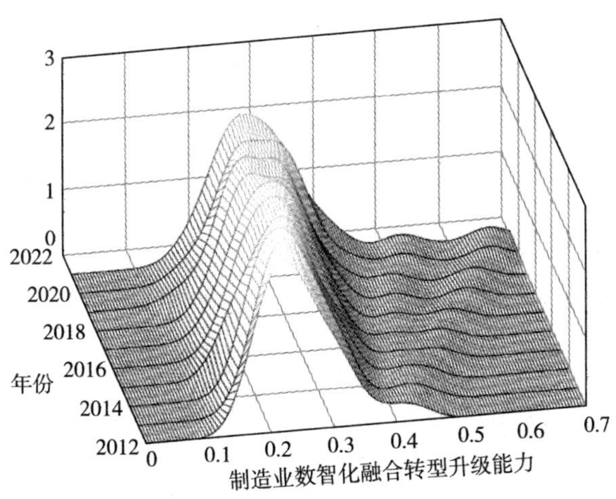

图 5-4　数字经济下我国制造业数智化融合转型升级能力的核密度动态演进

制造业数智化融合转型升级能力整体呈稳步上升态势；研究期内核密度曲线波峰高度降低，宽度加大，绝对差异呈现扩大趋势，即数字经济下我国制造业数智化融合转型升级能力的区域发展不平衡问题有所加剧，这与前文基尼系数的分析结果相一致。从分布趋势来看，核密度曲线存在明显的右拖尾现象，说明个别省份的数字经济下制造业数智化融合转型升级能力远超其他省份，全国范围内各省份之间制造业数智化融合转型升级能力差异较大；从极化情况来看，2012~2014 年只有一个侧峰，2015~2021 年则存在两个侧峰，说明数字经济下我国制造业数智化融合转型升级能力两极分化趋势越来越明显。总的来看，数字经济下我国制造业数智化融合转型升级能力在不断提升的同时区域发展不平衡问题较为突出，且存在一定的两极分化现象。

（二）四大区域数字经济下制造业数智化融合转型升级能力的分布动态

图 5-5 分别展示了四大区域内部数字经济下制造业数智化融合转型升级能力的区域差异的分布动态及演进特征。从各区域内部来看：

如图 5-5（a）所示，对于东部地区来说，数字经济下制造业数智化融合转型升级能力核密度曲线的主峰位置表现为逐年向右侧移动的趋势，波峰垂直高度有所下降，主峰形态由“尖而窄”变为“扁而宽”，这表明总体上东部地区数字经济下制造业数智化融合转型升级能力不断提升，内部数字经济下制造业数智化融合转型升级能力的绝对差异也表现出扩大趋势；2012~2015 年仅存在一个侧峰，之后呈现两个侧峰，这表明东部地区数字经济下制造业数智化融合转型升级能力的两极分化格局越发明显，但侧峰高度有降低趋势，宽度有拓宽趋势，说明经过一系列政策、产业结构等因素的影响未来东部地区内部的极化现象会得到一定程度的缓解。

如图 5-5（b）所示，对于中部地区来说，数字经济下制造业数智化融合转型升级能力核密度曲线表现为明显的右偏分布特征，且变化范围不断扩大，这说明区域内数字经济下制造业数智化融合转型升级能力呈一定的上升趋势；

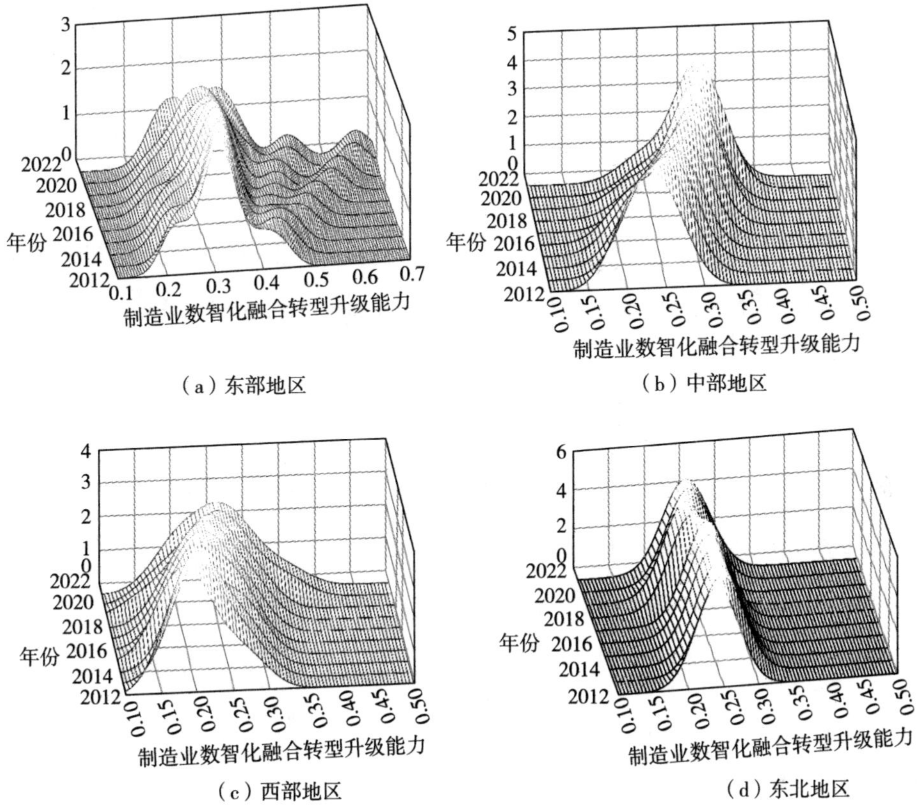

（a）东部地区

（b）中部地区

（c）西部地区

（d）东北地区

图 5-5 数字经济下四大区域制造业数智化融合转型升级能力的核密度动态演进

波峰高度先下降后上升总体表现为波峰高度上升，并于 2021 年核密度曲线峰值达到最高，说明在这一年，中部地区内各省份之间数字经济下制造业数智化融合转型升级能力的差异是最小的。研究期内波峰宽度不断加大，且右拖尾延展性拓宽，这说明除个别年份外，中部地区数字经济下制造业数智化融合转型升级能力的绝对差异在未来呈轻微扩张态势，核密度曲线始终只有一个主峰，说明中部地区各省份之间数字经济下制造业数智化融合转型升级能力发展较为均衡，不存在区域极化现象。

如图 5-5（c）所示，对于西部地区来说，核密度曲线主峰位置整体向右偏移，波峰高度呈“M”形变动趋势，2016 年主峰高度有所上升，整体在波动中下降，与此同时波峰宽度不断加大，右拖尾延展性拓宽，且始终存在一个主峰，不存在区域极化现象。这说明西部地区数字经济下制造业数智化融合转型升级能力在整体上不断提高的同时，也伴随着西部地区内部数字经济下转型升级能力绝对差异的持续扩大，且随着时间的推移，西部地区逐渐出现数字经济下制造业数智化融合转型升级能力水平较高的省份，与其他省份拉开差距。

如图 5-5（d）所示，对于东北地区来说，数字经济下制造业数智化融合转型升级能力核密度曲线的主峰位置变动为“右移—左移—右移”，总体变动趋势为右移，显示出区域内数字经济下制造业数智化融合转型升级能力的绝对差距在观察期间总体呈增大趋势；波峰高度变化为先上升后下降，但总体波动不大，不存在区域极化现象，这说明东北地区的数字经济下制造业数智化融合转型升级能力总体在小幅提高的同时区域内部的绝对差异是不断扩大的。

表 5-2 为全国及四大区域数字经济下制造业数智化融合转型升级能力的分布动态及演变特征。

表 5-2　全国及四大区域数字经济下制造业数智化融合转型升级能力的分布动态及演变特征

地区	分布位置	主峰分布形态	分布延展性	极化情况
全国	右移	峰值波动下降，宽度加大	右拖尾，延展拓宽	两极分化
东部地区	右移	峰值波动下降，宽度加大	右拖尾，延展拓宽	两极分化
中部地区	右移	峰值先降后升，宽度加大	右拖尾，延展拓宽	无区域极化
西部地区	右移	峰值波动下降，宽度加大	右拖尾，延展拓宽	无区域极化
东北地区	右移，幅度较小	峰值、宽度波动较小	右拖尾，延展不变	无区域极化

第三节　数字经济下我国制造业数智化融合转型升级能力的空间溢出效应研究

为了进一步反映数字经济下我国制造业数智化融合转型升级能力的位置转移特征，本节运用马尔科夫转移概率矩阵对其进行深入分析。

一、测度方法

本书通过构造一个 k×k 的反映状态转移概率的矩阵，记录我国制造业数智化融合转型升级能力从一种类型转移到另一种类型的概率分布，从而描述区域制造业数智化融合转型升级能力的时空转移全过程。本节将数字经济下我国制造业数智化融合转型升级能力设定为“高”“中”“低”三种类型，数值从小到大划分为 k=1，2，3。其表达式为：

$$M_{ij}=\frac{n_{ij}}{n_i} \tag{5-9}$$

本书在传统马尔科夫链转移概率矩阵的基础之上，考虑区域现象空间性特征，本节引入“空间滞后”的概念。空间滞后值的大小决定了空间单元归属于何种空间滞后类型。其表达式为：

$$Lag=\sum_{i=1}^{n} y_i w_{ij} \tag{5-10}$$

二、数字经济下我国制造业数智化融合转型升级能力的空间溢出效应分析

本书构建了 2012~2021 年数字经济下我国制造业数智化融合转型升级能力的马尔科夫转移概率矩阵如表 5-3 所示。对角线上的元素始终大于非对角线

上的元素，其中，处于低、中、高水平等级的省份在一年之后维持原等级的概率分别为98.86%、87.36%、86.32%，说明数字经济下我国制造业数智化融合转型升级能力类型转移具有稳定性，维持原有状态的概率较大，存在一定的“俱乐部趋同”现象，且高水平趋同的俱乐部现象更为明显。

表5-3　2012~2021年数字经济下我国制造业数智化融合转型升级能力的马尔科夫转移概率矩阵

	Ⅰ	Ⅱ	Ⅲ	观测值
Ⅰ	0.8632	0.1368	0	95
Ⅱ	0.0230	0.8736	0.1034	87
Ⅲ	0	0.0114	0.9886	88

本书在将空间因素考虑在内的基础上建立空间马尔科夫转移概率矩阵，具体结果如表5-4所示。根据计算结果可得：首先，在考虑邻域背景条件后，数字经济下我国制造业数智化融合转型升级能力的转移情况发生明显的改变，说明数字经济下我国制造业数智化融合转型升级能力的演变存在一定的空间溢出效应。其次，对角线两侧均存在非零元素，说明数字经济下我国制造业数智化融合转型升级能力存在不稳定性，且难以实现跨级跃迁，这表明邻域状态并不能打破数字经济下制造业数智化融合转型升级能力的空间锁定和路径依赖特性。最后，高邻域状态使“俱乐部趋同”效应强化，数字经济下制造业数智化融合转型升级能力高的省份在与高水平省份为邻的条件下，该省份继续保持高水平状态的概率高达88.24%，高于不考虑空间滞后条件时的86.32%，这表明高邻域状态能够增强高水平俱乐部的空间集聚性，导致“俱乐部趋同”现象更加明显，极化作用十分显著，这也是造成区域数字经济下制造业数智化融合转型升级能力时空分异格局的重要原因。

表 5-4 2012~2021 年数字经济下我国制造业数智化融合转型升级能力的空间马尔科夫转移概率矩阵

邻域类型	t/t+1	Ⅰ	Ⅱ	Ⅲ	观测值
Ⅰ	Ⅰ	0. 8824	0. 1176	0	34
	Ⅱ	0	1	0	17
	Ⅲ	0	0	1	1
Ⅱ	Ⅰ	0. 8364	0. 1636	0	55
	Ⅱ	0. 0313	0. 8594	0. 1094	64
	Ⅲ	0	0	1	34
Ⅲ	Ⅰ	1	0	0	6
	Ⅱ	0	0. 6667	0. 3333	6
	Ⅲ	0	0. 0189	0. 9811	53

第四节 本章小结

根据第四章分析结果可知，数字经济下我国制造业数智化融合转型升级能力在不同时间及空间上存在较大差异，本章在掌握数字经济下我国制造业数智化融合转型升级能力现实情况的基础上，首先利用 Dagum 基尼系数来测度制造业数智化融合转型升级能力的区域差异，并将其按照东部、中部、西部及东北区域进行分解，以厘清区域差异来源及贡献率；其次运用 Kernel 核密度估计来反映我国及四大地区数字经济下制造业数智化融合转型升级能力绝对差异的分布动态及演进规律；最后运用马尔科夫链模型对数字经济下我国制造业数智化融合转型升级能力的空间溢出效应进行分析，深入探究数字经济下我国制造业数智化融合转型升级能力的时空演变特征。

第六章

基于复合 DEA 的数字经济下我国制造业数智化融合转型升级能力空间异质性分析

根据前文分析可知，数字经济下我国制造业数智化融合转型升级能力在不同时段及区域间存在较大差异，且具有一定的时空演变及空间溢出特征。为探寻其原因，本章将实证分析数字经济下制造业数智化融合转型升级能力的影响因素。承接第五章分析结果可以看出，我国不同区域数字经济下制造业数智化融合转型升级能力存在一定的空间溢出效应，因此本章基于复合 DEA 模型研究数字经济下我国制造业数智化融合转型升级能力的影响因素，并阐明影响因素对我国不同区域数字经济下制造业数智化融合转型升级能力的空间异质性。

第一节　数字经济下我国制造业数智化融合转型升级能力空间异质性评价模型选择

DEA 有许多模型可以进行选择，其中最为经典的是 C^2R 和 C^2GS^2 模型，为了拓宽 DEA 的应用范围，学者们对 DEA 方法进行了相应的探索，提出了 C^2WH、C^2WHL 等模型，对权重进行了改进。不失一般性地，本书选取经典的 C^2R 复合 DEA 模型对数字经济下我国制造业数智化融合转型升级能力的空间异质性进行分析，模型如下：

$$\max: \frac{\sum_r U_r O_r^{(o)}}{\sum_s V_s I_s^{(o)}} \tag{6-1}$$

$$\text{s.t.} \quad \frac{\sum_r U_r O_r^{(i)}}{\sum_s V_s I_s^{(i)}} \leqslant 1,\ i=1,\ 2,\ \cdots,\ n \tag{6-2}$$

$U_r,\ V_s \geqslant 0$

其中：o——当前评价的决策单元编号；

i——决策单元的编号；

$O_r^{(i)}$——第 i 个决策单元的第 r 个输出；

$I_s^{(i)}$——第 i 个决策单元的第 s 个输入；

U_r——输出的权重；

V_s——输入的权重。

$$\min Z = \theta - \sum_{i=1}^{m} S_i^- - \sum_{r=1}^{s} S_r^+ \tag{6-3}$$

$$\text{s.t.} \sum_{j=1}^{n} x_{ij}\lambda_j + s_i^- = \theta x_{io},\ i=1,\ 2,\ \cdots,\ m$$

$$\sum_{j=1}^{n} y_{rj}\lambda_j - s_r^+ = y_{ro},\ r=1,\ 2,\ \cdots,\ s$$

$$\theta,\ s_i^-,\ s_r^+,\ \lambda_j \geqslant 0,\ \forall i,\ r,\ j$$

其中，θ是有效性系数，决策单元有效时应满足 $\theta=1$，s_i^-、s_r^+ 都为 0。

第二节　数字经济下我国制造业数智化融合转型升级能力空间异质性实证研究

一、评价指标的整理

根据前文对我国 30 个省份的测算，本节依旧将数字经济下我国制造业数

智化融合转型升级能力指标的 DMU 评价模型划分为四大地区进行分析，以国内四大地区数字经济下制造业数智化融合转型升级能力的发展情况为 DMU，根据前文建立的数字经济下制造业数智化融合转型升级能力空间测度指标体系，将体系中 22 个指标划分出 10 个投入指标，分别为制造业企业数、制造业固定资产投资、互联网普及率、互联网宽带接入端口、电信业务总量、R&D 经费投入强度、R&D 人员数、数字化从业人员、数字化设备配置、智能生产从业人员；12 个产出指标，分别为有效发明专利数、新产品销售收入、数字化软件收入、智能生产效益、高技术制造业效益比重、制造业营业利润率、产品质量合格率、产品质量损失率、单位工业增加值废水排放量、单位工业增加值 SO_2 排放量、单位工业增加值能源消耗量、固体废物处理利用率。用复合 DEA 方法研究不同地区制造业数智化融合转型升级能力发展综合情况，并进一步探讨其中的特征，挖掘影响因素。

二、评价过程

本节中数字经济下制造业数智化融合转型升级能力的异质性评价包括 4 个决策单元，每一个决策单元有 10 个投入指标、12 个产出指标，投入与产出的总量高于决策单元的数量。因而，本节在评价过程中采纳了 Andersen 和 Petersen 所建议的方法，对复合 DEA 模型进行了相应的修改后进行评价，即若对第 i 个单元的有效性进行评价，则将第 i 个决策单元的数据信息从约束条件的右端去掉，以便对各有效单元进行排序。进行复合 DEA 评价，如果去掉第 i 个投入指标，则只需在上述模型中去掉变量 s_i^- 和第 i 个约束条件；如果去掉第 r 个产出指标，则只需在上述模型中去掉变量 s_r^- 和第 5+r 个约束条件。在得出对应不同投入产出指标的评价结果后，分析某一指标的选择对数字经济下制造业数智化融合转型升级能力的影响。为了获得更加详细的结果，本节将产出指标对评价结果的影响也进行了分析，运用上述改进的复合 DEA 方法，计算所得结果如附录 1 所示。

三、评价结果分析

（一）投入指标维度

对于东部地区来说，2012~2015 年、2018 年第 6 个投入指标（R&D 经费投入强度）对东部地区（DMU1）贡献最大；2016~2017 年、2019~2020 年第 3 个投入指标（互联网普及率）对东部地区（DMU1）贡献最大；2021 年第 9 个投入指标（数字化设备配置）对于东部地区（DMU1）贡献最大。

对于中部地区来说，2012~2014 年、2016~2020 年第 8 个投入指标（数字化从业人员）对中部地区（DMU2）贡献最大；2015 年与 2021 年第 9 个投入指标（数字化设备配置）对中部地区（DMU2）贡献最大。

对于西部地区来说，2012 年第 9 个投入指标（数字化设备配置）对西部地区（DMU3）贡献最大；2013 年第 8 个投入指标（数字化从业人员）对西部地区（DMU3）贡献最大；2014 年、2016 年与 2017 年第 10 个投入指标（智能生产从业人员）对西部地区（DMU3）贡献最大；2015 年、2018~2021 年第 6 个投入指标（R&D 经费投入强度）对西部地区（DMU3）贡献最大。

对于东北地区来说，2012~2017 年、2019~2020 年第 10 个投入指标（智能生产从业人员）对东北地区（DMU4）贡献最大；2018 年、2021 年第 9 个投入指标（数字化设备配置）对东北地区（DMU4）贡献最大。

（二）产出指标维度

对于东部地区来说，2012~2020 年第 1 个产出指标（有效发明专利数）对东部地区（DMU1）贡献最大；2021 年第 3 个产出指标（数字化软件收入）对东部地区（DMU1）贡献最大。

对于中部地区来说，2012 年第 4 个产出指标（智能生产效益）对中部地

区（DMU2）贡献最大；2013~2019 年第 2 个产出指标（新产品销售收入）对中部地区（DMU2）贡献最大；2020~2021 年第 5 个产出指标（高技术制造业效益比重）对中部地区（DMU2）贡献最大。

对于西部地区来说，2012~2015 年第 10 个产出指标（单位工业增加值 SO_2 排放量）对西部地区（DMU3）贡献最大；2016~2017 年第 4 个产出指标（智能生产效益）对西部地区（DMU3）贡献最大；2018~2021 年第 5 个产出指标（高技术制造业效益比重）对西部地区（DMU3）贡献最大。

对于东北地区来说，2012~2014 年、2019 年第 8 个产出指标（产品质量损失率）对东北地区（DMU4）贡献最大；2015 年第 7 个产出指标（产品质量合格率）对东北地区（DMU4）贡献最大；2016~2018 年第 9 个产出指标（单位工业增加值废水排放量）对东北地区（DMU4）贡献最大；2020~2021 年第 11 个产出指标（单位工业增加值能源消耗量）对东北地区（DMU4）贡献最大。

第三节　本章小结

本章借助复合 DEA 模型对数字经济下我国制造业数智化融合转型升级能力的空间异质性进行分析，以我国 2012~2021 年 30 个省份的省级面板数据为基础，从投入指标与产出指标两个维度探究各影响因素对四大区域的影响程度，为后续对策的提出提供一定的参考。

第七章

制造业高质量成长实证分析

——以山东省为例

本章以山东省高技术制造业、先进制造业、战略性新兴产业三类制造业为案例，基于前文的理论研究，从投入产出角度构建制造业高质量成长的指标体系，运用复合 DEA 方法进行制造业高质量成长实证分析。DEA 模型见附录 2。

第一节　高技术制造业高质量成长现状分析

根据统计年鉴中关于高技术制造业的相关指标数据，并结合高技术制造业知识和技术密集、资源能量消耗少等特点，总结出具有代表性的投入产出数据。9 个投入指标，包括：①x1j（单位：个）：高技术制造业企业数；②x2j（单位：个）：R&D 机构数；③x3j（单位：万人年）：R&D 人员折合全时当量；④x4j（单位：亿元）：R&D 经费内部支出；⑤x5j（单位：亿元）：新产品开发经费支出；⑥x6j（单位：个）：R&D 项目数；⑦x7j（单位：亿元）：R&D 项目经费；⑧x8j（单位：亿元）：新增固定资产；⑨x9j（单位：亿元）：投资额。3 个产出指标，包括：①y1j（单位：项）：新产品开发项目数；②y2j（单位：亿元）：新产品销售收入；③y3j（单位：件）：有效发明专利数。

（1）本节以全国、山东省、北京市、广州市、合肥市、杭州市 6 个地区高技术制造业为 DUM，查询各类统计年鉴，用复合 DEA 分析方法，研究不同地区高技术制造高质量的横向差异，并进一步研究其中的特征，挖掘发展差距的深层次原因。经查询统计年鉴，得到6个地区高技术制造业的投入和产出数据见表7-1。

表7-1 测评投入和产出数据

	指标	全国 DUM1	山东省 DUM2	北京市 DUM3	广州市 DUM4	合肥市 DUM5	杭州市 DUM6
投入 X_{ij}	高技术制造业企业数 x1j（个）	32027	1001	3228	1296	2252	1819
	R&D 机构数 x2j（个）	15696	776	2428	162	741	1611
	R&D 人员折合全时当量 x3j（万人年）	74. 731	5. 1057	2. 3611	6. 6189	3. 1512	10. 3245
	R&D 经费内部支出 x4j（亿元）	3182. 5668	250. 6226	131. 7647	254. 8553	137. 059	396. 82
	新产品开发经费支出 x5j（亿元）	4097. 3433	262. 6373	162. 2255	21. 4382	38. 2396	241. 93
	R&D 项目数 x6j（个）	96944	7955	3495	5356	5076	10000
	R&D 项目经费 x7j（亿元）	3177. 8033	250. 1727	131. 6984	233. 4171	136. 8666	233. 04
	新增固定资产 x8j（亿元）	15608. 8	1179. 1	107. 4	2066. 775	2870. 519	142. 78
	投资额 x9j（亿元）	26186. 5	1831. 2	201. 1	8220. 9227	137. 059	233. 04
产出 Y_{ij}	新产品开发项目数 y1j（项）	113889	7859	4658	5356	5076	10000
	新产品销售收入 y2j（亿元）	53547. 1108	3350. 2808	1756. 8452	8229. 8977	2735. 0435	2141. 2968
	有效发明专利数 y3j（件）	306431	17553	19561	9345	17522	9872

本节中高技术制造业高质量评价的范围包括6个决策单元（地区范围），每一个决策单元有9种投入、3种产出，投入与产出的总量相对于决策单元的数目较高。进行复合DEA评价，即若对第i个单元的有效性进行评价，则将第i个决策单元的数据信息从约束条件的右端去掉，以便对各有效单元进行排序。进行复合DEA评价，计算所得结果见表7-2。

表 7-2　不同指标下 DEA 评价结果

	DEA 结果	原始结果	去掉 x1j	去掉 x2j	去掉 x3j	去掉 x4j	去掉 x5j	去掉 x6j	去掉 x7j	去掉 x8j
DUM1	1	1. 294	1. 294	1. 294	1. 294	1. 294	1. 294	1. 294	1. 2941	1. 294
DUM2	1	2. 262	2. 262	2. 262	2. 262	2. 262	2. 262	2. 262	2. 262	2. 262
DUM3	1	6. 034	6. 034	6. 034	6. 034	6. 034	6. 034	6. 034	6. 034	6. 034
DUM4	1	22. 259	22. 259	22. 259	22. 259	22. 259	22. 259	22. 259	22. 259	22. 259
DUM5	1	5. 8195	5. 8195	5. 8195	5. 8195	5. 8195	5. 8195	5. 8195	5. 8195	5. 8195
DUM6	1	6. 307	6. 307	6. 307	6. 307	6. 307	6. 307	6. 307	6. 307	6. 307
	去掉 x9j	去掉 y1j	去掉 y2j	去掉 y3j						
DUM1	1. 294	1. 294	1. 2941	1. 294						
DUM2	2. 262	2. 262	2. 262	2. 262						
DUM3	6. 034	6. 034	6. 034	6. 034						
DUM4	22. 259	22. 259	22. 259	22. 259						
DUM5	5. 8195	5. 8195	5. 8195	5. 8195						
DUM6	6. 307	6. 307	6. 307	6. 307						

在得出对应不同投入产出指标的评价结果后，分析某一指标的选择在不同地区高技术制造业发展所造成的影响。为了获得更多的信息，本节将产出指标对评价结果的影响进行分析，结果见表 7-3。

表 7-3　复合 DEA 评价结果

投入									
	S1j	S2j	S3j	S4j	S5j	S6j	S7j	S8j	S9j
DUM1	0	0	0	0	0	0	0. 0001	0	0
产出									
	S1j	S2j	S3j						
DUM1	0	0. 0001	0						

从原始 DEA 评价结果上看，6 个地区高技术制造业的情况由好到差的排

序为：广州市（22.259）、杭州市（6.307）、北京市（6.034）、合肥市（5.8195）、山东省（2.262）、全国（1.294）。从评价结果来看，山东省的高技术制造业的发展仅略高于全国水平，与广州市的差距较大，与杭州市、北京市、合肥市相比也存在较大的差距。从复合 DEA 评价结果来看，对于全国的高技术制造业发展，R&D 项目经费（x7j）的投入对其贡献度优于其余地区，新产品销售收入（y2j）对促进高技术制造业发展的有效性优于其他地区。对山东省、北京市、广州市、合肥市、杭州市 5 个地区来说，投入产出指标没有较明显的凸显性。从投入产出数据表中可以看出，广州市 R&D 经费内部支出为 254.8553 亿元，超过了山东省的 250.6226 亿元，山东省对高技术制造业投入力度不够；广州市的新产品销售收入为 8229.8977 亿元，而山东省的新产品销售收入仅为 3350.2808 亿元，山东省高技术制造业产出水平较低。这说明山东省高技术制造业发展水平较低，在“十四五”时期将有很大的提升空间，应将广州市、北京市、合肥市、杭州市作为追赶对象，学习其先进政策和技术。

（2）本节所研究的高技术制造业，包含：①医药制造业（DUM1）；②航空航天器及设备制造业（DUM2）；③电子及通信设备制造业（DUM3）；④医疗仪器设备及仪器仪表制造业（DUM4）；⑤信息化学品制造业（DUM5）；⑥计算机及办公设备制造业（DUM6）六类细分制造业为 DUM，查询各类统计年鉴，用复合 DEA 分析方法，研究山东省高技术制造业高质量的模向差异，并进一步研究其中的特征，挖掘发展差距的深层次原因。经查询统计年鉴所得到的六类细分制造业的投入和产出数据见表 7-4。

本节中高技术制造业高质量评价的范围包括 6 个细分决策单元（制造业），每一个决策单元有 9 种投入、3 种产出，采用改进后的复合 DEA 方法进行评价，结果见表 7-5。

表 7-4 测评投入和产出数据

	指标	医药制造业（DUM1）	航空航天器及设备制造业（DUM2）	电子及通信设备制造业（DUM3）	医疗仪器设备及仪器仪表制造业（DUM4）	信息化学品制造业（DUM5）	计算机及办公设备制造业（DUM6）
投入 X_{ij}	高技术制造业企业数 x1j（个）	761	402	3172	365	3260	695
	R&D 机构数 x2j（个）	390	9	332	231	16	23
	R&D 人员折合全时当量 x3j（万人年）	1. 7083	0. 0402	1. 6696	0. 5778	0. 0837	1. 0261
	R&D 经费内部支出 x4j（亿元）	102. 2601	1. 1363	86. 1955	19. 365	3. 4668	38. 1988
	新产品开发经费支出 x5j（亿元）	101. 5076	1. 3533	94. 8373	21. 2148	2. 8096	40. 9147
	R&D 项目数 x6j（个）	3529	836	3884	1019	3921	2364
	R&D 项目经费 x7j（亿元）	99. 3509	30. 172	98. 5113	13. 4882	165. 8223	112. 1205
	新增固定资产 x8j（亿元）	763. 9216	203. 0533	2051. 2859	183. 3188	2379. 6692	493. 8867
	投资额 x9j（亿元）	1646. 0297	370. 3267	3064. 4088	343. 5323	4992. 5256	1029. 3351
产出 Y_{ij}	新产品开发项目数 y1j（项）	3529	66	2238	1342	106	578
	新产品销售收入 y2j（亿元）	4350. 363	1761. 0686	7402. 5502	1349. 4278	15169. 9154	5525. 5961
	有效发明专利数 y3j（件）	5647	42	7945	1988	186	1745

表 7-5 不同指标下 DEA 评价结果

	DEA 结果	原始结果	去掉 x1j	去掉 x2j	去掉 x3j	去掉 x4j	去掉 x5j	去掉 x6j	去掉 x7j	去掉 x8j
DMU1	1	4. 168	4. 168	4. 168	4. 168	4. 168	4. 168	4. 168	4. 168	4. 168
DMU2	1	9. 059	9. 059	9. 059	9. 059	9. 059	9. 059	9. 059	9. 059	9. 059

续表

	DEA 结果	原始结果	去掉 x1j	去掉 x2j	去掉 x3j	去掉 x4j	去掉 x5j	去掉 x6j	去掉 x7j	去掉 x8j
DMU3	1	1. 199	1. 199	1. 199	1. 199	1. 199	1. 199	1. 199	1，199	1. 199
DMU4	1	4. 127	4. 127	4. 127	4. 127	4. 127	4. 127	4. 127	4. 127	4. 127
DMU5	1	74. 833	74. 831	76. 833	76. 786	74. 435	72. 414	72. 369	72. 326	72. 181
DMU6	1	3. 578	3. 578	3. 578	3. 578	3. 578	3. 578	3. 578	3. 578	3. 578
	去掉 x9j	去掉 y1j	去掉 y2j	去掉 y3j						
DMU1	4. 168	4. 168	4. 168	4. 168						
DMU2	9. 059	9. 059	9. 059	9. 059						
DMU3	1. 199	1. 199	1. 186	1. 199						
DMU4	4. 127	4. 127	4. 127	4. 127						
DMU5	72. 146	72. 364	70. 177	70. 800						
DMU6	3. 578	3. 578	3. 578	3. 578						

在得出对应不同投入产出指标的评价结果后，分析某一指标的选择对制造业高质量成长的影响。为了获得更多的信息，本节将产出指标对评价结果的影响也进行了分析，结果见表 7-6。

表 7-6　复合 DEA 评价结果

投入									
	S1j	S2j	S3j	S4j	S5j	S6j	S7j	S8j	S9j
DMU1	0	0	0	0	0	0	0	0	0
DMU2	0	0	0	0	0	0	0	0	0
DMU3	0	0	0	0	0	0	0	0	0
DMU4	0	0	0	0	0	0	0	0	0
DMU5	0. 002	2	1. 953	0. 398	2. 419	2. 464	2. 507	2. 652	2. 687
DMU6	0	0	0	0	0	0	0	0	0

续表

产出									
	S1j	S2j	S3j						
DMU1	0	0	0						
DMU2	0	0	0						
DMU3	0	0.013*	0						
DMU4	0	0	0						
DMU5	2.469	4.656*	4.033						
DMU6	0	0	0						

从原始 DEA 评价结果上看，山东省高技术制造业六类细分制造业的情况由好到差的排序为：①信息化学品制造业（DUM5）；②航空航天器及设备制造业（DUM2）；③医疗仪器设备及仪器仪表制造业（DUM4）；④医药制造业（DUM1）；⑤计算机及办公设备制造业（DUM6）；⑥电子及通信设备制造业（DUM3）。

从投入指标来分析，由分析结果可以看出，对于信息化学品制造业，投资额 x9j 方面的投入对高技术制造业的贡献优于其他制造业；从产出指标来分析，对于信息化学品制造业和电子及通信设备制造业，新产品销售收入 y2j 方面对促进高技术制造业发展的有效性优于其他制造业。

第二节 先进制造业高质量成长现状分析

通过山东省和具有代表性的几个地区的统计年鉴中关于先进制造业的相关数据，筛选出具有代表性的 8 个投入产出指标，包括 5 个投入指标和 3 个产出指标，其中：5个投入指标分别为：①先进制造企业数量（单位：个）；②负债（单位：亿元）；③固定资产（单位：亿元）；④平均用工人数（单位：万人）；⑤管理费用（单位：亿元）。3个产出指标分别为：①主营业务收入（单位：亿元）；②利润总额（单位：亿元）；③产成品个数（单位：亿）。通过查阅《山东统计年鉴》和《中国统计年鉴》山东省先进制造业的信息与具体数据，选取具有代表性的七类先进制造业作为DUM，其分别为医学制造业（DUM1），仪表仪器制造业（DUM2），计算机通信及其他电子设备制造业（DUM3），铁路、船舶、航空航天及其他运输设备制造业（DUM4），电气机械及器材制造业（DUM5），专用设备制造业（DUM6），通用设备制造业（DUM7）。本节通过复合DEA分析探究山东省内部先进制造业细分制造业在高质量、高精尖过程中发展的横向差异，挖掘其中的原因。具体数据见表7-7。

表7-7　山东省先进制造业细分制造业投入产出

山东省先进制造业投入产出	指标	医学制造业（DUM1）	仪表仪器制造业（DUM2）	计算机通信及其他电子设备制造业（DUM3）	铁路、船舶、航空航天及其他运输设备制造业（DUM4）	电气机械及器材制造业（DUM5）	专用设备制造业（DUM6）	通用设备制造业（DUM7）
投入 X_{ij}	先进制造业企业数量x1j（个）	761	365	695	402	1557	3172	2233
	负债x2j（亿元）	1430.2465	436.7545	1693.0188	1237.02701	3749.2242	2341.8405	1834.6259
	固定资产x3j（亿元）	1273.9085	167.5768	526.0885	414.7792	1105.6971	1611.5127	1131.0491
	平均用工人数x4j（万人）	26.709	6.1931	32.3489	11.3923	30.6602	49.7708	35.8441
	管理费用x5j（亿元）	211.0732	49.9811	193.6724	94.9036	289.3265	247.5648	189.9168

续表

山东省先进制造业投入产出	指标	医学制造业（DUM1）	仪表仪器制造业（DUM2）	计算机通信及其他电子设备制造业（DUM3）	铁路、船舶、航空航天及其他运输设备制造业（DUM4）	电气机械及器材制造业（DUM5）	专用设备制造业（DUM6）	通用设备制造业（DUM7）
产出 Y_{ij}	主营业务收入 y1j（亿元）	4350. 363	1349. 4278	5525. 5961	1761. 0686	5702. 6223	7402. 5502	5248. 2971
	利润总额 y2j（亿元）	505. 7408	69. 5416	298. 4937	113. 8753	359. 5159	510. 2485	326. 0484
	产成品 y3j（亿）	159. 7649	53. 3612	141. 6897	68. 6091	296. 2169	225. 6981	227. 2658

本节研究山东省先进制造业高质量评价包括了 7 个细分制造业，即包括了 7 个决策单元，其中每一个决策单元都对应了投入产出 8 个指标。在采用复合 DEA 分析后，得出结果见表 7-8。

表 7-8　不同指标的 DEA 评价结果

	DEA 结果	原始结果	去掉 x1j	去掉 x2j	去掉 x3j	去掉 x4j	去掉 x5j	去掉 y1j	去掉 y2j	去掉 y3j
Dum1	1	4. 099	4. 099	4. 099	4. 099	4. 099	4. 099	4. 099	4. 099	4. 099
Dum2	1	2. 832	2. 832	2. 832	2. 832	2. 832	2. 832	2. 832	2. 832	2. 832
Dum3	1	2. 112	2. 112	2. 112	2. 112	2. 112	2. 112	2. 113	2. 112	2. 112
Dum4	1	1. 049	1. 049	1. 049	1. 049	1. 049	1. 049	1. 049	1. 049	1. 049
Dum5	1	1. 561	1. 561	1. 561	1. 561	1. 561	1. 561	1. 561	1. 561	1. 561
Dum6	1	1. 601	1. 601	1. 601	1. 601	1. 601	1. 601	1. 601	1. 601	1. 601
dum7	1	1. 322	1. 322	1. 322	1. 322	1. 322	1. 322	1. 322	1. 322	1. 322

得出不同投入产出指标的评价结果后，可以具体分析某个指标对先进制造业高质量的作用程度。为了获得更多信息，本节将输出指标对评测的影响也进

行了分析，见表 7-9。

表 7-9 复合 DEA 分析评测结果

投入					
	S1j	S2j	S3j	S4j	S5j
DUM1	0	0	0	0	0
DUM2	0	0	0	0	0
DUM3	0	0	0	0	0
DUM4	0	0	0	0	0
DUM5	0	0	0	0	0
DUM6	0	0	0	0	0
DUM7	0	0	0	0	0
产出					
	S1j	S2j	S3j		
DUM1	0	0	0		
DUM2	0	0	0		
DUM3	0.001	0	0		
DUM4	0	0	0		
DUM5	0	0	0		
DUM6	0	0	0		
DUM7	0	0	0		

可见，根据原始 DEA 的评价结果可以对山东省先进制造业进行排名，第一为医学制造业，第二为仪表制造业，第三为计算机通信及其他电子设备制造业，专用设备制造业排名第四，电气机械及器材制造业排名第五，通用设备制造业排名第六，铁路、船舶、航空航天及其他运输设备制造业排名第七。医药制造业的原始结果远远优于其他六类制造业，因此，从总体思路上，其他六类制造业应该汲取医药制造业的发展模式和管理方法，来加快自身高质量的发

展。从复合分析结果上看，输出指标分析上第一个输出指标对 DUM3 及计算机及其他电子设备制造业有一定影响，即计算机及其他电子设备制造业应该尽力提高自身产品的特色与自主创新能力来提高对顾客的吸引力，进而提高自身主营业务收入。其他制造业在受影响不大的同时也应该降低产品成本，提高产品吸引力，尤其是铁路、船舶、航空航天及其他运输设备制造业发展较其他制造业有一定差距，应更进一步完善自身发展实现高质量成长。

现对各地区间先进制造业进行对比，选取全国 6 个地区先进制造业为 DUM，分别为全国（DUM1）、北京市（DUM2）、山东省（DUM3）、广州市（DUM4）、合肥市（DUM5）、杭州市（DUM6），通过查询各地区相关先进制造业具体数据信息，选取 5 个投入指标和 3 个产出指标。其中：5 个投入指标分别为负债 x1j、固定资产 x2j、平均用工人数 x3j、管理费用 x4j、企业数量 x5j；3 个产出指标分别为：主营业务收入 y1j、利润总额 y2j、产成品 y3j。通过复合 DEA 分析方法，探究不同地区先进制造业在高质量时的横向差异，并进一步探索其中差异的原因。查询数据见表 7-10。

表 7-10　各地区先进制造业投入产出

各地区先进制造业投入产出	指标	全国（DUM1）	北京市（DUM2）	山东省（DUM3）	广州市（DUM4）	合肥市（DUM5）	杭州市（DUM6）
投入 X_{ij}	负债 x1j（亿元）	163262.77	5811.8376	12722.9805	2626.8177	2385.1189	4022.6405
	固定资产 x2j（亿元）	110251.7	1055.9096	6230.6119	800.8274	1041.9442	990.0477
	平均用工人数 x3j（万人）	2769，63	40.1662	192.9184	47.4112	25.3385	46.2324
	管理费用 x4j（亿元）	17344.6	539.8146	1276.4384	231.3599	201.0615	452.5728
	企业数量 x5j（个）	98307	1439	9185	1400	773	1771

续表

各地区先进制造业投入产出	指标	全国（DUM1）	北京市（DUM2）	山东省（DUM3）	广州市（DUM4）	合肥市（DUM5）	杭州市（DUM6）
产出 Y_{ij}	主营业务收入 y1j（亿元）	313388. 56	6566. 3878	31339. 9251	4572. 2429	4267. 8445	4859. 2181
	利润总额 y2j（亿元）	21163. 55	676. 7077	2183. 4642	306. 3846	277. 083	568. 0159
	产成品 y3j（亿）	14503. 31	469. 1963	1172. 6057	307. 355	198. 238	352. 0849

本节研究全国各先进制造业高质量评价包括了 6 个具体地区，即包括了 6 个决策单元，其中每一个决策单元对应投入产出 8 个指标。进行复合 DEA 分析，结果见表 7-11。

表 7-11　不同指标的 DEA 评价结果

	DEA 结果	原始结果	去掉 x1j	去掉 x2j	去掉 x3j	去掉 x4j	去掉 x5j	去掉 y1j	去掉 y2j	去掉 y3j
Dum1	1	1. 201	1. 217	1. 268	1. 368	1. 368	1. 366	1. 365	1. 364	1. 466
Dum2	1	1. 79	1. 79	1. 79	1. 79	1. 79	1. 79	1. 79	1. 79	1. 79
Dum3	1	1. 585	1. 585	1. 585	1. 585	1. 585	1. 585	1. 585	1，585	1. 585
Dum4	1	1. 445	1. 445	1. 445	1. 445	1. 445	1. 445	1. 445	1. 445	1. 445
Dum5	1	1. 82	1. 82	1. 82	1. 82	1. 82	1. 82	1. 82	1. 82	1. 82
Dum6	1	1. 154	1. 154	1. 154	1. 154	1. 154	1. 154	1. 154	1. 154	1. 154

得出不同投入产出指标的评价结果后，可以具体分析某个指标对不同地区先进制造业高质量的作用程度。本节将输出指标对评测的影响也进行了分析，见表 7-12。

从原始 DEA 的评测结果上看，各地区的先进制造业发展水平总体上差距不算太大，只有杭州市的先进制造业发展状况和合肥市仍然有着较大差距，其他 5 个地区应该学习合肥市发展先进制造业的政策、规划和管理手

段，来形成自身先进制造业集群，迈向高精尖。从复合分析结果上看，第一个、第二个、第三个、第四个、第五个输入指标都对 DUM1 即全国有着不同程度的影响，其中平均用工人数和管理费用对其影响最大，从输出指标上看产成品数量对其有着较大影响，因此各地区在发展先进制造业时应注意管理费用降低成本、用工人数及产成品数量，以此推动本地区先进制造业向高质量迈进。

表 7-12　复合 DEA 分析评价结果

投入					
	S1j	S2j	S3j	S4j	S5j
DUM1	0. 016	0. 057	0. 167	0. 167	0. 165
DUM2	0	0	0	0	0
DUM3	0	0	0	0	0
DUM4	0	0	0	0	0
DUM5	0	0	0	0	0
DUM6	0	0	0	0	0
产出					
	S1j	S2j	S3j		
DUM1	0. 164	0. 163	0. 265		
DUM2	0	0	0		
DUM3	0	0	0		
DUM4	0	0	0		
DUM5	0	0	0		
DUM6	0	0	0		

第三节　战略性新兴产业高质量成长现状分析

战略性新兴产业往往是一个国家实现跨越式发展，后来者居上的关键所在。全球性的金融危机爆发以后，各国经济发展缓慢，进入了一个低速增长的时期，新的经济增长点并不明显，尤其是随着国际经济环境的日趋严峻，我国经济保持高速度增长更加困难。所以，大力发展战略性新兴产业，实现制造业的转型升级是我国必须要抓住的历史机遇。

战略性新兴产业被具体地划分为新一代信息技术产业、高端装备制造产业、新材料产业、新能源产业、生物产业、节能环保产业、新能源汽车产业、数字创意产业和相关服务业九大领域，而这九大领域又可以详细地划分为200多个新兴制造业。本节根据统计年鉴中关于战略性新兴产业的有关指标，并结合战略性新兴产业自身先导性、可辐射性和可持续性的特点，挑选出具有代表性的9个指标，其中包括6个投入指标：①x1j（单位：个）：有研发机构的企业数；②x2j（单位：万人年）：R&D人员折合全时当量；③x3j（单位：亿元）：R&D经费内部支出；④x4j（单位：亿元）：新产品开发经费支出；⑤x5j（单位：亿元）：主营业务成本；⑥x6j（单位：亿元）：投资额。3个产出指标：①y1j（单位：个）：新产品开发项目数；②y2j（单位：亿元）：主营业务收入；③y3j（单位：亿元）：利润总额。

本节以全国、山东省、北京市、广州市、合肥市、杭州市6个地区战略性新兴产业为DUM，以所查询指标数据为参考，用DEA分析方法，研究不同地区的战略性新兴产业高质量的模向差异并进一步研究其中的特征，挖掘发展差距的深层次原因。经查询统计年鉴所得到的6个地区战略性新兴产业的投入和

产出数据见表 7-13。

表 7-13　测评投入和产出数据

	指标	全国	山东	北京	广州	杭州	合肥
投入 X_{ij}	有研发机构的企业数 x1j（个）	32027	1001	508	1790	1819	197
	R&D 人员折合全时当量 x2j（万人年）	59	3. 0482	2. 3611	6. 1689	1. 03245	0. 74961
	R&D 经费内部支出 x3j（亿元）	2644. 7	250. 6	131. 7647	254. 8553	396. 82	29. 08244
	新产品开发经费支出 x4j（亿元）	3421. 3	262. 6	86	233. 4171	241. 93	29. 04311
	主营业务成本 x5j（亿元）	399262. 96	64036. 7854	6879. 5921	7556. 2938	4986. 4723	6893. 3233
	投资额 x6j（亿元）	117440. 29	12203. 7583	567. 1019	227. 0814	192. 57048	472. 386
产出 Y_{ij}	新产品开发项目数 y1j（个）	19270	38273	8923	4019	1000	1922
	主营业务收入 y2j（亿元）	467709. 61	72441. 1101	8094. 848	8640. 8495	7842. 0752	7677. 2883
	利润总额 y3j（亿元）	29764. 33	8404. 3247	1112. 6823	412. 9639	510. 0394	335. 6125

本节中战略性新兴产业高质量评价的范围包括六个地区范围（决策单元），每一个决策单元有 6 种投入、3 种产出，投入与产出的总量相对于决策单元的数目较高。运用改进后的复合 DEA 方法，战略性新兴产业高质量成长总体状况计算所得结果见表 7-14。

在得出对应不同投入产出指标的评价结果后，分析某一指标的选择在不同地区战略性新兴产业发展所造成的影响。为了获得更多的信息，本节将产出指标对评价结果的影响进行分析，结果见表 7-15。

表 7-14 不同指标下 DEA 评价结果

	DEA 结果	原始结果	去掉 x1j	去掉 x2j	去掉 x3j	去掉 x4j	去掉 x5j	去掉 x6j
Dum1	1	1. 036	1. 036	1. 036	1. 036	1. 036	1. 036	1. 036
Dum2	1	4. 912	3. 376	4. 912	4. 912	4. 912	4. 912	4. 912
Dum3	1	3. 424	3. 424	3. 424	3. 424	3. 424	3. 424	3. 424
Dum4	1	1. 976	1. 976	1. 976	1. 976	1. 976	1. 976	1. 976
Dum5	1	2. 257	2. 257	2. 257	2. 257	2. 257	2. 257	2. 257
Dum6	1	5. 193	5. 193	5. 193	5. 193	5. 193	5. 193	5. 193
	去掉 y1j	去掉 y2j	去掉 y3j					
Dum1	1. 036	1. 036	1. 036					
Dum2	4. 912	4. 912	4. 912					
Dum3	3. 424	3. 424	3. 424					
Dum4	1. 976	1. 976	1. 976					
Dum5	2. 257	2. 257	2. 257					
Dum6	5. 193	5. 193	5. 193					

表 7-15 复合 DEA 评价结果

	S1j	S2j	S3j	S4j	S5j	S6j
DUM1	0	0	0	0	0	0
DUM2	1. 536	0	0	0	0	0
DUM3	0	0	0	0	0	0
DUM4	0	0	0	0	0	0
DUM5	0	0	0	0	0	0
DUM6	0	0	0	0	0	0
	S1j	S2j	S3j			
DUM1	0	0	0			
DUM2	0	0	0			
DUM3	0	0	0			
DUM4	0	0	0			
DUM5	0	0	0			
DUM6	0	0	0			

测评结果分析：

从原始 DEA 测评结果上看，山东省的平均值与合肥市还存在一定的差距，应该向合肥市学习以提高山东省战略性新兴产业的发展。下面对复合分析结果进行详细考察：

首先，从投入指标来看，由分析结果可知，第一个投入指标（有研发机构的企业数）对于山东省（DMU2）的有效性最大，应该继续扩大第一个指标的优势，也就是说，要进一步增加有研发机构的企业个数。从产出指标来看，各地区的差异性不大，应该在尽可能低成本的情况下，促进战略性新兴产业的创新与发展。

本节以山东省战略性新兴产业所包含的新一代信息技术制造业（DUM1）、高端装备制造业（DUM2）、新能源新材料制造业（DUM3）、数字创意制造业（DUM4）和相关服务业制造业（DUM5）为 DUM，通过查询数据，应用复合 DEA 分析方法，研究山东省战略性新兴产业高质量的横向差异，并进一步研究其中的特征，挖掘发展差距的深层次原因。经查询统计年鉴所得到的六类细分制造业的投入和产出数据见表 7-16。

表 7-16　测评投入和产出数据

	指标	新一代信息技术制造业（DUM1）	高端装备制造业（DUM2）	新能源新材料制造业（DUM3）	数字创意制造业（DUM4）	相关服务业制造业（DUM5）
投入 X_{ij}	有研发机构的企业数 x1j（个）	829	1781	835	515	196
	R&D 人员折合全时当量 x2j（万人）	5641	19072	1712	8.9	51.6
	R&D 经费内部支出 x3j（亿元）	14.821	46.6821	12.0911	0.1048	0.1916
	新产品开发经费支出 x4j（亿元）	122.6739	430.7181	28124.4841	18.5217	470.93

续表

	指标	新一代信息技术制造业（DUM1）	高端装备制造业（DUM2）	新能源新材料制造业（DUM3）	数字创意制造业（DUM4）	相关服务业制造业（DUM5）
投入 X_{ij}	主营业务成本 x5j（亿元）	1167.2987	565.833	121.6637	109.5745	710.78
	投资额 x6j（亿元）	317.6705	953	7430.0266	974.6337	136.8866
产出 Y_{ij}	新产品开发项目数 y1j（个）	2364	14259	115	606	104
	主营业务收入 y2j（亿元）	5525.5961	28127.1048	4200.6562	2484.2094	2341.09
	利润总额 y3j（亿元）	298.4937	1733.9236	190.701	140.7143	44036

本节中战略性新兴产业高质量评价的范围包括五个细分制造业（决策单元），每一个决策单元有 6 种投入、3 种产出，投入与产出的总量相对于决策单元的数目较高。运用改进的复合 DEA 方法，战略性新兴产业高质量成长各指标影响状况计算所得结果见表 7-17。

表 7-17　不同指标下 DEA 评价结果

	DEA 结果	原始结果	去掉 x1j	去掉 x2j	去掉 x3j	去掉 x4j	去掉 x5j	去掉 x6j
Dum1	1	0.684	0.684	0.684	0.684	0.684	0.684	0.684
Dum2	1	1.989	1.989	1.989	1.989	1.989	1.989	1.989
Dum3	1	1.018	1.018	0.695	1.018	1.018	1.018	1.018
Dum4	1	0.229	0.229	0.229	0.229	0.229	0.148	0.148
Dum5	1	10.934	10.934	10.934	33.621	10.934	10.934	10.934
	去掉 y1j	去掉 y2j	去掉 y3j					
Dum1	0.168	0.168	0.168					
Dum2	1.989	1.989	1.989					
Dum3	1.018	1.018	1.018					
Dum4	0.021	0.021	0.229					
Dum5	10.934	10.934	10.934					

在得出对应不同投入产出指标的评价结果后，分析某一指标的选择对制造

业高质量的影响。为了获得更多的信息，本节将产出指标对评价结果的影响进行了分析，结果见表 7-18。

表 7-18　复合 DEA 评价结果

投入						
	S1j	S2j	S3j	S4j	S5j	S6j
DUM1	0	0	0	0	0	0
DUM2	0	0	0	0	0	0
DUM3	0	0	0. 323	0	0	0
DUM4	0	0	0	0	0. 0084	0. 0081
DUM5	0	0	22. 687	0	0	0
产出						
	S1j	S2j	S3j			
DUM1	0	0	0			
DUM2	0	0	0			
DUM3	0	0	0			
DUM4	0	0	0. 208			
DUM5	0	0	0			

测评结果分析：

从原始 DEA 来看，战略性新兴产业中相关服务业制造业的优势较为明显，属于“高、中、低”中的“高”，高端装备制造业和新材料新能源制造业发展相似，属于“中”，而新一代信息技术制造业和数字创意制造业则处于劣势地位。山东省发展战略性新兴产业，应该继续保持相关服务业的发展优势，同时注意加大对高端装备制造业和新材料制造业的投入，提高该制造业的竞争地位。下面就复合分析结果来详细考察：

首先，从投入指标来分析。由分析结果可知，第三个指标（R&D 经费内部支出）对于新能源新材料制造业和相关服务业制造业的有效性较大；第五个指标（主营业务成本）对于数字创意制造业的有效性较大；第六个指标（投资额）对于数字创意制造业的有效性较大。其对策思路可以概括为：加大对新能源新材料、数字创意制造业 R&D 经费的内部支出，增加对数字创意制造业主营业务成本和投资额的投入。其次，从产出指标来看，第九个指标（利润总额）对于数字创意制造业的有效性较大，应该加强第九个指标对于数字创意制造业的优势，也就是说，在确保生产过程顺利进行的前提下，应该努力扩大数字创意制造业的利润额。

第八章

数字经济下我国制造业数智化融合转型升级与高质量成长对策研究

第一节　数字经济下我国制造业数智化融合转型升级的对策建议

为了提升数字经济下我国制造业数智化融合转型升级能力的整体发展水平以及各子系统水平，缩小各个区域之间的差距，推动实现我国各个区域数字经济下制造业数智化融合转型升级能力的协同发展，本节提出如下建议：

一、分类施策，多措并举补齐短板

从全国层面来说，数字经济下我国制造业数智化融合转型升级能力的产业基础能力、创新驱动能力、两化基础能力、质效提升能力以及绿色发展能力 5 个子系统发展并不均衡，对数字经济下我国制造业数智化融合转型升级能力的贡献程度也有所不同。例如，2021 年各子系统均值排名分别为绿色发展能力、质效提升能力、产业基础能力、两化基础能力、创新驱动能力，这说明绿色发展与质效提升能力是数字经济下我国制造业数智化融合转型升级的优势所在，而两化基础与创新驱动能力则是转型升级的短板，尤其是创新驱动，已逐渐成为影响制造业数智化融合转型升级能力发展的关键问题。因此应进一步加强创新引领，完善自主创新体系，不断增强技术创新能力和竞争力，提升全要素生产率和效益，以创新驱动制造业数智化融合转型升级能力的提升，并加强区域之间的协调联动，成果共享。另外，我国制造业的两化基础能力也不高，制造企业在发展过程中应重视数字化、智能化水平的提升，深化人工智能、大数据、工业互联网等新一代数字技术在制造业中的应用，逐步提升企业各个环节的数字化、智能化水平，不断催生出新产品、新业态、新模式，切实提升制造业的数智化融合转型升级能力。绿色发展能力与质效提升能力综合指数较高，但这主要体现在东部地区，中西部及东北地区发展仍较为落后。在“双碳”目标背景下，发展较为落后地区不仅要提质增效，也要注重制造业的绿色发展，通过新一代节能环保数字技术的广泛应用，走可持续发展的生态文明道路。

二、打破区域边界，促进区域数字经济下制造业数智化融合转型升级能力协调发展

当前数字经济下我国制造业数智化融合转型升级能力整体发展水平较为落后，除东部地区高于全国均值外，中西部及东北地区均低于全国均值，且我国制造业数智化融合转型升级能力的区域差异主要源自区域间差异，区域发展不平衡程度有所加深，因此，必须采取有效的区域协调联动措施来促进区域间制造业数智化融合转型升级能力的协调发展。首先，东部地区要依托其交通区位、资源集聚以及重点区域制造业发展成效显著等优势，积极发挥东部地区的辐射效应，优化资源配置，在提升自身制造业数智化融合转型升级能力的同时带动周边其他省份实现制造业数智化融合转型。其次，中西部和东北地区要认清自身发展的短板，发挥区域比较优势，承接东部地区优质制造产业转移的同时加快培育新兴产业，通过建立一批领先的制造业集群来进一步缩小与东部地区之间的差异。例如，中部地区要注重创新发展，进一步加强创新驱动战略，发挥特色产业优势，优化制造业空间布局，通过引入数字化智能化基础设施、建设数字化人才队伍等措施提升制造企业的数智化水平；制约西部地区制造业数智化融合转型升级的突出短板为绿色发展能力不足，因此西部地区要充分利用自身的资源优势继续优化产业布局，打造数字经济与制造业相融合的新发展

模式，大力发展绿色产业，降低能耗，促进制造业数字化转型升级的实现；东北地区则要深化体制改革，加大科技创新投入，加快体制创新和产业机制创新进度，与此同时提升对内对外开放水平，助力老工业基地实现数智化融合转型升级。总之，不同区域之间要通过各项联动机制，由东部地区引领，其他区域紧跟数智化融合转型升级步伐，进而实现我国区域制造业数智化融合转型升级能力的协同发展。

三、提升数智从业人员比例，提高我国制造业的创新驱动及数智基础能力

政府应加大科研投入，营造良好的创新环境，通过相应的政策引导制造业提升自主创新能力并重视有效发明专利数量，不断研发新技术、新产品，推进形成产学研良性互动。此外，制造业的数智化融合转型升级离不开人才的支撑，因而要建立健全科学、完善的选人育人模式，大力培养专业型、创新型人才，提高数字化、智能化从业人员比例，使其成为数字经济下制造业数智化融合转型升级的强大动力。

四、推进绿色制造，提升我国制造业可持续发展能力

能源对于制造业高质量发展来说是至关重要的，制造企业应该在企业结构、技术、生产与管理等多个方面实现节能，提高能源利用效率，降低能源消耗量；与此同时，制造企业应采取多种减排措施，大力推行清洁化的生产过程、高效化的资源利用过程，建立可有效投入使用的污水排放系统，争取在提高产能的同时降低废水排污量，保护自然环境；政府还可以通过制定严格的环境管理标准体系、行业和产品排放标准及行业安全标准来“倒逼”制造业去寻求控制和减少 SO_2 和废水排放的技术和方法，提升清洁可再生能源利用率进而推动制造业绿色转型升级。

第二节 制造业高质量成长的对策与保障

一、高技术制造业高质量成长对策与保障

一是加快建设科技制造业新城区。深化高新区产城融合协调发展，加强信息化基础设施建设，完善城市功能配套，推进土地节约集约利用，推动高新区创造适合各类创新创业人群交际、交流、交往的新型空间，建设智慧、绿色、集约、宜居园区。

二是扩大全球链接辐射。加大国家高新区、自创区辐射带动作用，深化与当地区域经济、科技一体化发展，扩大辐射共享范围。链接全球创新高地，持续集聚全球高端创新资源，积极参与国际科技合作与竞争，鼓励各类主体“走出去”，融入全球创新网络。支持高新区围绕“一带一路”推进跨境制造业链布局，共建海外科技园，加强国际辐射，推进中国“软实力”输出。发展市场化、社会化国际组织，打造与国际接轨的制度、服务与文化环境。

三是深化体制机制改革。持续深化科技成果转化、创新创业人才、科技金融等领域改革。优化国家高新区管理体制，培育和发展社会组织，建立健全智库参与的决策咨询制度。支持城市群国家自创区探索更有利于促进区域协调发展的管理模式。

二、先进制造业高质量成长对策与保障

（1）利用自由贸易试验区的实施优势，推进制造业集群化发展。中国（山东）自由贸易试验区的建立，是山东省必须抓住的重要机遇，其发展目标

与山东省新旧动能转换的目标完美契合，二者共同实施带来强大的叠加效果。山东省在“十四五”规划中对青岛、烟台、济南三市进行一定的资源倾斜，发展三市优势先进制造业，形成制造业集群，对省内其他地区形成带动、引领作用。

（2）在培养高技术人才、吸引高技术人才，留住高技术人才的同时，注意传统制造业老员工的培训工作。发展先进制造业时掌握高端技术知识的人才是不可或缺的，山东省在“十四五”规划中可以对省内高校采取一定的奖励措施鼓励院校对实用型高级人才的培养。同时应该对省内工作的高级人才给予一定的补助，防止省内培养人才的外流。但是在培养新人才的同时，山东省不应该忽视正在改革的传统制造业的工作员工，传统制造业在山东工业占据了极大的比重，因此传统制造业拥有大批量传统工作人员，在实行制造业改革时，山东省应注意组织传统员工的学习和培训以便帮助他们适应新制造业的要求。

（3）施行先进制造业与服务业的融合发展。在“十四五”规划中山东省先进制造业不应该仅注重产品的生产过程，而应该将重心适当地放在制造前和制造后，即制造前根据不同客户的不同要求施行大规模定制，满足不同群体的不同要求，在制造后通过互联网等智能途径与客户保持良好的联系，为客户提供良好的售后服务，以此来形成山东省先进制造业的品牌优势，在竞争商品质量相近的情况下，良好的售前售后服务有利于先进制造企业知名度的推广与自身的盈利。

（4）实现创新驱动发展，掌握核心技术。先进制造业能否在山东省发展壮大，最为重要的一点是山东省的先进制造企业生产的商品本身是否具有足够的竞争能力，山东省邻近东北老工业基地、京津冀地区、长三角地区、韩国与日本，如果不能掌握先进商品诸如芯片等核心科技，那么在国际贸易甚至国内贸易中都将处于不利地位。

（5）迎合国家建设海洋强国的目标，大力发展海洋领域技术。山东省在

“十四五”规划期间应该充分发挥邻近渤海城市的临海优势发展海洋科技，在潍坊、日照、东营、滨州、烟台、威海、青岛等临海城市打造先进的现代化港口和海洋高端装备研发基地，积极研发利用海洋新能源、海洋生物医药、海上船舶制造、海洋发电技术，形成一片以先进海洋技术为依靠的先进制造业集群。

（6）贯彻落实绿色可持续发展理念，完善城市间交通设施建设。在发展先进制造业的同时要注意环境的保护工作，对制造业污水排放施行矫正税，并争取实现乡镇城市污水处理系统的全覆盖；注意对不可再生资源的合理利用，并积极研究诸如海洋能源等可代替新能源；打造山东省内完善的高速公路与铁路体系，方便资源的运输共享。

三、战略性新兴产业高质量成长对策与保障

（一）加大对战略性新兴产业科研力量和经费的投入

山东省战略性新兴产业中有研发机构的企业数只有 1001 个，而广州市、杭州市则多达 1790 个和 1819 个，R&D 经费内部支出 250.6 亿元，也远远低于广州市、杭州市的 254.8553 亿元、396.82 亿元，可以看出山东省战略性新兴产业科研力量和科研经费的投入还远远不足，所以，应该加大对战略性新兴产业科研力量和经费的投入，出台一系列政策，吸引高素质的创新型人才投身到战略性新兴产业中去，鼓励民间资本涌向战略性新兴产业，增加其科研力量和科研经费，从而推动战略性新兴产业的创新型发展，形成一大批科技含量高的新兴制造业，打造具有全球影响力的科技制造业集群。

（二）要充分发挥政府的导向作用，引领战略性新兴产业的发展

山东省政府要在宏观层面，通过制定完善的体制机制和配套的政策法规，来发挥政府的导向作用，推动山东省战略性新兴产业的持续、健康发展。由于战略性新兴产业还处于发展的初创期，没有形成完善的组织体系，缺乏相关规

定引领新兴制造业的发展，再加上盲目跟风现象也较为严重，哪里利润高就往哪里发展，因此容易造成制造业机构重叠、制造业发展单一化的不良趋势，这不利于新兴制造业之间的协作发展，也不利于战略性新兴产业的长久发展。所以，这就需要政府从宏观层面，制定相关的政策法规来引导新兴制造业的发展，并确保政策能够深入落到实处，而不仅仅是原则上的指导，以此来确保战略性新兴产业能够协调、有序地发展。

（三）要坚持走创新驱动发展道路

要始终把创新放在战略发展的首位，把推动创新放在促进新兴制造业发展的核心，坚持把创新作为培养企业竞争力的源泉。只有坚持走创新驱动发展战略，才能抓住科技革命和制造业革命的重大发展机遇，才能紧跟时代发展的潮流。

（四）构建政产学研相结合的战略体系，推动创新型人才的涌入

战略性新兴产业所需的人才结构要远远高于传统制造业，对于高技术人才的需求明显加大。而且不管是在国内还是在国外，高技术人才一直是战略性新兴产业的稀缺资源，所以要学习其他国家和其他省份战略性新兴产业的发展经验，对重大科学技术进行联合攻关，突破和掌握新兴制造业发展的核心技术。要推行灵活的人才资源使用机制，建立完善的人才资源激励机制，还要加强企业与科研机构、高等院校的对接，促进创新型人才向战略性新兴产业的涌入，增加新兴制造业的科研力量，促进其自主研发、自主创新能力的培育。

（五）紧抓协同发展机遇，形成集聚效应

战略性新兴产业之间应该充分发挥协同发展的优势，加强不同制造业之间的协作运转，通过技术合作、人才交流、制造业关联、共享信息和基础设施等方式，最大限度地降低生产成本，获取集聚效应，从而提高新兴制造业的竞争能力，促进战略性新兴产业的发展，带动制造业结构的优化升级。

第九章

结　论

本书基于政策指引及数字经济下我国制造业数智化融合转型升级能力系统运行的要素与机理分析，构建了包含产业基础能力、创新驱动能力、两化基础能力、质效提升能力及绿色发展能力5个子系统、22项具体指标的制造业数智化融合转型升级能力空间测度指标体系，运用时空极差熵值法测算了2012~2021年全国30个省份制造业数智化融合转型升级能力综合指数及5个子系统指数，并对全国及四大区域的数字经济下制造业数智化融合转型升级能力及各子系统指数的发展趋势进行分析，利用Dagum基尼系数法揭示数字经济下我国制造业数智化融合转型升级能力的区域差异及其来源，运用Kernel核密度估计法来反映我国及四大区域数字经济下制造业数智化融合转型升级能力绝对差异的分布动态及演进规律，并利用马尔科夫链模型对数字经济下我国制造业数智化融合转型升级能力的空间溢出效应进行分析，最后分析其影响因素的空间异质性。同时，围绕“制造业高质量成长”这一主题，构建制造业高质量成长评价模型；以山东省高技术产业、先进制造业、战略性新兴产业等典型案例，从典型到一般，提出了制造业高质量成长的对策。

全书得到结论如下：第一，通过对数字经济下我国制造业数智化融合转型升级能力的整体评价发现，数字经济下我国制造业数智化融合转型升级能力整体水平较低，但在研究期内综合指数呈现上升趋势，且近两年增幅较大。与此同时，数字经济下我国制造业数智化融合转型升级能力具有明显的区域差异性，西部和东北地区的制造业数智化融合转型升级能力从2019年开始增速较快，因此区域差异正在逐步缩小，总体来说，制造业数智化融合转型升级能力未来仍有很大的发展空间；从子系统来看，5个子系统指数均呈现波动中上升的态势，其中绿色发展能力指数最大，创新驱动能力指数和两化基础能力指数最小，且均在 2019 年之后出现较为明显的增长，产业基础能力增幅尤为明显。

第二，通过对数字经济下我国制造业数智化融合转型升级能力的区域差异评价发现，数字经济下我国制造业数智化融合转型升级能力的区域差异呈扩张态势，区域间差异是数字经济下我国制造业数智化融合转型升级能力总体区域差异的最主要来源，其次为区域内差异。东部地区的区域内差异最大且稳步上升，中部地区和西部地区区域内差异在波动中上升，东北地区区域内差异在波动中下降；区域间差异最大的是东部与东北地区。

第三，通过对数字经济下我国制造业数智化融合转型升级能力的空间演进评价发现，数字经济下我国制造业数智化融合转型能力的核密度曲线主峰位置不断右移、波峰高度不断降低、宽度不断加大且存在明显的右拖尾现象，这表明我国制造业数智化融合转型升级能力在不断提升的同时区域发展不平衡程度加深，存在一定的两极分化现象；各个地区制造业数智化融合转型升级能力总体上均有所提升，除东北地区制造业数智化融合转型升级能力的绝对差异呈缩小态势之外，其余 3 个地区的绝对差异均呈扩大态势。数字经济下我国制造业数智化融合转型升级能力的演变也存在一定的空间溢出效应。

第四，通过对数字经济下我国制造业数智化融合转型升级能力的空间异质性评价发现，从投入指标维度来看，R&D 经费投入强度、互联网普及率、数字化设备配置、数字化从业人员、智能生产从业人员对于不同地区的制造业数智化融合转型升级能力的提升有着较大的贡献；从产出指标维度来看，有效发明专利数、数字化软件收入、智能生产效益、新产品销售收入、高技术制造业效益比重、产品质量损失率、产品质量合格率、单位工业增加值 SO_2 排放量、单位工业增加值废水排放量、单位工业增加值能源消耗量具有一定的指标有效性。

第五，从战略、技术、品牌、体制机制、商业模式和文化理念等方面构建制造业高质量成长评价指标体系，一方面可以为制造业自身高质量成长提供决

策依据；另一方面可以帮助政府甄别出合乎要求的具有提升核心竞争力的产业，提供政策支持。

第六，通过实证分析，全景式展示制造业高质量成长动力、环境、机制、模式、路径，无论对产业自身高质量成长发展，还是对政府提升经济核心竞争力，更好培育具有经济核心竞争力的高质量成长制造业，有着重要的示范作用和借鉴意义。

参考文献

[1] Abhishek Sahu, Saurabh Agrawal, Girish Kumar. Integrating Industry 4.0 and Circular economy: A Review [J]. Journal of Enterprise Information Management, 2021, 35 (3): 885-917.

[2] Achilles A Armenakis, Arthur G Bedeian. Organizational Change: A Review of Theory and Research in the 1990s [J]. Journal of Management, 1999, 25 (3).

[3] Alberto Diez-Olivan, Javier Del Ser, Diego Galar, Basilio Sierra. Data Fusion and Machine Learning for Industrial Prognosis: Trends and Perspectives Towards Industry 4.0 [J]. Information Fusion, 2019 (50).

[4] Anže Burger, Björn Jindra, Philipp Marek, Matija Rojec. Functional Upgrading and Value Capture of Multinational Subsidiaries [J]. Journal of International Management, 2018, 24 (2).

[5] Arman Peighambari, Stefan Hennemann, Ingo Liefner. Success Factors for Upgrading and Innovation in the Electronics Industry: An Analysis of Private Small and Medium-sized Enterprises in the Pearl River Delta [J]. International Journal of Technology Management, 2014, (65): 49-69.

[6] Bartezzaghi E, Cagliano R, Canterino F, et al. Organizing for Smart Manufacturing [J]. Academy of Management Global Proceedings, 2018 (6): 12-25.

[7] Borovkov Alexey, Rozhdestvenskiy Oleg, Pavlova Elizaveta, Glazunov Alexey, Savichev Konstantin. Key Barriers of Digital Transformation of the High-Technology Manufacturing: An Evaluation Method [J]. Sustainability, 2021, 13 (20).

[8] Bukht R, and R. Heeks. Defining, Conceptualizing and Measuring the Digital Economy [R]. University of Manchester Working Paper, 2017.

[9] Cagnin C, Könnölä T. Global foresight: Lessons from a Scenario and Roadmapping Exercise on Manufacturing Systems [J]. Futures, 2014, 59 (3): 27-38.

[10] Chen S, Yang Y, Wu T. Digital Economy and Green Total Factor Productivity—Based on the Empirical Research on the Resource-based Cities [J]. Environmental Science and Pollution Research, 2023, 30 (16): 47394-47407.

[11] Chen W , Zeng J , Zhong M , et al. Coupling Analysis of Ecosystem Services Value and Economic Development in the Yangtze River Economic Belt: A Case Study in Hunan Province, China [J/OL]. Remote Sensing, 2021, 13 (8): 1552. DOI: 10.3390/rs13081552.

[12] Cheng M, Wen Z, Yang S. The Driving Effect of Technological Innovation on Green Development: Dynamic Efficiency Spatial Variation [J]. Environmental Science and Pollution Research, 2022, 29 (56): 84562-84580.

[13] Daghfous A , Belkhodja O . Managing Talent Loss in the Procurement Function: Insights from the Hospitality Industry [J]. Sustainability, 2019 (11): 1-19.

[14] Davis J, Edgar T, Porter J, et al. Smart Manufacturing, Manufacturing Intelligence and Demand-dynamic Performance [J]. Computers & Chemical Engineering, 2012 (47): 145-156.

[15] Dąbrowska J, Almpanopoulou A, Brem A, et al. Digital Transformation, For better or Worse: A Critical Multi-level Research Agenda [J]. R&D Management, 2022, 52 (5): 930-954.

[16] Enderwick Peter, Buckley Peter J. The Role of Springboarding in Eco-

nomic Catch-up: A Theoretical Perspective [J]. Journal of International Management, 2021, 27 (3).

[17] Fei Tao, Qinglin Qi, Ang Liu, Andrew Kusiak. Data-driven Smart Manufacturing [J]. Journal of Manufacturing Systems, 2018 (48).

[18] García J I, Cano R E, Contreras J D. Digital Retrofit: A First Step Toward the Adoption of Industry 4.0 to the Manufacturing Systems of Small and Medium-sized Enterprises [J]. Proceedings of the Institution of Mechanical Engineers, Part B: Journal of Engineering Manufacture, 2020, 234 (8): 1156-1169.

[19] Hou C, Hua L, Lin Y, et al. Application and Exploration of Artificial Intelligence and Edge Computing in Long-Distance Education on Mobile Network [J]. Mobile Networks and Applications, 2021 (26): 2164-2175.

[20] James P. Walsh, Alan D. Meyer, Claudia Bird Schoonhoven. A Future for Organization Theory: Living in and Living with Changing Organizations [J]. Organization Science, 2006, 17 (5).

[21] Keld Laursen, Ammon Salter. Open for Innovation: The Role of Openness in Explaining Innovation Performance among U.K. Manufacturing Firms [J]. Strategic Management Journal, 2006, 27 (2).

[22] Kolberg D, Zühlke D. Lean Automation Enabled by Industry 4.0 Technologies [J]. IFAC-PapersOnLine, 2015, 48 (3): 1870-1875.

[23] Lee Joonkoo, Gereffi Gary. Innovation, Upgrading, and Governance in Cross-sectoral Global Value Chains: The Case of Smartphones [J]. Industrial and Corporate Change, 2021, 30 (1).

[24] Li W, Li Q, Chen M, et al. Global Value Chains, Digital Economy, and Upgrading of China's Manufacturing Industry [J]. Sustainability, 2023, 15 (10): 8003.

[25] Li Z, Liu Y. Research on the Spatial Distribution Pattern and Influencing Factors of Digital Economy Development in China [J]. IEEE Access, 2021 (9): 63094-63106.

[26] Lopez-Vega H, Moodysson J. Digital Transformation: Implications of Novelty and Scope for Digital Technologies [C]. Academy of Management Proceedings, 2022 (1): 11416.

[27] Mittal Sameer, Khan Muztoba Ahmad, Romero David, Wuest Thorsten. Smart manufacturing: Characteristics, Technologies and Enabling Factors [J]. Proceedings of the Institution of Mechanical Engineers, 2019, 233 (5).

[28] Morteza Ghobakhloo. Industry 4.0, Digitization, and Opportunities for Sustainability [J]. Business Strategy and the Environment, 2021, 30 (8): 4237-4257.

[29] M M J, Berry. Technical Entrepreneurship, Strategic Awareness and Corporate Transformation in Small High-tech Firms [J]. Technovation, 1996, 16 (9).

[30] Niehoff S, Matthess M, Zwar C, et al. Sustainability Related Impacts of Digitalisation on Cooperation in Global Value Chains: An Exploratory Study Comparing Companies in China, Brazil and Germany [J]. Journal of cleaner production, 2022 (379): 134606.

[31] Noemi Sinkovics, Samia Ferdous Hoque, Rudolf R. Sinkovics. Supplier Strategies and Routines for Capability Development: Implications for Upgrading [J]. Journal of International Management, 2018, 24 (4).

[32] Oloyede A, Fark N, Noma N, et al. Measuring the Impact of the Digital Economy in Developing Countries: A Systematic Review and Meta-Analysis [J]. Economics, 2023, 9 (7): 1-19.

[33] Paul Ryan, Giulio Buciuni, Majella Giblin, Ulf Andersson. Subsidiary Upgrading and Global Value Chain Governance in the Multinational Enterprise [J]. Global Strategy Journal, 2020, 10 (3) .

[34] Pernille Smith, Michela Beretta. The Gordian Knot of Practicing Digital Transformation: Coping with Emergent Paradoxes in Ambidextrous Organizing Structures [J]. Journal of Product Innovation Management, 2020, 38 (1) .

[35] Radicic D, Pinto J. Collaboration with External Organizations and Technological Innovations: Evidence from Spanish Manufacturing Firms [J]. Sustainability, 2019, 11 (9): 2479.

[36] Rehman N U, Nunziante G. The Effect of the Digital Economy on Total Factor Productivity in European Regions [J]. Telecommunications Policy, 2023, 47 (10): 102650.

[37] Rui G, Li M. Research on the Impact of the Input Level of Digital Economics in Chinese Manufacturing on the Embedded Position of the GVC [J]. Sustainability, 2023, 15 (16): 12468.

[38] Saniuk S , Caganova D , Saniuk A . Knowledge and Skills of Industrial Employees and Managerial Staff for the Industry 4. 0 Implementation [J/OL]. Mobile Networks and Applications, 2021 (7) . DOI: 10. 1007/s11036-021-01788-4.

[39] Shi H B , Cui Y C , Tsai S B , et al. The Impact of Technical-Nontechnical Factors Synergy on Innovation Performance: The Moderating Effect of Talent Flow [J/OL]. Sustainability, 2018, 10 (3): 693. DOI: 10. 3390/su10030693.

[40] Shi J . The Development of the Photovoltaic Industry in Sichuan Province, China: Human Capital Investment and Knowledge Innovation [R]. 2016.

[41] Sjödin D R, Parida V, Leksell M, et al. Smart Factory Implementation and Process Innovation: A Preliminary Maturity Model for Leveraging Digitalization in

Manufacturing Moving to Smart Factories Presents Specific Challenges that Can be Addressed Through a Structured Approach Focused on People, Processes, and Technologies [J]. Research-technology Management, 2018, 61 (5): 22-31.

[42] Song T , Cai J M , Chahine T , et al. Modeling Urban Metabolism of Beijing City, China: With a Coupled System Dynamics: Emergy Model [J]. Stochastic Environmental Research and Risk Assessment, 2014, 28 (6): 1511-1524.

[43] Su J, Su K, Wang S. Evaluation of Digital Economy Development Level Based on Multi-attribute Decision Theory [J/OL]. Plos One, 2022, 17 (10): e0270859.

[44] Szalavetz. Digitalisation, Automation and Upgrading in Global Value Chains-factory Economy Actors Versus Lead Companies [J]. Post-Communist Economies, 2019, 31 (5) .

[45] Tapscott D. The Digital Economy: Promise and Peril in the Age of Networked Intelligence [M]. New York: McGraw-Hill, 1996.

[46] Wanda J. Orlikowski. Improvising Organizational Transformation Over Time: A Situated Change Perspective [J]. Information Systems Research, 1996, 7 (1) .

[47] Wang Q , Zeng G . Spatial Organization of Innovation in the Oil Equipment Manufacturing Industry: Case of Dongying, China [J]. Chinese Geographical Science, 2020, 30 (2): 138-153.

[48] Xu Y, Hu J, Wu L. Efficiency Evaluation of China's Provincial Digital Economy Based on a DEA Cross-efficiency Model [J]. Mathematics, 2023, 11 (13): 3005.

[49] Yadav O P, Nepal B P, Rahaman M M, et al. Lean Implementation and Organizational Transformation: A Literature Review [J]. Engineering Management

Journal, 2017, 29 (1): 2-16.

[50] Yang H, Zhu X. Research on Green Innovation Performance of Manufacturing Industry and Its Improvement Path in China [J]. Sustainability, 2022, 14 (13): 8000.

[51] Yannis Caloghirou, Ioanna Kastelli, Aggelos Tsakanikas. Internal capabilities and External Knowledge Sources: Complements or Substitutes for Innovative Performance? [J]. Technovation, 2004, 24 (1) .

[52] Yin H, Mohsin M, Zhang L, et al. Accessing the Impact of FDI Goals on Risk Management Strategy and Management Performance in the Digital Era: A Case Study of SMEs in China [J]. Sustainability, 2022, 14 (22): 14874.

[53] Yu S , Yuizono T . A Proximity Approach to Understanding University-Industry Collaborations for Innovation in Non-Local Context: Exploring the Catch-Up Role of Regional Absorptive Capacity [J]. Sustainability, 2021, 13. DOI: 10.3390/su13063539.

[54] Zangiacomi Andrea, Pessot Elena, Fornasiero Rosanna, Bertetti Massimiliano, Sacco Marco. Moving Towards Digitalization: A Multiple Case Study in Manufacturing [J]. Production Planning & Control, 2020, 31 (2-3) .

[55] Zhang Y N , Song R Q , Ren M F , et al. Construction of Scientific and Technological Innovation Resources Based on the Beijing-Tianjin-Hebei Integration [J]. Agro Food Industry Hi Tech, 2017, 28 (1): 381-385.

[56] Zhou J, Cui F, Wang W. The Spatial Effect of Financial Innovation on Intellectualized Transformational Upgrading of Manufacturing Industry: An Empirical Evidence from China [J]. Sustainability, 2022, 14 (13): 7665.

[57] Гостева В. Phenomenon of the Digital Economy: Promises and Paradoxes [C]. Новые направления научной мысли, 2018: 213-217.

[58] 陈长江，成长春．新发展格局下长三角引领全国制造业转型升级的路径研究［J］．苏州大学学报（哲学社会科学版），2023，44（1）：10-19.

[59] 陈德明，李家强．打造对外文化交流新平台的路径与策略——以景德镇国家陶瓷文化传承创新试验区建设为例［J］．企业经济，2023，42（8）：107-116.

[60] 陈林，张玺文．制造业数字化转型升级的机理研究［J］．暨南大学学报（哲学社会科学版），2023，45（3）：99-110.

[61] 陈晓红，李杨扬，宋丽洁，汪阳洁．数字经济理论体系与研究展望［J］．管理世界，2022，38（2）：13-16+208-224.

[62] 崔艳．人工智能对制造业就业的影响及应对研究：来自微观企业和劳动者调查数据［J］．当代经济管理，2022，44（3）：59-66.

[63] 丁志帆．数字经济驱动经济高质量发展的机制研究：一个理论分析框架［J］．现代经济探讨，2020（1）：85-92.

[64] 段婕，刘勇．基于因子分析的我国装备制造业技术创新能力评价研究［J］．科技进步与对策，2011，28（20）：122-126.

[65] 费越，张勇，丁仙，吴波．数字经济促进我国全球价值链地位升级——来自中国制造业的理论与证据［J］．中国软科学，2021（S1）：68-75.

[66] 冯达伟，池春阳．智能制造产业的发展现状及政策评价——以广东为例［J］．科技管理研究，2023，43（13）：39-47.

[67] 付宁宁，苏屹，郭秀芳．基于两阶段超效率 DEA 的智能制造企业创新效率评价［J］．科技进步与对策：2024，41（10）：67-77.

[68] 甘水玲，刘晋元．上海企业科技人才空间集聚效率评价及影响因素分析——以规模以上工业企业为例［J］．科技管理研究，2021，41（6）：71-79.

[69] 高桂爱．中国式现代化视阈下包装产业发展对策研究［J］．包装工

程，2023，44（S2）：59-64.

［70］高文鞠，綦良群．科技人才、全要素生产率与装备制造业高质量发展［J］．中国科技论坛，2020（9）：84-95+124.

［71］国家税务总局苏州工业园税务局调研组，陈日生，徐伟，等．税收服务生物医药创新企业发展分析——基于苏州工业园区生物医药创新企业的调查研究［J］．国际税收，2023（9）：53-57.

［72］韩连权，臧志军，盛杨．高质量发展背景下常州高职教育赋能区域制造业发展的路径展望［J］．职业技术教育，2023，44（21）：45-50.

［73］韩兆安，赵景峰，吴海珍．中国省际数字经济规模测算、非均衡性与地区差异研究［J］．数量经济技术经济研究，2021，38（8）：164-181.

［74］何江，闫淑敏，谭智丹等．“人才争夺战”政策文本计量与效能评价——一个企业使用政策的视角［J］．科学学与科学技术管理，2020，41（12）：52-70.

［75］何江，闫淑敏，谭智丹等．企业转型升级下地方人才政策文本量化分析——基于政府—企业协同关系视角［J］．科技管理研究，2020，40（23）：130-138.

［76］贺灵，陈治亚．“两业”融合对制造业价值链攀升的影响及对策探讨［J］．理论探讨，2021（6）：125-131.

［77］胡丽娜．我国装备制造业转型升级面临的挑战与财政支持政策［J］．长白学刊，2023（1）：113-122.

［78］胡志明，马辉民，张金隆，熊杰，吴珊．中国制造业转型升级政策的纵向协同性分析［J］．科学学研究，2022，40（2）：237-246.

［79］黄启斌，熊曦，宋婷婷等．智能制造能力对制造型企业竞争优势的影响机制研究［J］．经济问题，2023（3）：76-83.

［80］黄思宁，薛婷．北京工业转型升级进程及比较研究［J］．调研世界，

2013（12）：13-16.

［81］黄赜琳，秦淑悦，张雨朦．数字经济如何驱动制造业升级［J］．经济管理，2022，44（4）：80-97.

［82］黄滋淳，张森，宿树兰等．江苏省中药产业发展现状、存在问题与对策研究［J］．南京中医药大学学报，2023，39（6）：580-586.

［83］贾建锋，赵若男，刘伟鹏．数字经济下制造业国有企业转型升级的组态研究［J］．研究与发展管理，2022，34（2）：13-26.

［84］焦嫚，许恒周，牛坤在．工业用地市场化、制造业转型升级与绿色全要素生产率［J］．经济体制改革，2023（3）：108-116.

［85］焦青霞．制造业投入服务化对产业结构转型升级的影响——基于投入来源差异的再验证［J］．经济经纬，2023，40（1）：88-98.

［86］金飞，孙月平，徐笛．区域协调视域下的产业数智化动态发展机制研究［J］．经济问题，2023（7）：20-28.

［87］金花．传统鞋服产业集群发展面临的困境及其科技创新转化升级对策——以温州市为例［J］．科技管理研究，2023，43（16）：169-176.

［88］荆文君，孙宝文．数字经济促进经济高质量发展：一个理论分析框架［J］．经济学家，2019（2）：66-73.

［89］孔伟杰．制造业企业转型升级影响因素研究——基于浙江省制造业企业大样本问卷调查的实证研究［J］．管理世界，2012（9）：120-131.

［90］蓝庆新．数字经济是推动世界经济发展的重要动力［J］．人民论坛·学术前沿，2020（8）：80-85.

［91］李川川，刘刚．数字经济创新范式研究［J］．经济学家，2022（7）：34-42.

［92］李凡荣．以创新驱动建设世界一流企业［J］．红旗文稿，2023（20）：1+18-21.

［93］李健旋．制造业与数字经济产业关联融合测度及异质性研究［J］．中国管理科学，2023，9（25）：1-14.

［94］李洣阳．创新链与产业链深度融合：产业创新服务体系视角［J］．求索，2023（5）：175-183.

［95］李雪灵项目团队．国际竞争力视角下的我国制造业数智化转型研究述评［J］．工业技术经济，2023，42（4）：3-12.

［96］李勋来，刘晓倩，李文琪．生物医药产业集群创新发展的经济增长效应研究——以山东生物医药产业集群为例［J］．科技管理研究，2023，43（9）：153-160.

［97］李英杰，韩平．数字经济下制造业高质量发展的机理和路径［J］．宏观经济管理，2021（5）：36-45.

［98］李英杰，韩平．中国数字经济发展综合评价与预测［J］．统计与决策，2022，38（2）：90-94.

［99］廖信林，杨正源．数字经济赋能长三角地区制造业转型升级的效应测度与实现路径［J］．华东经济管理，2021，35（6）：22-30.

［100］刘宝．“专精特新”企业驱动制造强国建设：何以可能与何以可为［J］．当代经济管理，2022，44（8）：31-38.

［101］刘朝．数智化技术助力制造业绿色发展［J］．人民论坛，2023（11）：80-83.

［102］刘刚，刘捷．需求和政策驱动的人工智能科技产业发展路径研究——以东莞市机器人智能装备产业发展为例［J］．中国科技论坛，2022（1）：94-103.

［103］刘启雷，赵威，苏锦旗等．基于数智化转型的制造业“双碳”发展：逻辑、路径与政策［J］．科学管理研究，2023，41（3）：79-88.

［104］刘淑春．中国数字经济高质量发展的靶向路径与政策供给［J］．经

济学家，2019（6）：52-61.

［105］刘志彪．重构国家价值链：转变中国制造业发展方式的思考［J］．世界经济与政治论坛，2011（4）：1-14.

［106］刘志翔，王义保，李崔茜．我国城市地下空间应急管理研究热点与发展脉络分析［J］．中国安全生产科学技术，2023，19（8）：46-51.

［107］柳江，赵倩玉．数字经济赋能工业绿色转型升级的机制检验［J］．兰州学刊，2023（10）：68-85.

［108］龙晖，齐铮，吴昊．重庆市生物医药产业发展现状与对策建议——以人才链为牵引加快生物医药高新园区社区建设［J］．中国生物工程杂志，2023，43（5）：94-105.

［109］吕文晶，陈劲，刘进．工业互联网的智能制造模式与企业平台建设——基于海尔集团的案例研究［J］．中国软科学，2019（7）：1-13.

［110］吕越，陈帅，盛斌．嵌入全球价值链会导致中国制造的“低端锁定”吗？［J］．管理世界，2018，34（8）：11-29.

［111］罗序斌，黄亮．中国制造业高质量转型升级水平测度与省际比较——基于“四化”并进视角［J］．经济问题，2020（12）：43-52.

［112］罗勇，曹丽莉．全球价值链视角下我国产业集群升级的思路［J］．国际贸易问题，2008（11）：92-98.

［113］马静，闫超栋．中国工业转型升级效果评价、地区差距及其动态演化［J］．现代经济探讨，2020（8）：78-89.

［114］孟凡生，赵刚．传统制造向智能制造发展影响因素研究［J］．科技进步与对策，2018，35（1）：66-72.

［115］欧阳日辉．数字经济的理论演进、内涵特征和发展规律［J］．广东社会科学，2023（1）：25-35+286.

［116］潘为华，潘红玉，陈亮，贺正楚．中国制造业转型升级发展的评

价指标体系及综合指数［J］. 科学决策，2019（9）：28-48.

［117］戚聿东，郝越，侯娜等．装备制造企业数智化转型的模式与路径探索——基于山河智能的案例研究［J］. 经济管理，2022，44（11）：25-45.

［118］綦良群，燕奇，王金石．基于服务化的先进制造业全球价值链升级演进过程仿真研究［J］. 科技进步与对策，2024，41（1）：44-55.

［119］乔非，孔维畅，刘敏等．面向智能制造的智能工厂运营管理［J］. 管理世界，2023，39（1）：216-226+239.

［120］邱斌，叶龙凤，孙少勤．参与全球生产网络对我国制造业价值链提升影响的实证研究——基于出口复杂度的分析［J］. 中国工业经济，2012（1）：57-67.

［121］沙学康，朱开笛．区位导向型政策与创新驱动的制造强国战略［J］. 经济学，2023（5）：30-54.

［122］石喜爱，李廉水，程中华，刘军．"互联网+"对中国制造业价值链攀升的影响分析［J］. 科学学研究，2018，36（8）：1384-1394.

［123］苏贝，杨水利．基于扎根理论的制造企业智能化转型升级影响因素研究［J］. 科技管理研究，2018，38（8）：115-123.

［124］唐琼．新发展格局下我国制造业转型升级的内在机制与方向选择［J］. 学术交流，2022（4）：95-106+192.

［125］田秀娟，李睿．数字技术赋能实体经济转型发展——基于熊彼特内生增长理论的分析框架［J］. 管理世界，2022，38（5）：56-74.

［126］王晨晨．数字经济驱动制造业转型升级：作用机制与经验证据［D］. 兰州财经大学，2022.

［127］王定祥，彭政钦，李伶俐．中国数字经济与农业融合发展水平测度与评价［J］. 中国农村经济，2023（6）：48-71.

［128］王定祥，吴炜华，李伶俐．数字经济和实体经济融合发展的模式

及机制分析［J］. 改革，2023（7）：90-104.

［129］王海军，赵惠妍，金姝彤．模块化如何赋能企业智能制造升级？——一个探索性案例研究［J］. 科技进步与对策，2024，41（1）：149-160.

［130］王和勇，姜观尚．我国区域制造业数字化转型测度及其影响机制［J］. 科技管理研究，2022，42（2）：192-200.

［131］王岚，李宏艳．中国制造业融入全球价值链路径研究——嵌入位置和增值能力的视角［J］. 中国工业经济，2015（2）：76-88.

［132］王莉娜，郭誉森．数智化和制造企业创新质量——来自中国上市企业的经验证据［J］. 工业技术经济，2023，42（4）：13-23.

［133］王莉娜．数字化对企业转型升级的影响——基于世界银行中国企业调查数据的实证分析［J］. 企业经济，2020（5）：69-77.

［134］王黎萤，霍雨桐，杨妍．制造型中小企业创新发展政策组合模式研究——基于 31 个省市的 QCA 分析［J］. 技术经济，2021，40（10）：90-97.

［135］王姝楠．数字经济背景下中国制造业转型升级研究［D］. 中共中央党校博士学位论文，2020.

［136］王小明，邵睿，朱莉芬．数字经济赋能制造业高质量发展探究［J］. 改革，2023（3）：148-155.

［137］王玉燕，林汉川，吕臣．中国企业转型升级战略评价指标体系研究［J］. 科技进步与对策，2014，31（15）：123-127.

［138］王玉燕，汪玲，詹翩翩．中国工业转型升级效果评价研究［J］. 工业技术经济，2016，35（7）：130-138.

［139］魏敏，李书昊．新时代中国经济高质量发展水平的测度研究［J］. 数量经济技术经济研究，2018，35（11）：3-20.

［140］魏修建，吴刚，班斓．西部地区工业转型升级能力评测分析——

基于高质量发展的视角［J］. 宁夏社会科学，2021（1）：111-119.

［141］吴海军，郭琎 . 数据要素赋能制造业转型升级［J］. 宏观经济管理，2023（2）：35-41+49.

［142］吴卫红，杨帆，张爱美等 . 数字化技术转型、数字化治理能力与制造业企业绿色转型升级——基于数字化赋能理论的作用机制研究［J］. 科技进步与对策，2023，40（12）：32-41.

［143］肖静华，毛蕴诗，谢康 . 基于互联网及大数据的智能制造体系与中国制造企业转型升级［J］. 产业经济评论，2016（2）：5-16.

［144］肖旭，戚聿东 . 数字经济时代中国集成电路产业基础现代化的目标与路径研究［J］. 世界社会科学，2023（4）：147-170+245-246.

［145］谢宗杰，安雪玲，令狐敏捷等 . 构建我国制造业创新驱动标准化的国家创新系统：基于国际比较的研究［J］. 重庆大学学报（社会科学版），2022，28（3）：142-154.

［146］徐兰，吴超林 . 数字经济赋能制造业价值链攀升：影响机理、现实因素与靶向路径［J］. 经济学家，2022（7）：76-86.

［147］徐莉 . 畅通供需循环视角下中国制造业转型升级的困境与对策［J］. 企业经济，2023，42（8）：117-124.

［148］徐伟 . 工业互联网赋能先进制造业企业转型影响因素——基于山东省先进制造业企业的研究［J］. 济南大学学报（社会科学版），2022，32（5）：94-107.

［149］许佳彬，李翠霞，武欣宇等 . 打造龙江绿色食品产业“硅谷”：理论建构、实践模式与路径创新［J］. 农业经济与管理，2022（2）：11-23.

［150］许夕青，葛和平 . 长三角智能制造集聚的影响机制与发展路径研究［J］. 经济问题，2021（12）：89-96.

［151］薛朝改，李庆庆，曹武军 . 跨境电商生态系统促进制造业转型升

级路径研究——价值共创视角及系统动力学建模［J］. 现代管理科学，2023（3）：51-61.

［152］杨承佳，李忠祥. 中国数字经济发展水平、区域差异及分布动态演进［J］. 统计与决策，2023，39（9）：5-10.

［153］杨瑾，王一辰. 装备制造业智能化转型升级影响因素及作用机理［J］. 科学学研究，2023，41（5）：807-817+853.

［154］杨莉，余倩倩，张雪磊. 江苏沿江城市工业绿色发展评价与转型升级路径研究［J］. 江苏社会科学，2019（6）：249-256+260.

［155］杨佩卿. 数字经济的价值、发展重点及政策供给［J］. 西安交通大学学报（社会科学版），2020，40（2）：57-65+144.

［156］杨新铭. 数字经济：传统经济深度转型的经济学逻辑［J］. 深圳大学学报（人文社会科学版），2017，34（4）：101-104.

［157］易宪容，陈颖颖，位玉双. 数字经济中的几个重大理论问题研究——基于现代经济学的一般性分析［J］. 经济学家，2019（7）：23-31.

［158］易信. 实施深度工业化战略 推动实现制造业高质量发展［J］. 宏观经济管理，2022（8）：24-31.

［159］于冠一，朱丽. 综合能源服务助力绿色高质量发展对策研究［J］. 中国行政管理，2022（5）：158-160.

［160］余东华，崔岩. 双重环境规制、技术创新与制造业转型升级［J］. 财贸研究，2019，30（7）：15-24.

［161］原毅军，戴宁. 基于绿色技术创新的中国制造业升级发展路径［J］. 科技与管理，2017，19（1）：8-15.

［162］岳意定，谢伟峰. 城市工业转型升级发展水平的测度［J］. 系统工程，2014，32（2）：132-137.

［163］曾繁华，何启祥，冯儒，吴阳芬. 创新驱动制造业转型升级机理

及演化路径研究——基于全球价值链治理视角 [J]. 科技进步与对策, 2015, 32 (24): 45-50.

[164] 曾繁华, 吴静. 自主可控视角下中国半导体产业链风险及对策研究 [J]. 科学管理研究, 2021, 39 (1): 63-68.

[165] 翟梅. CiteSpace 可视化软件的应用案例分析 [J]. 电子技术, 2023, 52 (2): 75-77.

[166] 张红霞, 张语格. 制造业与生产性服务业协同对行业创新效率的影响研究 [J]. 江西社会科学, 2022, 42 (2): 137-148.

[167] 张继良, 赵崇生. 我国工业转型升级、绩效、问题与对策 [J]. 调研世界, 2015 (12): 3-7.

[168] 张莉. 环境规制、绿色技术创新与制造业转型升级路径 [J]. 税务与经济, 2020 (1): 51-55.

[169] 张凌洁, 马立平. 数字经济、产业结构升级与全要素生产率 [J]. 统计与决策, 2022, 38 (3): 5-10.

[170] 张文英, 葛建华. 长江经济带数字经济环境对制造业转型升级的影响及空间异质性探析 [J]. 苏州大学学报 (哲学社会科学版), 2023, 44 (3): 51-62.

[171] 张亚鹏. 制造业转型的政策向度: 基于国家治理的思考 [J]. 东南学术, 2021 (6): 167-175.

[172] 张毅, 闫强. 以科学为基础的技术创新与产业演化的动力机制研究——以半导体、数字计算机及无线电技术为例 [J]. 中国科学院院刊, 2023, 38 (10): 1521-1533.

[173] 张友国, 窦若愚, 白羽洁. 中国绿色低碳循环发展经济体系建设水平测度 [J]. 数量经济技术经济研究, 2020, 37 (8): 83-102.

[174] 张于喆. 数字经济驱动产业结构向中高端迈进的发展思路与主要

任务［J］. 经济纵横，2018（9）：85-91.

［175］张志元，李兆友. 新常态下我国制造业转型升级的动力机制及战略趋向［J］. 经济问题探索，2015（6）：144-149.

［176］赵剑波. 数字经济高质量发展：理论逻辑与政策供给［J］. 北京工业大学学报（社会科学版），2023，23（4）：78-92.

［177］赵靖芝. 经济新常态下北京市高端制造业人才培养研究［J］. 科学管理研究，2020，38（1）：89-93.

［178］赵丽锦，戴建平，荣华旭. "智改数转"引领制造业价值转型：驱动机制与实现路径［J］. 财会月刊，2023，44（9）：154-160.

［179］赵涛，张智，梁上坤. 数字经济、创业活跃度与高质量发展——来自中国城市的经验证据［J］. 管理世界，2020，36（10）：65-76.

［180］赵玉林，裴承晨. 技术创新、产业融合与制造业转型升级［J］. 科技进步与对策，2019，36（11）：70-76.

［181］钟诗韵. 数字经济促进中国制造业结构升级的实证研究［D］. 江西财经大学，2022.

［182］周长富，杜宇玮. 代工企业转型升级的影响因素研究——基于昆山制造业企业的问卷调查［J］. 世界经济研究，2012（7）：23-28+86-88.

［183］周济. 智能制造——"中国制造 2025"的主攻方向［J］. 中国机械工程，2015，26（17）：2273-2284.

［184］周佳军，姚锡凡，刘敏，张剑铭，陶韬. 几种新兴智能制造模式研究评述［J］. 计算机集成制造系统，2017，23（3）：624-639.

［185］周中胜，李卓，周胡迪. "双循环"新发展格局下制造业企业转型升级的理论逻辑、战略方向与实现路径［J］. 苏州大学学报（哲学社会科学版），2022，43（1）：38-48.

［186］庄志彬，林子华. 创新驱动我国制造业转型发展的对策研究［J］.

福建师范大学学报（哲学社会科学版），2014（1）：45-52.

［187］卓娜，梁富友，周明生等．智能制造的技术、产业模式及其发展路径［J］．科学决策，2023（10）：89-99.

［188］左和平，李秉强，余静．制造业技能人才工匠精神的测评与影响因素实证研究［J］．教育与经济，2022，38（4）：12-20+39.

附录 1

附表 1　2012 年复合 DEA 评价结果

	地区	DMU1	DMU2	DMU3	DMU4
投入	S1j	0	0	0	0
	S2j	0	0	0	0
	S3j	0	0	0	0
	S4j	0	0	0	0
	S5j	0	0	0	0
	S6j	0. 2633	0	0	0
	S7j	0	0	0	0
	S8j	0	0. 9063	0. 0382	0
	S9j	0. 0371	0	0. 1649	0
	S10j	0	0	0	0. 3081
产出	S1j	0. 0417	0	0	0
	S2j	0	0	0	0
	S3j	0	0	0	0
	S4j	0	0. 3658	0. 0160	0
	S5j	0	0	0	0
	S6j	0	0	0	0
	S7j	0	0	0	0
	S8j	0	0	0	0. 4594
	S9j	0	0	0	0
	S10j	0	0	0. 1421	0
	S11j	0	0	0	0
	S12j	0	0. 0311	0	0

附表 2　2013 年复合 DEA 评价结果

	地区	DMU1	DMU2	DMU3	DMU4
投入	S1j	0	0	0	0
	S2j	0	0	0	0
	S3j	0	0	0	0
	S4j	0	0	0	0
	S5j	0	0	0	0
	S6j	0. 2526	0	0	0
	S7j	0	0	0	0
	S8j	0	0. 3061	0. 1254	0
	S9j	0	0	0	0
	S10j	0	0	0. 1125	2. 2639
产出	S1j	0. 3077	0	0	0
	S2j	0	0. 1350	0	0
	S3j	0. 0183	0	0	0
	S4j	0	0	0	0
	S5j	0	0	0	0
	S6j	0	0	0	0
	S7j	0	0	0	0
	S8j	0	0	0	1. 9353
	S9j	0	0	0	0
	S10j	0	0	0. 1640	0
	S11j	0	0	0	0
	S12j	0	0. 0440	0	0

附表 3　2014 年复合 DEA 评价结果

	地区	DMU1	DMU2	DMU3	DMU4
投入	S1j	0	0	0	0
	S2j	0	0	0	0
	S3j	0	0	0	0
	S4j	0	0	0	0
	S5j	0	0	0	0
	S6j	0. 1299	0	0. 0509	0
	S7j	0	0	0	0
	S8j	0	0. 3644	0	0
	S9j	0	0	0	0
	S10j	0	0	0. 0613	0. 2885
产出	S1j	0. 2134	0	0. 0046	0
	S2j	0	0. 0434	0	0
	S3j	0. 0324	0	0	0
	S4j	0	0	0	0
	S5j	0	0	0	0
	S6j	0	0	0	0
	S7j	0	0	0	0
	S8j	0	0	0	1. 3805
	S9j	0	0	0	0
	S10j	0	0	0. 1456	0
	S11j	0	0	0	0
	S12j	0	0. 0185	0	0

附表 4 2015 年复合 DEA 评价结果

	地区	DMU1	DMU2	DMU3	DMU4
投入	S1j	0	0	0	0
	S2j	0	0	0	0
	S3j	0	0	0	0
	S4j	0	0	0	0
	S5j	0	0	0	0
	S6j	0. 0870	0	0. 0209	0
	S7j	0	0	0	0
	S8j	0	0	0	0
	S9j	0	0. 0141	0	0
	S10j	0	0	0. 0063	0. 5192
产出	S1j	0. 2593	0	0. 0057	0
	S2j	0	0. 0331	0	0
	S3j	0. 0866	0	0	0
	S4j	0	0	0	0
	S5j	0	0	0	0
	S6j	0	0	0	0
	S7j	0	0	0	0. 0448
	S8j	0	0	0	0
	S9j	0	0	0	0
	S10j	0	0	0. 1375	0
	S11j	0	0	0	0
	S12j	0	0. 0007	0	0

附表 5　2016 年复合 DEA 评价结果

	地区	DMU1	DMU2	DMU3	DMU4
投入	S1j	0	0	0	0
	S2j	0	0	0	0
	S3j	0. 0282	0	0	0
	S4j	0	0	0	0
	S5j	0	0	0	0
	S6j	0	0	0. 0227	0
	S7j	0	0	0	0
	S8j	0	0. 3631	0	0
	S9j	0	0	0	0
	S10j	0	0	0. 0726	0. 6627
产出	S1j	0. 2439	0	0	0
	S2j	0	0. 2520	0	0
	S3j	0. 1240	0	0	0
	S4j	0	0	0. 0527	0
	S5j	0	0	0. 0136	0
	S6j	0	0. 0294	0	0
	S7j	0	0	0	0
	S8j	0	0	0	0
	S9j	0	0	0	0. 0652
	S10j	0	0	0	0
	S11j	0	0	0	0
	S12j	0	0. 0031	0	0

附表 6 2017 年复合 DEA 评价结果

	地区	DMU1	DMU2	DMU3	DMU4
投入	S1j	0	0	0	0
	S2j	0	0	0	0
	S3j	0. 0039	0	0. 0019	0
	S4j	0	0	0	0
	S5j	0	0	0	0
	S6j	0	0	0	0
	S7j	0	0	0	0
	S8j	0	0. 4352	0	0
	S9j	0	0	0. 0679	0
	S10j	0	0	0. 1324	0. 7416
产出	S1j	0. 1992	0	0	0
	S2j	0	0. 3046	0	0
	S3j	0. 1117	0	0	0
	S4j	0	0. 0029	0. 3876	0
	S5j	0	0	0	0
	S6j	0	0	0	0
	S7j	0	0	0	0
	S8j	0	0	0	0
	S9j	0	0	0	0. 0564
	S10j	0	0	0	0
	S11j	0	0	0	0
	S12j	0	0. 0082	0	0

附表 7　2018 年复合 DEA 评价结果

	地区	DMU1	DMU2	DMU3	DMU4
投入	S1j	0	0	0	0
	S2j	0	0	0	0
	S3j	0	0	0	0
	S4j	0	0	0	0
	S5j	0	0	0	0
	S6j	0. 0944	0	0. 0666	0
	S7j	0	0	0	0
	S8j	0	0. 1115	0	0
	S9j	0	0	0	0. 3247
	S10j	0	0	0. 0651	0. 0144
产出	S1j	0. 2995	0	0	0
	S2j	0	0. 1773	0	0
	S3j	0. 0250	0	0. 0316	0
	S4j	0	0	0	0
	S5j	0	0. 0344	0. 4867	0
	S6j	0	0. 0004	0	0
	S7j	0	0	0	0
	S8j	0	0	0	0
	S9j	0	0	0	0. 1242
	S10j	0	0	0	0
	S11j	0	0	0	0
	S12j	0	0	0	0

附表 8　2019 年复合 DEA 评价结果

	地区	DMU1	DMU2	DMU3	DMU4
投入	S1j	0	0	0	0
	S2j	0	0	0	0
	S3j	0. 0005	0	0	0
	S4j	0	0	0	0
	S5j	0	0	0	0
	S6j	0	0	0. 1089	0
	S7j	0	0	0	0
	S8j	0	0. 1118	0	0
	S9j	0	0. 0032	0	0
	S10j	0	0	0. 0530	0. 6147
产出	S1j	0. 2733	0	0	0
	S2j	0	0. 1998	0	0
	S3j	0. 0151	0	0. 0356	0
	S4j	0	0	0	0
	S5j	0	0	0. 5221	0
	S6j	0	0. 0059	0	0
	S7j	0	0	0	0
	S8j	0	0	0	0. 0277
	S9j	0	0	0	0
	S10j	0	0	0	0
	S11j	0	0	0	0
	S12j	0	0	0	0

附表 9　2020 年复合 DEA 评价结果

	地区	DMU1	DMU2	DMU3	DMU4
投入	S1j	0	0	0	0
	S2j	0	0	0	0
	S3j	0. 0382	0	0	0
	S4j	0	0	0	0
	S5j	0	0	0	0
	S6j	0	0	0. 2311	0
	S7j	0	0	0	0
	S8j	0	0. 0814	0	0
	S9j	0	0	0	0
	S10j	0	0	0. 0315	0. 3491
产出	S1j	0. 2189	0	0	0
	S2j	0	0. 1089	0	0
	S3j	0. 0631	0	0. 0216	0
	S4j	0	0	0	0
	S5j	0	0. 1753	0. 3195	0
	S6j	0	0	0	0
	S7j	0	0	0	0
	S8j	0	0	0	0
	S9j	0	0	0	0
	S10j	0	0	0	0
	S11j	0	0	0	0. 0038
	S12j	0	0	0	0

附表 10　2021 年复合 DEA 评价结果

	地区	DMU1	DMU2	DMU3	DMU4
投入	S1j	0	0	0	0
	S2j	0	0	0	0
	S3j	0. 0316	0	0	0
	S4j	0	0	0	0
	S5j	0	0	0	0
	S6j	0	0	0. 2401	0
	S7j	0	0	0	0
	S8j	0	0	0	0
	S9j	0. 0337	0. 0346	0	0. 4808
	S10j	0	0	0	0. 3755
产出	S1j	0	0	0	0
	S2j	0	0. 0078	0	0
	S3j	0. 1813	0	0	0
	S4j	0	0	0	0
	S5j	0	0. 1588	0. 1013	0
	S6j	0	0	0	0
	S7j	0	0	0	0
	S8j	0	0	0	0
	S9j	0	0	0	0
	S10j	0	0	0. 0284	0
	S11j	0	0	0	0. 2049
	S12j	0	0	0	0

附录 2

$$
\text{s. t.}\begin{cases}
X_{11}\lambda_1+X_{12}\lambda_2+X_{13}\lambda_3+X_{14}\lambda_4+X_{15}\lambda_5+X_{16}\lambda_6+X_{17}\lambda_7+X_{18}\lambda_8+X_{19}\lambda_9+X_{110}\lambda_{10}+S_1^-=\theta X_{10}\\
X_{21}\lambda_1+X_{22}\lambda_2+X_{23}\lambda_3+X_{24}\lambda_4+X_{25}\lambda_5+X_{26}\lambda_6+X_{27}\lambda_7+X_{28}\lambda_8+X_{29}\lambda_9+X_{210}\lambda_{10}+S_2^-=\theta X_{20}\\
X_{31}\lambda_1+X_{32}\lambda_2+X_{33}\lambda_3+X_{34}\lambda_4+X_{35}\lambda_5+X_{36}\lambda_6+X_{37}\lambda_7+X_{38}\lambda_8+X_{39}\lambda_9+X_{310}\lambda_{10}+S_3^-=\theta X_{30}\\
X_{41}\lambda_1+X_{42}\lambda_2+X_{43}\lambda_3+X_{44}\lambda_4+X_{45}\lambda_5+X_{46}\lambda_6+X_{47}\lambda_7+X_{48}\lambda_8+X_{49}\lambda_9+X_{410}\lambda_{10}+S_4^-=\theta X_{40}\\
X_{51}\lambda_1+X_{52}\lambda_2+X_{53}\lambda_3+X_{54}\lambda_4+X_{55}\lambda_5+X_{56}\lambda_6+X_{57}\lambda_7+X_{58}\lambda_8+X_{59}\lambda_9+X_{510}\lambda_{10}+S_5^-=\theta X_{50}\\
X_{61}\lambda_1+X_{62}\lambda_2+X_{63}\lambda_3+X_{64}\lambda_4+X_{65}\lambda_5+X_{66}\lambda_6+X_{67}\lambda_7+X_{68}\lambda_8+X_{69}\lambda_9+X_{610}\lambda_{10}+S_6^-=\theta X_{60}\\
X_{71}\lambda_1+X_{72}\lambda_2+X_{73}\lambda_3+X_{74}\lambda_4+X_{75}\lambda_5+X_{76}\lambda_6+X_{77}\lambda_7+X_{78}\lambda_8+X_{79}\lambda_9+X_{710}\lambda_{10}+S_7^-=\theta X_{70}\\
X_{81}\lambda_1+X_{82}\lambda_2+X_{83}\lambda_3+X_{84}\lambda_4+X_{85}\lambda_5+X_{86}\lambda_6+X_{87}\lambda_7+X_{88}\lambda_8+X_{89}\lambda_9+X_{810}\lambda_{10}+S_8^-=\theta X_{80}\\
X_{91}\lambda_1+X_{92}\lambda_2+X_{93}\lambda_3+X_{94}\lambda_4+X_{95}\lambda_5+X_{96}\lambda_6+X_{97}\lambda_7+X_{98}\lambda_8+X_{99}\lambda_9+X_{910}\lambda_{10}+S_9^-=\theta X_{90}\\
X_{101}\lambda_1+X_{102}\lambda_2+X_{103}\lambda_3+X_{104}\lambda_4+X_{105}\lambda_5+X_{106}\lambda_6+X_{107}\lambda_7+X_{108}\lambda_8+X_{109}\lambda_9+X_{1010}\lambda_{10}+S_{10}^-=\theta X_{100}\\
X_{111}\lambda_1+X_{112}\lambda_2+X_{113}\lambda_3+X_{114}\lambda_4+X_{115}\lambda_5+X_{116}\lambda_6+X_{117}\lambda_7+X_{118}\lambda_8+X_{119}\lambda_9+X_{1110}\lambda_{10}+S_{11}^-=\theta X_{110}\\
X_{121}\lambda_1+X_{122}\lambda_2+X_{123}\lambda_3+X_{124}\lambda_4+X_{125}\lambda_5+X_{126}\lambda_6+X_{127}\lambda_7+X_{128}\lambda_8+X_{129}\lambda_9+X_{1210}\lambda_{10}+S_{12}^-=\theta X_{120}\\
X_{131}\lambda_1+X_{132}\lambda_2+X_{133}\lambda_3+X_{134}\lambda_4+X_{135}\lambda_5+X_{136}\lambda_6+X_{137}\lambda_7+X_{138}\lambda_8+X_{139}\lambda_9+X_{1310}\lambda_{10}+S_{13}^-=\theta X_{130}\\
X_{141}\lambda_1+X_{142}\lambda_2+X_{143}\lambda_3+X_{144}\lambda_4+X_{145}\lambda_5+X_{146}\lambda_6+X_{147}\lambda_7+X_{148}\lambda_8+X_{149}\lambda_9+X_{1410}\lambda_{10}+S_{14}^-=\theta X_{140}\\
X_{151}\lambda_1+X_{152}\lambda_2+X_{153}\lambda_3+X_{154}\lambda_4+X_{155}\lambda_5+X_{156}\lambda_6+X_{157}\lambda_7+X_{158}\lambda_8+X_{159}\lambda_9+X_{1510}\lambda_{10}+S_{15}^-=\theta X_{150}\\
X_{161}\lambda_1+X_{162}\lambda_2+X_{163}\lambda_3+X_{164}\lambda_4+X_{165}\lambda_5+X_{166}\lambda_6+X_{167}\lambda_7+X_{168}\lambda_8+X_{169}\lambda_9+X_{1610}\lambda_{10}+S_{16}^-=\theta X_{160}\\
X_{171}\lambda_1+X_{172}\lambda_2+X_{173}\lambda_3+X_{174}\lambda_4+X_{175}\lambda_5+X_{176}\lambda_6+X_{177}\lambda_7+X_{178}\lambda_8+X_{179}\lambda_9+X_{1710}\lambda_{10}+S_{17}^-=\theta X_{170}\\
X_{181}\lambda_1+X_{182}\lambda_2+X_{183}\lambda_3+X_{184}\lambda_4+X_{185}\lambda_5+X_{186}\lambda_6+X_{187}\lambda_7+X_{188}\lambda_8+X_{189}\lambda_9+X_{1810}\lambda_{10}+S_{18}^-=\theta X_{180}\\
X_{191}\lambda_1+X_{192}\lambda_2+X_{193}\lambda_3+X_{194}\lambda_4+X_{195}\lambda_5+X_{196}\lambda_6+X_{197}\lambda_7+X_{198}\lambda_8+X_{199}\lambda_9+X_{1910}\lambda_{10}+S_{19}^-=\theta X_{190}
\end{cases}
$$

$$
\text{s. t.}\begin{cases}
Y_{11}\lambda_1+Y_{12}\lambda_2+Y_{13}\lambda_3+Y_{14}\lambda_4+Y_{15}\lambda_5+Y_{16}\lambda_6+Y_{17}\lambda_7+Y_{18}\lambda_8+Y_{19}\lambda_9+Y_{110}\lambda_{10}-S_1^+=Y_{10}\\
Y_{21}\lambda_1+Y_{22}\lambda_2+Y_{23}\lambda_3+Y_{24}\lambda_4+Y_{25}\lambda_5+Y_{26}\lambda_6+Y_{27}\lambda_7+Y_{28}\lambda_8+Y_{29}\lambda_9+Y_{210}\lambda_{10}-S_2^+=Y_{20}\\
Y_{31}\lambda_1+Y_{32}\lambda_2+Y_{33}\lambda_3+Y_{34}\lambda_4+Y_{35}\lambda_5+Y_{36}\lambda_6+Y_{37}\lambda_7+Y_{38}\lambda_8+Y_{39}\lambda_9+Y_{310}\lambda_{10}-S_3^+=Y_{30}\\
Y_{41}\lambda_1+Y_{42}\lambda_2+Y_{43}\lambda_3+Y_{44}\lambda_4+Y_{45}\lambda_5+Y_{46}\lambda_6+Y_{47}\lambda_7+Y_{48}\lambda_8+Y_{49}\lambda_9+Y_{410}\lambda_{10}-S_4^+=Y_{40}\\
Y_{51}\lambda_1+Y_{52}\lambda_2+Y_{53}\lambda_3+Y_{54}\lambda_4+Y_{55}\lambda_5+Y_{56}\lambda_6+Y_{57}\lambda_7+Y_{58}\lambda_8+Y_{59}\lambda_9+Y_{510}\lambda_{10}-S_5^+=Y_{50}\\
Y_{61}\lambda_1+Y_{62}\lambda_2+Y_{63}\lambda_3+Y_{64}\lambda_4+Y_{65}\lambda_5+Y_{66}\lambda_6+Y_{67}\lambda_7+Y_{68}\lambda_8+Y_{69}\lambda_9+Y_{610}\lambda_{10}-S_6^+=Y_{60}\\
Y_{71}\lambda_1+Y_{72}\lambda_2+Y_{73}\lambda_3+Y_{74}\lambda_4+Y_{75}\lambda_5+Y_{76}\lambda_6+Y_{77}\lambda_7+Y_{78}\lambda_8+Y_{79}\lambda_9+Y_{710}\lambda_{10}-S_7^+=Y_{70}\\
Y_{81}\lambda_1+Y_{82}\lambda_2+Y_{83}\lambda_3+Y_{84}\lambda_4+Y_{85}\lambda_5+Y_{86}\lambda_6+Y_{87}\lambda_7+Y_{88}\lambda_8+Y_{89}\lambda_9+Y_{810}\lambda_{10}-S_8^+=Y_{80}\\
Y_{91}\lambda_1+Y_{92}\lambda_2+Y_{93}\lambda_3+Y_{94}\lambda_4+Y_{95}\lambda_5+Y_{96}\lambda_6+Y_{97}\lambda_7+Y_{98}\lambda_8+Y_{99}\lambda_9+Y_{910}\lambda_{10}-S_9^+=Y_{90}\\
Y_{101}\lambda_1+Y_{102}\lambda_2+Y_{103}\lambda_3+Y_{104}\lambda_4+Y_{105}\lambda_5+Y_{106}\lambda_6+Y_{107}\lambda_7+Y_{108}\lambda_8+Y_{109}\lambda_9+Y_{1010}\lambda_{10}-\\
\quad S_{10}^+=Y_{100}
\end{cases}
$$

θ，S_i^-，S_r^+，$\lambda_j \geqslant 0$；$i=1$，2，3，…，19；$r=1$，2，3，…，10；$j=1$，2，3，…，10

对 DUM1 进行测评，则初始结果模型为：

$$\min Z=\theta-S_1^--S_2^--S_3^--S_4^--S_5^--S_6^--S_7^--S_8^--S_9^--S_{10}^--S_{11}^--S_{12}^--S_{13}^--S_{14}^--S_{15}^--S_{16}^--S_{17}^--S_{18}^--S_{19}^-+S_1^++S_2^++S_3^++S_4^++S_5^++S_6^++S_7^++S_8^++S_9^++S_{10}^+$$

$$
\text{s. t.}\begin{cases}
X_{12}\lambda_2+X_{13}\lambda_3+X_{14}\lambda_4+X_{15}\lambda_5+X_{16}\lambda_6+X_{17}\lambda_7+X_{18}\lambda_8+X_{19}\lambda_9+X_{110}\lambda_{10}+S_1^-=\theta X_{11}\\
X_{22}\lambda_2+X_{23}\lambda_3+X_{24}\lambda_4+X_{25}\lambda_5+X_{26}\lambda_6+X_{27}\lambda_7+X_{28}\lambda_8+X_{29}\lambda_9+X_{210}\lambda_{10}+S_2^-=\theta X_{21}\\
X_{32}\lambda_2+X_{33}\lambda_3+X_{34}\lambda_4+X_{35}\lambda_5+X_{36}\lambda_6+X_{37}\lambda_7+X_{38}\lambda_8+X_{39}\lambda_9+X_{310}\lambda_{10}+S_3^-=\theta X_{31}\\
X_{42}\lambda_2+X_{43}\lambda_3+X_{44}\lambda_4+X_{45}\lambda_5+X_{46}\lambda_6+X_{47}\lambda_7+X_{48}\lambda_8+X_{49}\lambda_9+X_{410}\lambda_{10}+S_4^-=\theta X_{41}\\
X_{52}\lambda_2+X_{53}\lambda_3+X_{54}\lambda_4+X_{55}\lambda_5+X_{56}\lambda_6+X_{57}\lambda_7+X_{58}\lambda_8+X_{59}\lambda_9+X_{510}\lambda_{10}+S_5^-=\theta X_{51}\\
X_{62}\lambda_2+X_{63}\lambda_3+X_{64}\lambda_4+X_{65}\lambda_5+X_{66}\lambda_6+X_{67}\lambda_7+X_{68}\lambda_8+X_{69}\lambda_9+X_{610}\lambda_{10}+S_6^-=\theta X_{61}\\
X_{72}\lambda_2+X_{73}\lambda_3+X_{74}\lambda_4+X_{75}\lambda_5+X_{76}\lambda_6+X_{77}\lambda_7+X_{78}\lambda_8+X_{79}\lambda_9+X_{710}\lambda_{10}+S_7^-=\theta X_{71}\\
X_{82}\lambda_2+X_{83}\lambda_3+X_{84}\lambda_4+X_{85}\lambda_5+X_{86}\lambda_6+X_{87}\lambda_7+X_{88}\lambda_8+X_{89}\lambda_9+X_{810}\lambda_{10}+S_8^-=\theta X_{81}\\
X_{92}\lambda_2+X_{93}\lambda_3+X_{94}\lambda_4+X_{95}\lambda_5+X_{96}\lambda_6+X_{97}\lambda_7+X_{98}\lambda_8+X_{99}\lambda_9+X_{910}\lambda_{10}+S_9^-=\theta X_{91}\\
X_{102}\lambda_2+X_{103}\lambda_3+X_{104}\lambda_4+X_{105}\lambda_5+X_{106}\lambda_6+X_{107}\lambda_7+X_{108}\lambda_8+X_{109}\lambda_9+X_{1010}\lambda_{10}+S_{10}^-=\theta X_{101}\\
X_{112}\lambda_2+X_{113}\lambda_3+X_{114}\lambda_4+X_{115}\lambda_5+X_{116}\lambda_6+X_{117}\lambda_7+X_{118}\lambda_8+X_{119}\lambda_9+X_{1110}\lambda_{10}+S_{11}^-=\theta X_{111}\\
X_{122}\lambda_2+X_{123}\lambda_3+X_{124}\lambda_4+X_{125}\lambda_5+X_{126}\lambda_6+X_{127}\lambda_7+X_{128}\lambda_8+X_{129}\lambda_9+X_{1210}\lambda_{10}+S_{12}^-=\theta X_{121}\\
X_{132}\lambda_2+X_{133}\lambda_3+X_{134}\lambda_4+X_{135}\lambda_5+X_{136}\lambda_6+X_{137}\lambda_7+X_{138}\lambda_8+X_{139}\lambda_9+X_{1310}\lambda_{10}+S_{13}^-=\theta X_{131}\\
X_{142}\lambda_2+X_{143}\lambda_3+X_{144}\lambda_4+X_{145}\lambda_5+X_{146}\lambda_6+X_{147}\lambda_7+X_{148}\lambda_8+X_{149}\lambda_9+X_{1410}\lambda_{10}+S_{14}^-=\theta X_{141}\\
X_{152}\lambda_2+X_{153}\lambda_3+X_{154}\lambda_4+X_{155}\lambda_5+X_{156}\lambda_6+X_{157}\lambda_7+X_{158}\lambda_8+X_{159}\lambda_9+X_{1510}\lambda_{10}+S_{15}^-=\theta X_{151}\\
X_{162}\lambda_2+X_{163}\lambda_3+X_{164}\lambda_4+X_{165}\lambda_5+X_{166}\lambda_6+X_{167}\lambda_7+X_{168}\lambda_8+X_{169}\lambda_9+X_{1610}\lambda_{10}+S_{16}^-=\theta X_{161}\\
X_{172}\lambda_2+X_{173}\lambda_3+X_{174}\lambda_4+X_{175}\lambda_5+X_{176}\lambda_6+X_{177}\lambda_7+X_{178}\lambda_8+X_{179}\lambda_9+X_{1710}\lambda_{10}+S_{17}^-=\theta X_{171}\\
X_{182}\lambda_2+X_{183}\lambda_3+X_{184}\lambda_4+X_{185}\lambda_5+X_{186}\lambda_6+X_{187}\lambda_7+X_{188}\lambda_8+X_{189}\lambda_9+X_{1810}\lambda_{10}+S_{18}^-=\theta X_{181}\\
X_{192}\lambda_2+X_{193}\lambda_3+X_{194}\lambda_4+X_{195}\lambda_5+X_{196}\lambda_6+X_{197}\lambda_7+X_{198}\lambda_8+X_{199}\lambda_9+X_{1910}\lambda_{10}+S_{19}^-=\theta X_{191}
\end{cases}
$$

$$
\text{s. t.}\begin{cases}
Y_{12}\lambda_2+Y_{13}\lambda_3+Y_{14}\lambda_4+Y_{15}\lambda_5+Y_{16}\lambda_6+Y_{17}\lambda_7+Y_{18}\lambda_8+Y_{19}\lambda_9+Y_{110}\lambda_{10}-S_1^+=Y_{11}\\
Y_{22}\lambda_2+Y_{23}\lambda_3+Y_{24}\lambda_4+Y_{25}\lambda_5+Y_{26}\lambda_6+Y_{27}\lambda_7+Y_{28}\lambda_8+Y_{29}\lambda_9+Y_{210}\lambda_{10}-S_2^+=Y_{21}\\
Y_{32}\lambda_2+Y_{33}\lambda_3+Y_{34}\lambda_4+Y_{35}\lambda_5+Y_{36}\lambda_6+Y_{37}\lambda_7+Y_{38}\lambda_8+Y_{39}\lambda_9+Y_{310}\lambda_{10}-S_3^+=Y_{31}\\
Y_{42}\lambda_2+Y_{43}\lambda_3+Y_{44}\lambda_4+Y_{45}\lambda_5+Y_{46}\lambda_6+Y_{47}\lambda_7+Y_{48}\lambda_8+Y_{49}\lambda_9+Y_{410}\lambda_{10}-S_4^+=Y_{41}\\
Y_{52}\lambda_2+Y_{53}\lambda_3+Y_{54}\lambda_4+Y_{55}\lambda_5+Y_{56}\lambda_6+Y_{57}\lambda_7+Y_{58}\lambda_8+Y_{59}\lambda_9+Y_{510}\lambda_{10}-S_5^+=Y_{51}\\
Y_{62}\lambda_2+Y_{63}\lambda_3+Y_{64}\lambda_4+Y_{65}\lambda_5+Y_{66}\lambda_6+Y_{67}\lambda_7+Y_{68}\lambda_8+Y_{69}\lambda_9+Y_{610}\lambda_{10}-S_6^+=Y_{61}\\
Y_{72}\lambda_2+Y_{73}\lambda_3+Y_{74}\lambda_4+Y_{75}\lambda_5+Y_{76}\lambda_6+Y_{77}\lambda_7+Y_{78}\lambda_8+Y_{79}\lambda_9+Y_{710}\lambda_{10}-S_7^+=Y_{71}\\
Y_{82}\lambda_2+Y_{83}\lambda_3+Y_{84}\lambda_4+Y_{85}\lambda_5+Y_{86}\lambda_6+Y_{87}\lambda_7+Y_{88}\lambda_8+Y_{89}\lambda_9+Y_{810}\lambda_{10}-S_8^+=Y_{81}\\
Y_{92}\lambda_2+Y_{93}\lambda_3+Y_{94}\lambda_4+Y_{95}\lambda_5+Y_{96}\lambda_6+Y_{97}\lambda_7+Y_{98}\lambda_8+Y_{99}\lambda_9+Y_{910}\lambda_{10}-S_9^+=Y_{91}\\
Y_{102}\lambda_2+Y_{103}\lambda_3+Y_{104}\lambda_4+Y_{105}\lambda_5+Y_{106}\lambda_6+Y_{107}\lambda_7+Y_{108}\lambda_8+Y_{109}\lambda_9+Y_{1010}\lambda_{10}-S_{10}^+=Y_{101}
\end{cases}
$$

θ，S_i^-，S_r^+，$\lambda_j \geqslant 0$；$i=1$，2，3，…，19；$r=1$，2，3，…，10；$j=2$，3，4，5，6，7，8，9，10

对 DUM2 进行测评，其初始结果模型为：

$\min Z=\theta-S_1^--S_2^--S_3^--S_4^--S_5^--S_6^--S_7^--S_8^--S_9^--S_{10}^--S_{11}^--S_{12}^--S_{13}^--S_{14}^--S_{15}^--S_{16}^--S_{17}^--S_{18}^--S_{19}^-+S_1^++S_2^++S_3^++S_4^++S_5^++S_6^++S_7^++S_8^++S_9^++S_{10}^+$

$$
\text{s. t.}\begin{cases}
X_{11}\lambda_1+X_{13}\lambda_3+X_{14}\lambda_4+X_{15}\lambda_5+X_{16}\lambda_6+X_{17}\lambda_7+X_{18}\lambda_8+X_{19}\lambda_9+X_{110}\lambda_{10}+S_1^-=\theta X_{12}\\
X_{21}\lambda_1+X_{23}\lambda_3+X_{24}\lambda_4+X_{25}\lambda_5+X_{26}\lambda_6+X_{27}\lambda_7+X_{28}\lambda_8+X_{29}\lambda_9+X_{210}\lambda_{10}+S_2^-=\theta X_{22}\\
X_{31}\lambda_1+X_{33}\lambda_3+X_{34}\lambda_4+X_{35}\lambda_5+X_{36}\lambda_6+X_{37}\lambda_7+X_{38}\lambda_8+X_{39}\lambda_9+X_{310}\lambda_{10}+S_3^-=\theta X_{32}\\
X_{41}\lambda_1+X_{43}\lambda_3+X_{44}\lambda_4+X_{45}\lambda_5+X_{46}\lambda_6+X_{47}\lambda_7+X_{48}\lambda_8+X_{49}\lambda_9+X_{410}\lambda_{10}+S_4^-=\theta X_{42}\\
X_{51}\lambda_1+X_{53}\lambda_3+X_{54}\lambda_4+X_{55}\lambda_5+X_{56}\lambda_6+X_{57}\lambda_7+X_{58}\lambda_8+X_{59}\lambda_9+X_{510}\lambda_{10}+S_5^-=\theta X_{52}\\
X_{61}\lambda_1+X_{63}\lambda_3+X_{64}\lambda_4+X_{65}\lambda_5+X_{66}\lambda_6+X_{67}\lambda_7+X_{68}\lambda_8+X_{69}\lambda_9+X_{610}\lambda_{10}+S_6^-=\theta X_{62}\\
X_{71}\lambda_1+X_{73}\lambda_3+X_{74}\lambda_4+X_{75}\lambda_5+X_{76}\lambda_6+X_{77}\lambda_7+X_{78}\lambda_8+X_{79}\lambda_9+X_{710}\lambda_{10}+S_7^-=\theta X_{72}\\
X_{81}\lambda_1+X_{83}\lambda_3+X_{84}\lambda_4+X_{85}\lambda_5+X_{86}\lambda_6+X_{87}\lambda_7+X_{88}\lambda_8+X_{89}\lambda_9+X_{810}\lambda_{10}+S_8^-=\theta X_{82}\\
X_{91}\lambda_1+X_{93}\lambda_3+X_{94}\lambda_4+X_{95}\lambda_5+X_{96}\lambda_6+X_{97}\lambda_7+X_{98}\lambda_8+X_{99}\lambda_9+X_{910}\lambda_{10}+S_9^-=\theta X_{92}\\
X_{101}\lambda_1+X_{103}\lambda_3+X_{104}\lambda_4+X_{105}\lambda_5+X_{106}\lambda_6+X_{107}\lambda_7+X_{108}\lambda_8+X_{109}\lambda_9+X_{1010}\lambda_{10}+S_{10}^-=\theta X_{102}\\
X_{111}\lambda_1+X_{113}\lambda_3+X_{114}\lambda_4+X_{115}\lambda_5+X_{116}\lambda_6+X_{117}\lambda_7+X_{118}\lambda_8+X_{119}\lambda_9+X_{1110}\lambda_{10}+S_{11}^-=\theta X_{112}\\
X_{121}\lambda_1+X_{123}\lambda_3+X_{124}\lambda_4+X_{125}\lambda_5+X_{126}\lambda_6+X_{127}\lambda_7+X_{128}\lambda_8+X_{129}\lambda_9+X_{1210}\lambda_{10}+S_{12}^-=\theta X_{122}\\
X_{131}\lambda_1+X_{133}\lambda_3+X_{134}\lambda_4+X_{135}\lambda_5+X_{136}\lambda_6+X_{137}\lambda_7+X_{138}\lambda_8+X_{139}\lambda_9+X_{1310}\lambda_{10}+S_{13}^-=\theta X_{132}\\
X_{141}\lambda_1+X_{143}\lambda_3+X_{144}\lambda_4+X_{145}\lambda_5+X_{146}\lambda_6+X_{147}\lambda_7+X_{148}\lambda_8+X_{149}\lambda_9+X_{1410}\lambda_{10}+S_{14}^-=\theta X_{142}\\
X_{151}\lambda_1+X_{153}\lambda_3+X_{154}\lambda_4+X_{155}\lambda_5+X_{156}\lambda_6+X_{157}\lambda_7+X_{158}\lambda_8+X_{159}\lambda_9+X_{1510}\lambda_{10}+S_{15}^-=\theta X_{152}\\
X_{161}\lambda_1+X_{163}\lambda_3+X_{164}\lambda_4+X_{165}\lambda_5+X_{166}\lambda_6+X_{167}\lambda_7+X_{168}\lambda_8+X_{169}\lambda_9+X_{1610}\lambda_{10}+S_{16}^-=\theta X_{162}\\
X_{171}\lambda_1+X_{173}\lambda_3+X_{174}\lambda_4+X_{175}\lambda_5+X_{176}\lambda_6+X_{177}\lambda_7+X_{178}\lambda_8+X_{179}\lambda_9+X_{1710}\lambda_{10}+S_{17}^-=\theta X_{172}\\
X_{181}\lambda_1+X_{183}\lambda_3+X_{184}\lambda_4+X_{185}\lambda_5+X_{186}\lambda_6+X_{187}\lambda_7+X_{188}\lambda_8+X_{189}\lambda_9+X_{1810}\lambda_{10}+S_{18}^-=\theta X_{182}\\
X_{191}\lambda_1+X_{193}\lambda_3+X_{194}\lambda_4+X_{195}\lambda_5+X_{196}\lambda_6+X_{197}\lambda_7+X_{198}\lambda_8+X_{199}\lambda_9+X_{1910}\lambda_{10}+S_{19}^-=\theta X_{192}
\end{cases}
$$

$$
\text{s.t.}\begin{cases}
Y_{11}\lambda_1+Y_{13}\lambda_3+Y_{14}\lambda_4+Y_{15}\lambda_5+Y_{16}\lambda_6+Y_{17}\lambda_7+Y_{18}\lambda_8+Y_{19}\lambda_9+Y_{110}\lambda_{10}-S_1^+=Y_{12}\\
Y_{21}\lambda_1+Y_{23}\lambda_3+Y_{24}\lambda_4+Y_{25}\lambda_5+Y_{26}\lambda_6+Y_{27}\lambda_7+Y_{28}\lambda_8+Y_{29}\lambda_9+Y_{210}\lambda_{10}-S_2^+=Y_{22}\\
Y_{31}\lambda_1+Y_{33}\lambda_3+Y_{34}\lambda_4+Y_{35}\lambda_5+Y_{36}\lambda_6+Y_{37}\lambda_7+Y_{38}\lambda_8+Y_{39}\lambda_9+Y_{310}\lambda_{10}-S_3^+=Y_{32}\\
Y_{41}\lambda_1+Y_{43}\lambda_3+Y_{44}\lambda_4+Y_{45}\lambda_5+Y_{46}\lambda_6+Y_{47}\lambda_7+Y_{48}\lambda_8+Y_{49}\lambda_9+Y_{410}\lambda_{10}-S_4^+=Y_{42}\\
Y_{51}\lambda_1+Y_{53}\lambda_3+Y_{54}\lambda_4+Y_{55}\lambda_5+Y_{56}\lambda_6+Y_{57}\lambda_7+Y_{58}\lambda_8+Y_{59}\lambda_9+Y_{510}\lambda_{10}-S_5^+=Y_{52}\\
Y_{61}\lambda_1+Y_{63}\lambda_3+Y_{64}\lambda_4+Y_{65}\lambda_5+Y_{66}\lambda_6+Y_{67}\lambda_7+Y_{68}\lambda_8+Y_{69}\lambda_9+Y_{610}\lambda_{10}-S_6^+=Y_{62}\\
Y_{71}\lambda_1+Y_{73}\lambda_3+Y_{74}\lambda_4+Y_{75}\lambda_5+Y_{76}\lambda_6+Y_{77}\lambda_7+Y_{78}\lambda_8+Y_{79}\lambda_9+Y_{710}\lambda_{10}-S_7^+=Y_{72}\\
Y_{81}\lambda_1+Y_{83}\lambda_3+Y_{84}\lambda_4+Y_{85}\lambda_5+Y_{86}\lambda_6+Y_{87}\lambda_7+Y_{88}\lambda_8+Y_{89}\lambda_9+Y_{810}\lambda_{10}-S_8^+=Y_{82}\\
Y_{91}\lambda_1+Y_{93}\lambda_3+Y_{94}\lambda_4+Y_{95}\lambda_5+Y_{96}\lambda_6+Y_{97}\lambda_7+Y_{98}\lambda_8+Y_{99}\lambda_9+Y_{910}\lambda_{10}-S_9^+=Y_{92}\\
Y_{101}\lambda_1+Y_{103}\lambda_3+Y_{104}\lambda_4+Y_{105}\lambda_5+Y_{106}\lambda_6+Y_{107}\lambda_7+Y_{108}\lambda_8+Y_{109}\lambda_9+Y_{1010}\lambda_{10}-S_{10}^+=Y_{102}
\end{cases}
$$

θ，S_i^-，S_r^+，$\lambda_j \geqslant 0$；$i=1$，2，3，…，19；$r=1$，2，3，…，10；$j=1$，3，4，5，6，7，8，9，10

对 DUM3 进行测评，其初始结果模型为：

$$
\min Z=\theta-S_1^--S_2^--S_3^--S_4^--S_5^--S_6^--S_7^--S_8^--S_9^--S_{10}^--S_{11}^--S_{12}^--S_{13}^--S_{14}^--S_{15}^--S_{16}^--S_{17}^--S_{18}^--S_{19}^-+S_1^++S_2^++S_3^++S_4^++S_5^++S_6^++S_7^++S_8^++S_9^++S_{10}^+
$$

$$
\text{s. t.}\begin{cases}
X_{11}\lambda_1+X_{12}\lambda_2+X_{14}\lambda_4+X_{15}\lambda_5+X_{16}\lambda_6+X_{17}\lambda_7+X_{18}\lambda_8+X_{19}\lambda_9+X_{110}\lambda_{10}+S_1^-=\theta X_{13}\\
X_{21}\lambda_1+X_{22}\lambda_2+X_{24}\lambda_4+X_{25}\lambda_5+X_{26}\lambda_6+X_{27}\lambda_7+X_{28}\lambda_8+X_{29}\lambda_9+X_{210}\lambda_{10}+S_2^-=\theta X_{23}\\
X_{31}\lambda_1+X_{32}\lambda_2+X_{34}\lambda_4+X_{35}\lambda_5+X_{36}\lambda_6+X_{37}\lambda_7+X_{38}\lambda_8+X_{39}\lambda_9+X_{310}\lambda_{10}+S_3^-=\theta X_{33}\\
X_{41}\lambda_1+X_{42}\lambda_2+X_{44}\lambda_4+X_{45}\lambda_5+X_{46}\lambda_6+X_{47}\lambda_7+X_{48}\lambda_8+X_{49}\lambda_9+X_{410}\lambda_{10}+S_4^-=\theta X_{43}\\
X_{51}\lambda_1+X_{52}\lambda_2+X_{54}\lambda_4+X_{55}\lambda_5+X_{56}\lambda_6+X_{57}\lambda_7+X_{58}\lambda_8+X_{59}\lambda_9+X_{510}\lambda_{10}+S_5^-=\theta X_{53}\\
X_{61}\lambda_1+X_{62}\lambda_2+X_{64}\lambda_4+X_{65}\lambda_5+X_{66}\lambda_6+X_{67}\lambda_7+X_{68}\lambda_8+X_{69}\lambda_9+X_{610}\lambda_{10}+S_6^-=\theta X_{63}\\
X_{71}\lambda_1+X_{72}\lambda_2+X_{74}\lambda_4+X_{75}\lambda_5+X_{76}\lambda_6+X_{77}\lambda_7+X_{78}\lambda_8+X_{79}\lambda_9+X_{710}\lambda_{10}+S_7^-=\theta X_{73}\\
X_{81}\lambda_1+X_{82}\lambda_2+X_{84}\lambda_4+X_{85}\lambda_5+X_{86}\lambda_6+X_{87}\lambda_7+X_{88}\lambda_8+X_{89}\lambda_9+X_{810}\lambda_{10}+S_8^-=\theta X_{83}\\
X_{91}\lambda_1+X_{92}\lambda_2+X_{94}\lambda_4+X_{95}\lambda_5+X_{96}\lambda_6+X_{97}\lambda_7+X_{98}\lambda_8+X_{99}\lambda_9+X_{910}\lambda_{10}+S_9^-=\theta X_{93}\\
X_{101}\lambda_1+X_{102}\lambda_2+X_{104}\lambda_4+X_{105}\lambda_5+X_{106}\lambda_6+X_{107}\lambda_7+X_{108}\lambda_8+X_{109}\lambda_9+X_{1010}\lambda_{10}+S_{10}^-=\theta X_{103}\\
X_{111}\lambda_1+X_{112}\lambda_2+X_{114}\lambda_4+X_{115}\lambda_5+X_{116}\lambda_6+X_{117}\lambda_7+X_{118}\lambda_8+X_{119}\lambda_9+X_{1110}\lambda_{10}+S_{11}^-=\theta X_{113}\\
X_{121}\lambda_1+X_{122}\lambda_2+X_{124}\lambda_4+X_{125}\lambda_5+X_{126}\lambda_6+X_{127}\lambda_7+X_{128}\lambda_8+X_{129}\lambda_9+X_{1210}\lambda_{10}+S_{12}^-=\theta X_{123}\\
X_{131}\lambda_1+X_{132}\lambda_2+X_{134}\lambda_4+X_{135}\lambda_5+X_{136}\lambda_6+X_{137}\lambda_7+X_{138}\lambda_8+X_{139}\lambda_9+X_{1310}\lambda_{10}+S_{13}^-=\theta X_{133}\\
X_{141}\lambda_1+X_{142}\lambda_2+X_{144}\lambda_4+X_{145}\lambda_5+X_{146}\lambda_6+X_{147}\lambda_7+X_{148}\lambda_8+X_{149}\lambda_9+X_{1410}\lambda_{10}+S_{14}^-=\theta X_{143}\\
X_{151}\lambda_1+X_{152}\lambda_2+X_{154}\lambda_4+X_{155}\lambda_5+X_{156}\lambda_6+X_{157}\lambda_7+X_{158}\lambda_8+X_{159}\lambda_9+X_{1510}\lambda_{10}+S_{15}^-=\theta X_{153}\\
X_{161}\lambda_1+X_{162}\lambda_2+X_{164}\lambda_4+X_{165}\lambda_5+X_{166}\lambda_6+X_{167}\lambda_7+X_{168}\lambda_8+X_{169}\lambda_9+X_{1610}\lambda_{10}+S_{16}^-=\theta X_{163}\\
X_{171}\lambda_1+X_{172}\lambda_2+X_{174}\lambda_4+X_{175}\lambda_5+X_{176}\lambda_6+X_{177}\lambda_7+X_{178}\lambda_8+X_{179}\lambda_9+X_{1710}\lambda_{10}+S_{17}^-=\theta X_{173}\\
X_{181}\lambda_1+X_{182}\lambda_2+X_{184}\lambda_4+X_{185}\lambda_5+X_{186}\lambda_6+X_{187}\lambda_7+X_{188}\lambda_8+X_{189}\lambda_9+X_{1810}\lambda_{10}+S_{18}^-=\theta X_{183}\\
X_{191}\lambda_1+X_{192}\lambda_2+X_{194}\lambda_4+X_{195}\lambda_5+X_{196}\lambda_6+X_{197}\lambda_7+X_{198}\lambda_8+X_{199}\lambda_9+X_{1910}\lambda_{10}+S_{19}^-=\theta X_{193}
\end{cases}
$$

$$
\text{s. t.}\begin{cases}
Y_{11}\lambda_1+Y_{12}\lambda_2+Y_{14}\lambda_4+Y_{15}\lambda_5+Y_{16}\lambda_6+Y_{17}\lambda_7+Y_{18}\lambda_8+Y_{19}\lambda_9+Y_{110}\lambda_{10}-S_1^+=Y_{13}\\
Y_{21}\lambda_1+Y_{22}\lambda_2+Y_{24}\lambda_4+Y_{25}\lambda_5+Y_{26}\lambda_6+Y_{27}\lambda_7+Y_{28}\lambda_8+Y_{29}\lambda_9+Y_{210}\lambda_{10}-S_2^+=Y_{23}\\
Y_{31}\lambda_1+Y_{32}\lambda_2+Y_{34}\lambda_4+Y_{35}\lambda_5+Y_{36}\lambda_6+Y_{37}\lambda_7+Y_{38}\lambda_8+Y_{39}\lambda_9+Y_{310}\lambda_{10}-S_3^+=Y_{33}\\
Y_{41}\lambda_1+Y_{42}\lambda_2+Y_{44}\lambda_4+Y_{45}\lambda_5+Y_{46}\lambda_6+Y_{47}\lambda_7+Y_{48}\lambda_8+Y_{49}\lambda_9+Y_{410}\lambda_{10}-S_4^+=Y_{43}\\
Y_{51}\lambda_1+Y_{52}\lambda_2+Y_{54}\lambda_4+Y_{55}\lambda_5+Y_{56}\lambda_6+Y_{57}\lambda_7+Y_{58}\lambda_8+Y_{59}\lambda_9+Y_{510}\lambda_{10}-S_5^+=Y_{53}\\
Y_{61}\lambda_1+Y_{62}\lambda_2+Y_{64}\lambda_4+Y_{65}\lambda_5+Y_{66}\lambda_6+Y_{67}\lambda_7+Y_{68}\lambda_8+Y_{69}\lambda_9+Y_{610}\lambda_{10}-S_6^+=Y_{63}\\
Y_{71}\lambda_1+Y_{72}\lambda_2+Y_{74}\lambda_4+Y_{75}\lambda_5+Y_{76}\lambda_6+Y_{77}\lambda_7+Y_{78}\lambda_8+Y_{79}\lambda_9+Y_{710}\lambda_{10}-S_7^+=Y_{73}\\
Y_{81}\lambda_1+Y_{82}\lambda_2+Y_{84}\lambda_4+Y_{85}\lambda_5+Y_{86}\lambda_6+Y_{87}\lambda_7+Y_{88}\lambda_8+Y_{89}\lambda_9+Y_{810}\lambda_{10}-S_8^+=Y_{83}\\
Y_{91}\lambda_1+Y_{92}\lambda_2+Y_{94}\lambda_4+Y_{95}\lambda_5+Y_{96}\lambda_6+Y_{97}\lambda_7+Y_{98}\lambda_8+Y_{99}\lambda_9+Y_{910}\lambda_{10}-S_9^+=Y_{93}\\
Y_{101}\lambda_1+Y_{102}\lambda_2+Y_{104}\lambda_4+Y_{105}\lambda_5+Y_{106}\lambda_6+Y_{107}\lambda_7+Y_{108}\lambda_8+Y_{109}\lambda_9+Y_{1010}\lambda_{10}-S_{10}^+=Y_{103}
\end{cases}
$$

θ，S_i^-，S_r^+，$\lambda_j \geqslant 0$；$i=1$，2，3，…，19；$r=1$，2，3，…，10；$j=1$，2，4，5，6，7，8，9，10

对 DUM4 进行测评，其初始结果模型为：

$\min Z=\theta-S_1^--S_2^--S_3^--S_4^--S_5^--S_6^--S_7^--S_8^--S_9^--S_{10}^--S_{11}^--S_{12}^--S_{13}^--S_{14}^--S_{15}^--S_{16}^--S_{17}^--S_{18}^--S_{19}^-+S_1^++S_2^++S_3^++S_4^++S_5^++S_6^++S_7^++S_8^++S_9^++S_{10}^+$

$$
\text{s. t.}\begin{cases}
X_{11}\lambda_1+X_{12}\lambda_2+X_{13}\lambda_3+X_{15}\lambda_5+X_{16}\lambda_6+X_{17}\lambda_7+X_{18}\lambda_8+X_{19}\lambda_9+X_{110}\lambda_{10}+S_1^-=\theta X_{14}\\
X_{21}\lambda_1+X_{22}\lambda_2+X_{23}\lambda_3+X_{25}\lambda_5+X_{26}\lambda_6+X_{27}\lambda_7+X_{28}\lambda_8+X_{29}\lambda_9+X_{210}\lambda_{10}+S_2^-=\theta X_{24}\\
X_{31}\lambda_1+X_{32}\lambda_2+X_{33}\lambda_3+X_{35}\lambda_5+X_{36}\lambda_6+X_{37}\lambda_7+X_{38}\lambda_8+X_{39}\lambda_9+X_{310}\lambda_{10}+S_3^-=\theta X_{34}\\
X_{41}\lambda_1+X_{42}\lambda_2+X_{43}\lambda_3+X_{45}\lambda_5+X_{46}\lambda_6+X_{47}\lambda_7+X_{48}\lambda_8+X_{49}\lambda_9+X_{410}\lambda_{10}+S_4^-=\theta X_{44}\\
X_{51}\lambda_1+X_{52}\lambda_2+X_{53}\lambda_3+X_{55}\lambda_5+X_{56}\lambda_6+X_{57}\lambda_7+X_{58}\lambda_8+X_{59}\lambda_9+X_{510}\lambda_{10}+S_5^-=\theta X_{54}\\
X_{61}\lambda_1+X_{62}\lambda_2+X_{63}\lambda_3+X_{65}\lambda_5+X_{66}\lambda_6+X_{67}\lambda_7+X_{68}\lambda_8+X_{69}\lambda_9+X_{610}\lambda_{10}+S_6^-=\theta X_{64}\\
X_{71}\lambda_1+X_{72}\lambda_2+X_{73}\lambda_3+X_{75}\lambda_5+X_{76}\lambda_6+X_{77}\lambda_7+X_{78}\lambda_8+X_{79}\lambda_9+X_{710}\lambda_{10}+S_7^-=\theta X_{74}\\
X_{81}\lambda_1+X_{82}\lambda_2+X_{83}\lambda_3+X_{85}\lambda_5+X_{86}\lambda_6+X_{87}\lambda_7+X_{88}\lambda_8+X_{89}\lambda_9+X_{810}\lambda_{10}+S_8^-=\theta X_{84}\\
X_{91}\lambda_1+X_{92}\lambda_2+X_{93}\lambda_3+X_{95}\lambda_5+X_{96}\lambda_6+X_{97}\lambda_7+X_{98}\lambda_8+X_{99}\lambda_9+X_{910}\lambda_{10}+S_9^-=\theta X_{94}\\
X_{101}\lambda_1+X_{102}\lambda_2+X_{103}\lambda_3+X_{105}\lambda_5+X_{106}\lambda_6+X_{107}\lambda_7+X_{108}\lambda_8+X_{109}\lambda_9+X_{1010}\lambda_{10}+S_{10}^-=\theta X_{104}\\
X_{111}\lambda_1+X_{112}\lambda_2+X_{113}\lambda_3+X_{115}\lambda_5+X_{116}\lambda_6+X_{117}\lambda_7+X_{118}\lambda_8+X_{119}\lambda_9+X_{1110}\lambda_{10}+S_{11}^-=\theta X_{114}\\
X_{121}\lambda_1+X_{122}\lambda_2+X_{123}\lambda_3+X_{125}\lambda_5+X_{126}\lambda_6+X_{127}\lambda_7+X_{128}\lambda_8+X_{129}\lambda_9+X_{1210}\lambda_{10}+S_{12}^-=\theta X_{124}\\
X_{131}\lambda_1+X_{132}\lambda_2+X_{133}\lambda_3+X_{135}\lambda_5+X_{136}\lambda_6+X_{137}\lambda_7+X_{138}\lambda_8+X_{139}\lambda_9+X_{1310}\lambda_{10}+S_{13}^-=\theta X_{134}\\
X_{141}\lambda_1+X_{142}\lambda_2+X_{143}\lambda_3+X_{145}\lambda_5+X_{146}\lambda_6+X_{147}\lambda_7+X_{148}\lambda_8+X_{149}\lambda_9+X_{1410}\lambda_{10}+S_{14}^-=\theta X_{144}\\
X_{151}\lambda_1+X_{152}\lambda_2+X_{153}\lambda_3+X_{155}\lambda_5+X_{156}\lambda_6+X_{157}\lambda_7+X_{158}\lambda_8+X_{159}\lambda_9+X_{1510}\lambda_{10}+S_{15}^-=\theta X_{154}\\
X_{161}\lambda_1+X_{162}\lambda_2+X_{163}\lambda_3+X_{165}\lambda_5+X_{166}\lambda_6+X_{167}\lambda_7+X_{168}\lambda_8+X_{169}\lambda_9+X_{1610}\lambda_{10}+S_{16}^-=\theta X_{164}\\
X_{171}\lambda_1+X_{172}\lambda_2+X_{173}\lambda_3+X_{175}\lambda_5+X_{176}\lambda_6+X_{177}\lambda_7+X_{178}\lambda_8+X_{179}\lambda_9+X_{1710}\lambda_{10}+S_{17}^-=\theta X_{174}\\
X_{181}\lambda_1+X_{182}\lambda_2+X_{183}\lambda_3+X_{185}\lambda_5+X_{186}\lambda_6+X_{187}\lambda_7+X_{188}\lambda_8+X_{189}\lambda_9+X_{1810}\lambda_{10}+S_{18}^-=\theta X_{184}\\
X_{191}\lambda_1+X_{192}\lambda_2+X_{193}\lambda_3+X_{195}\lambda_5+X_{196}\lambda_6+X_{197}\lambda_7+X_{198}\lambda_8+X_{199}\lambda_9+X_{1910}\lambda_{10}+S_{19}^-=\theta X_{194}
\end{cases}
$$

$$
\text{s. t.}\begin{cases}
Y_{11}\lambda_1+Y_{12}\lambda_2+Y_{13}\lambda_3+Y_{15}\lambda_5+Y_{16}\lambda_6+Y_{17}\lambda_7+Y_{18}\lambda_8+Y_{19}\lambda_9+Y_{110}\lambda_{10}-S_1^+=Y_{14}\\
Y_{21}\lambda_1+Y_{22}\lambda_2+Y_{23}\lambda_3+Y_{25}\lambda_5+Y_{26}\lambda_6+Y_{27}\lambda_7+Y_{28}\lambda_8+Y_{29}\lambda_9+Y_{210}\lambda_{10}-S_2^+=Y_{24}\\
Y_{31}\lambda_1+Y_{32}\lambda_2+Y_{33}\lambda_3+Y_{35}\lambda_5+Y_{36}\lambda_6+Y_{37}\lambda_7+Y_{38}\lambda_8+Y_{39}\lambda_9+Y_{310}\lambda_{10}-S_3^+=Y_{34}\\
Y_{41}\lambda_1+Y_{42}\lambda_2+Y_{43}\lambda_3+Y_{45}\lambda_5+Y_{46}\lambda_6+Y_{47}\lambda_7+Y_{48}\lambda_8+Y_{49}\lambda_9+Y_{410}\lambda_{10}-S_4^+=Y_{44}\\
Y_{51}\lambda_1+Y_{52}\lambda_2+Y_{53}\lambda_3+Y_{55}\lambda_5+Y_{56}\lambda_6+Y_{57}\lambda_7+Y_{58}\lambda_8+Y_{59}\lambda_9+Y_{510}\lambda_{10}-S_5^+=Y_{54}\\
Y_{61}\lambda_1+Y_{62}\lambda_2+Y_{63}\lambda_3+Y_{65}\lambda_5+Y_{66}\lambda_6+Y_{67}\lambda_7+Y_{68}\lambda_8+Y_{69}\lambda_9+Y_{610}\lambda_{10}-S_6^+=Y_{64}\\
Y_{71}\lambda_1+Y_{72}\lambda_2+Y_{73}\lambda_3+Y_{75}\lambda_5+Y_{76}\lambda_6+Y_{77}\lambda_7+Y_{78}\lambda_8+Y_{79}\lambda_9+Y_{710}\lambda_{10}-S_7^+=Y_{74}\\
Y_{81}\lambda_1+Y_{82}\lambda_2+Y_{83}\lambda_3+Y_{85}\lambda_5+Y_{86}\lambda_6+Y_{87}\lambda_7+Y_{88}\lambda_8+Y_{89}\lambda_9+Y_{810}\lambda_{10}-S_8^+=Y_{84}\\
Y_{91}\lambda_1+Y_{92}\lambda_2+Y_{93}\lambda_3+Y_{95}\lambda_5+Y_{96}\lambda_6+Y_{97}\lambda_7+Y_{98}\lambda_8+Y_{99}\lambda_9+Y_{910}\lambda_{10}-S_9^+=Y_{94}\\
Y_{101}\lambda_1+Y_{102}\lambda_2+Y_{103}\lambda_3+Y_{105}\lambda_5+Y_{106}\lambda_6+Y_{107}\lambda_7+Y_{108}\lambda_8+Y_{109}\lambda_9+Y_{1010}\lambda_{10}-S_{10}^+=Y_{104}
\end{cases}
$$

θ，S_i^-，S_r^+，$\lambda_j \geqslant 0$；$i=1$，2，3，…，19；$r=1$，2，3，…，10；$j=1$，2，3，5，6，7，8，9，10

对 DUM5 进行测评，其初始结果模型为：

$\min Z=\theta-S_1^- -S_2^- -S_3^- -S_4^- -S_5^- -S_6^- -S_7^- -S_8^- -S_9^- -S_{10}^- -S_{11}^- -S_{12}^- -S_{13}^- -S_{14}^- -S_{15}^- -S_{16}^- -S_{17}^- -S_{18}^- -S_{19}^- +S_1^+ +S_2^+ +S_3^+ +S_4^+ +S_5^+ +S_6^+ +S_7^+ +S_8^+ +S_9^+ +S_{10}^+$

$$
\text{s. t.}\begin{cases}
X_{11}\lambda_1+X_{12}\lambda_2+X_{13}\lambda_3+X_{14}\lambda_4+X_{16}\lambda_6+X_{17}\lambda_7+X_{18}\lambda_8+X_{19}\lambda_9+X_{110}\lambda_{10}+S_1^-=\theta X_{15}\\
X_{21}\lambda_1+X_{22}\lambda_2+X_{23}\lambda_3+X_{24}\lambda_4+X_{26}\lambda_6+X_{27}\lambda_7+X_{28}\lambda_8+X_{29}\lambda_9+X_{210}\lambda_{10}+S_2^-=\theta X_{25}\\
X_{31}\lambda_1+X_{32}\lambda_2+X_{33}\lambda_3+X_{34}\lambda_4+X_{36}\lambda_6+X_{37}\lambda_7+X_{38}\lambda_8+X_{39}\lambda_9+X_{310}\lambda_{10}+S_3^-=\theta X_{35}\\
X_{41}\lambda_1+X_{42}\lambda_2+X_{43}\lambda_3+X_{44}\lambda_4+X_{46}\lambda_6+X_{47}\lambda_7+X_{48}\lambda_8+X_{49}\lambda_9+X_{410}\lambda_{10}+S_4^-=\theta X_{45}\\
X_{51}\lambda_1+X_{52}\lambda_2+X_{53}\lambda_3+X_{54}\lambda_4+X_{56}\lambda_6+X_{57}\lambda_7+X_{58}\lambda_8+X_{59}\lambda_9+X_{510}\lambda_{10}+S_5^-=\theta X_{55}\\
X_{61}\lambda_1+X_{62}\lambda_2+X_{63}\lambda_3+X_{64}\lambda_4+X_{66}\lambda_6+X_{67}\lambda_7+X_{68}\lambda_8+X_{69}\lambda_9+X_{610}\lambda_{10}+S_6^-=\theta X_{65}\\
X_{71}\lambda_1+X_{72}\lambda_2+X_{73}\lambda_3+X_{74}\lambda_4+X_{76}\lambda_6+X_{77}\lambda_7+X_{78}\lambda_8+X_{79}\lambda_9+X_{710}\lambda_{10}+S_7^-=\theta X_{75}\\
X_{81}\lambda_1+X_{82}\lambda_2+X_{83}\lambda_3+X_{84}\lambda_4+X_{86}\lambda_6+X_{87}\lambda_7+X_{88}\lambda_8+X_{89}\lambda_9+X_{810}\lambda_{10}+S_8^-=\theta X_{85}\\
X_{91}\lambda_1+X_{92}\lambda_2+X_{93}\lambda_3+X_{94}\lambda_4+X_{96}\lambda_6+X_{97}\lambda_7+X_{98}\lambda_8+X_{99}\lambda_9+X_{910}\lambda_{10}+S_9^-=\theta X_{95}\\
X_{101}\lambda_1+X_{102}\lambda_2+X_{103}\lambda_3+X_{104}\lambda_4+X_{106}\lambda_6+X_{107}\lambda_7+X_{108}\lambda_8+X_{109}\lambda_9+X_{1010}\lambda_{10}+S_{10}^-=\theta X_{105}\\
X_{111}\lambda_1+X_{112}\lambda_2+X_{113}\lambda_3+X_{114}\lambda_4+X_{116}\lambda_6+X_{117}\lambda_7+X_{118}\lambda_8+X_{119}\lambda_9+X_{1110}\lambda_{10}+S_{11}^-=\theta X_{115}\\
X_{121}\lambda_1+X_{122}\lambda_2+X_{123}\lambda_3+X_{124}\lambda_4+X_{126}\lambda_6+X_{127}\lambda_7+X_{128}\lambda_8+X_{129}\lambda_9+X_{1210}\lambda_{10}+S_{12}^-=\theta X_{125}\\
X_{131}\lambda_1+X_{132}\lambda_2+X_{133}\lambda_3+X_{134}\lambda_4+X_{136}\lambda_6+X_{137}\lambda_7+X_{138}\lambda_8+X_{139}\lambda_9+X_{1310}\lambda_{10}+S_{13}^-=\theta X_{135}\\
X_{141}\lambda_1+X_{142}\lambda_2+X_{143}\lambda_3+X_{144}\lambda_4+X_{146}\lambda_6+X_{147}\lambda_7+X_{148}\lambda_8+X_{149}\lambda_9+X_{1410}\lambda_{10}+S_{14}^-=\theta X_{145}\\
X_{151}\lambda_1+X_{152}\lambda_2+X_{153}\lambda_3+X_{154}\lambda_4+X_{156}\lambda_6+X_{157}\lambda_7+X_{158}\lambda_8+X_{159}\lambda_9+X_{1510}\lambda_{10}+S_{15}^-=\theta X_{155}\\
X_{161}\lambda_1+X_{162}\lambda_2+X_{163}\lambda_3+X_{164}\lambda_4+X_{166}\lambda_6+X_{167}\lambda_7+X_{168}\lambda_8+X_{169}\lambda_9+X_{1610}\lambda_{10}+S_{16}^-=\theta X_{165}\\
X_{171}\lambda_1+X_{172}\lambda_2+X_{173}\lambda_3+X_{174}\lambda_4+X_{176}\lambda_6+X_{177}\lambda_7+X_{178}\lambda_8+X_{179}\lambda_9+X_{1710}\lambda_{10}+S_{17}^-=\theta X_{175}\\
X_{181}\lambda_1+X_{182}\lambda_2+X_{183}\lambda_3+X_{184}\lambda_4+X_{186}\lambda_6+X_{187}\lambda_7+X_{188}\lambda_8+X_{189}\lambda_9+X_{1810}\lambda_{10}+S_{18}^-=\theta X_{185}\\
X_{191}\lambda_1+X_{192}\lambda_2+X_{193}\lambda_3+X_{194}\lambda_4+X_{196}\lambda_6+X_{197}\lambda_7+X_{198}\lambda_8+X_{199}\lambda_9+X_{1910}\lambda_{10}+S_{19}^-=\theta X_{195}
\end{cases}
$$

$$\text{s. t.}\begin{cases}Y_{11}\lambda_1+Y_{12}\lambda_2+Y_{13}\lambda_3+Y_{14}\lambda_4+Y_{16}\lambda_6+Y_{17}\lambda_7+Y_{18}\lambda_8+Y_{19}\lambda_9+Y_{110}\lambda_{10}-S_1^+=Y_{15}\\Y_{21}\lambda_1+Y_{22}\lambda_2+Y_{23}\lambda_3+Y_{24}\lambda_4+Y_{26}\lambda_6+Y_{27}\lambda_7+Y_{28}\lambda_8+Y_{29}\lambda_9+Y_{210}\lambda_{10}-S_2^+=Y_{25}\\Y_{31}\lambda_1+Y_{32}\lambda_2+Y_{33}\lambda_3+Y_{34}\lambda_4+Y_{36}\lambda_6+Y_{37}\lambda_7+Y_{38}\lambda_8+Y_{39}\lambda_9+Y_{310}\lambda_{10}-S_3^+=Y_{35}\\Y_{41}\lambda_1+Y_{42}\lambda_2+Y_{43}\lambda_3+Y_{44}\lambda_4+Y_{46}\lambda_6+Y_{47}\lambda_7+Y_{48}\lambda_8+Y_{49}\lambda_9+Y_{410}\lambda_{10}-S_4^+=Y_{45}\\Y_{51}\lambda_1+Y_{52}\lambda_2+Y_{53}\lambda_3+Y_{54}\lambda_4+Y_{56}\lambda_6+Y_{57}\lambda_7+Y_{58}\lambda_8+Y_{59}\lambda_9+Y_{510}\lambda_{10}-S_5^+=Y_{55}\\Y_{61}\lambda_1+Y_{62}\lambda_2+Y_{63}\lambda_3+Y_{64}\lambda_4+Y_{66}\lambda_6+Y_{67}\lambda_7+Y_{68}\lambda_8+Y_{69}\lambda_9+Y_{610}\lambda_{10}-S_6^+=Y_{65}\\Y_{71}\lambda_1+Y_{72}\lambda_2+Y_{73}\lambda_3+Y_{74}\lambda_4+Y_{76}\lambda_6+Y_{77}\lambda_7+Y_{78}\lambda_8+Y_{79}\lambda_9+Y_{710}\lambda_{10}-S_7^+=Y_{75}\\Y_{81}\lambda_1+Y_{82}\lambda_2+Y_{83}\lambda_3+Y_{84}\lambda_4+Y_{86}\lambda_6+Y_{87}\lambda_7+Y_{88}\lambda_8+Y_{89}\lambda_9+Y_{810}\lambda_{10}-S_8^+=Y_{85}\\Y_{91}\lambda_1+Y_{92}\lambda_2+Y_{93}\lambda_3+Y_{94}\lambda_4+Y_{96}\lambda_6+Y_{97}\lambda_7+Y_{98}\lambda_8+Y_{99}\lambda_9+Y_{910}\lambda_{10}-S_9^+=Y_{95}\\Y_{101}\lambda_1+Y_{102}\lambda_2+Y_{103}\lambda_3+Y_{104}\lambda_4+Y_{106}\lambda_6+Y_{107}\lambda_7+Y_{108}\lambda_8+Y_{109}\lambda_9+Y_{1010}\lambda_{10}-S_{10}^+=Y_{105}\end{cases}$$

θ，S_i^-，S_r^+，$\lambda_j \geqslant 0$；$i=1$，2，3，…，19；$r=1$，2，3，…，10；$j=1$，2，3，4，6，7，8，9，10

对 DUM6 进行测评，其初始结果模型为：

$\min Z=\theta-S_1^--S_2^--S_3^--S_4^--S_5^--S_6^--S_7^--S_8^--S_9^--S_{10}^--S_{11}^--S_{12}^--S_{13}^--S_{14}^--S_{15}^--S_{16}^--S_{17}^--S_{18}^--S_{19}^-+S_1^++S_2^++S_3^++S_4^++S_5^++S_6^++S_7^++S_8^++S_9^++S_{10}^+$

$$
\text{s. t.}\begin{cases}
X_{11}\lambda_1+X_{12}\lambda_2+X_{13}\lambda_3+X_{14}\lambda_4+X_{15}\lambda_5+X_{17}\lambda_7+X_{18}\lambda_8+X_{19}\lambda_9+X_{110}\lambda_{10}+S_1^-=\theta X_{16}\\
X_{21}\lambda_1+X_{22}\lambda_2+X_{23}\lambda_3+X_{24}\lambda_4+X_{25}\lambda_5+X_{27}\lambda_7+X_{28}\lambda_8+X_{29}\lambda_9+X_{210}\lambda_{10}+S_2^-=\theta X_{26}\\
X_{31}\lambda_1+X_{32}\lambda_2+X_{33}\lambda_3+X_{34}\lambda_4+X_{35}\lambda_5+X_{37}\lambda_7+X_{38}\lambda_8+X_{39}\lambda_9+X_{310}\lambda_{10}+S_3^-=\theta X_{36}\\
X_{41}\lambda_1+X_{42}\lambda_2+X_{43}\lambda_3+X_{44}\lambda_4+X_{45}\lambda_5+X_{47}\lambda_7+X_{48}\lambda_8+X_{49}\lambda_9+X_{410}\lambda_{10}+S_4^-=\theta X_{46}\\
X_{51}\lambda_1+X_{52}\lambda_2+X_{53}\lambda_3+X_{54}\lambda_4+X_{55}\lambda_5+X_{57}\lambda_7+X_{58}\lambda_8+X_{59}\lambda_9+X_{510}\lambda_{10}+S_5^-=\theta X_{56}\\
X_{61}\lambda_1+X_{62}\lambda_2+X_{63}\lambda_3+X_{64}\lambda_4+X_{65}\lambda_5+X_{67}\lambda_7+X_{68}\lambda_8+X_{69}\lambda_9+X_{610}\lambda_{10}+S_6^-=\theta X_{66}\\
X_{71}\lambda_1+X_{72}\lambda_2+X_{73}\lambda_3+X_{74}\lambda_4+X_{75}\lambda_5+X_{77}\lambda_7+X_{78}\lambda_8+X_{79}\lambda_9+X_{710}\lambda_{10}+S_7^-=\theta X_{76}\\
X_{81}\lambda_1+X_{82}\lambda_2+X_{83}\lambda_3+X_{84}\lambda_4+X_{85}\lambda_5+X_{87}\lambda_7+X_{88}\lambda_8+X_{89}\lambda_9+X_{810}\lambda_{10}+S_8^-=\theta X_{86}\\
X_{91}\lambda_1+X_{92}\lambda_2+X_{93}\lambda_3+X_{94}\lambda_4+X_{95}\lambda_5+X_{97}\lambda_7+X_{98}\lambda_8+X_{99}\lambda_9+X_{910}\lambda_{10}+S_9^-=\theta X_{96}\\
X_{101}\lambda_1+X_{102}\lambda_2+X_{103}\lambda_3+X_{104}\lambda_4+X_{105}\lambda_5+X_{107}\lambda_7+X_{108}\lambda_8+X_{109}\lambda_9+X_{1010}\lambda_{10}+S_{10}^-=\theta X_{106}\\
X_{111}\lambda_1+X_{112}\lambda_2+X_{113}\lambda_3+X_{114}\lambda_4+X_{115}\lambda_5+X_{117}\lambda_7+X_{118}\lambda_8+X_{119}\lambda_9+X_{1110}\lambda_{10}+S_{11}^-=\theta X_{116}\\
X_{121}\lambda_1+X_{122}\lambda_2+X_{123}\lambda_3+X_{124}\lambda_4+X_{125}\lambda_5+X_{127}\lambda_7+X_{128}\lambda_8+X_{129}\lambda_9+X_{1210}\lambda_{10}+S_{12}^-=\theta X_{126}\\
X_{131}\lambda_1+X_{132}\lambda_2+X_{133}\lambda_3+X_{134}\lambda_4+X_{135}\lambda_5+X_{137}\lambda_7+X_{138}\lambda_8+X_{139}\lambda_9+X_{1310}\lambda_{10}+S_{13}^-=\theta X_{136}\\
X_{141}\lambda_1+X_{142}\lambda_2+X_{143}\lambda_3+X_{144}\lambda_4+X_{145}\lambda_5+X_{147}\lambda_7+X_{148}\lambda_8+X_{149}\lambda_9+X_{1410}\lambda_{10}+S_{14}^-=\theta X_{146}\\
X_{151}\lambda_1+X_{152}\lambda_2+X_{153}\lambda_3+X_{154}\lambda_4+X_{155}\lambda_5+X_{157}\lambda_7+X_{158}\lambda_8+X_{159}\lambda_9+X_{1510}\lambda_{10}+S_{15}^-=\theta X_{156}\\
X_{161}\lambda_1+X_{162}\lambda_2+X_{163}\lambda_3+X_{164}\lambda_4+X_{165}\lambda_5+X_{167}\lambda_7+X_{168}\lambda_8+X_{169}\lambda_9+X_{1610}\lambda_{10}+S_{16}^-=\theta X_{166}\\
X_{171}\lambda_1+X_{172}\lambda_2+X_{173}\lambda_3+X_{174}\lambda_4+X_{175}\lambda_5+X_{177}\lambda_7+X_{178}\lambda_8+X_{179}\lambda_9+X_{1710}\lambda_{10}+S_{17}^-=\theta X_{176}\\
X_{181}\lambda_1+X_{182}\lambda_2+X_{183}\lambda_3+X_{184}\lambda_4+X_{185}\lambda_5+X_{187}\lambda_7+X_{188}\lambda_8+X_{189}\lambda_9+X_{1810}\lambda_{10}+S_{18}^-=\theta X_{186}\\
X_{191}\lambda_1+X_{192}\lambda_2+X_{193}\lambda_3+X_{194}\lambda_4+X_{195}\lambda_5+X_{197}\lambda_7+X_{198}\lambda_8+X_{199}\lambda_9+X_{1910}\lambda_{10}+S_{19}^-=\theta X_{196}
\end{cases}
$$

$$\text{s.t.}\begin{cases}Y_{11}\lambda_1+Y_{12}\lambda_2+Y_{13}\lambda_3+Y_{14}\lambda_4+Y_{15}\lambda_5+Y_{17}\lambda_7+Y_{18}\lambda_8+Y_{19}\lambda_9+Y_{110}\lambda_{10}-S_1^+=Y_{16}\\Y_{21}\lambda_1+Y_{22}\lambda_2+Y_{23}\lambda_3+Y_{24}\lambda_4+Y_{25}\lambda_5+Y_{27}\lambda_7+Y_{28}\lambda_8+Y_{29}\lambda_9+Y_{210}\lambda_{10}-S_2^+=Y_{26}\\Y_{31}\lambda_1+Y_{32}\lambda_2+Y_{33}\lambda_3+Y_{34}\lambda_4+Y_{35}\lambda_5+Y_{37}\lambda_7+Y_{38}\lambda_8+Y_{39}\lambda_9+Y_{310}\lambda_{10}-S_3^+=Y_{36}\\Y_{41}\lambda_1+Y_{42}\lambda_2+Y_{43}\lambda_3+Y_{44}\lambda_4+Y_{45}\lambda_5+Y_{47}\lambda_7+Y_{48}\lambda_8+Y_{49}\lambda_9+Y_{410}\lambda_{10}-S_4^+=Y_{46}\\Y_{51}\lambda_1+Y_{52}\lambda_2+Y_{53}\lambda_3+Y_{54}\lambda_4+Y_{55}\lambda_5+Y_{57}\lambda_7+Y_{58}\lambda_8+Y_{59}\lambda_9+Y_{510}\lambda_{10}-S_5^+=Y_{56}\\Y_{61}\lambda_1+Y_{62}\lambda_2+Y_{63}\lambda_3+Y_{64}\lambda_4+Y_{65}\lambda_5+Y_{67}\lambda_7+Y_{68}\lambda_8+Y_{69}\lambda_9+Y_{610}\lambda_{10}-S_6^+=Y_{66}\\Y_{71}\lambda_1+Y_{72}\lambda_2+Y_{73}\lambda_3+Y_{74}\lambda_4+Y_{75}\lambda_5+Y_{77}\lambda_7+Y_{78}\lambda_8+Y_{79}\lambda_9+Y_{710}\lambda_{10}-S_7^+=Y_{76}\\Y_{81}\lambda_1+Y_{82}\lambda_2+Y_{83}\lambda_3+Y_{84}\lambda_4+Y_{85}\lambda_5+Y_{87}\lambda_7+Y_{88}\lambda_8+Y_{89}\lambda_9+Y_{810}\lambda_{10}-S_8^+=Y_{86}\\Y_{91}\lambda_1+Y_{92}\lambda_2+Y_{93}\lambda_3+Y_{94}\lambda_4+Y_{95}\lambda_5+Y_{97}\lambda_7+Y_{98}\lambda_8+Y_{99}\lambda_9+Y_{910}\lambda_{10}-S_9^+=Y_{96}\\Y_{101}\lambda_1+Y_{102}\lambda_2+Y_{103}\lambda_3+Y_{104}\lambda_4+Y_{105}\lambda_5+Y_{107}\lambda_7+Y_{108}\lambda_8+Y_{109}\lambda_9+Y_{1010}\lambda_{10}-S_{10}^+=Y_{106}\end{cases}$$

θ，S_i^-，S_r^+，$\lambda_j \geqslant 0$；$i=1$，2，3，…，19；$r=1$，2，3，…，10；$j=1$，2，3，4，5，7，8，9，10

对 DUM7 进行测评，其初始结果模型为：

$$\min Z=\theta-S_1^--S_2^--S_3^--S_4^--S_5^--S_6^--S_7^--S_8^--S_9^--S_{10}^--S_{11}^--S_{12}^--S_{13}^--S_{14}^--S_{15}^--S_{16}^--S_{17}^--S_{18}^--S_{19}^-+S_1^++S_2^++S_3^++S_4^++S_5^++S_6^++S_7^++S_8^++S_9^++S_{10}^+$$

$$
\text{s. t.}\begin{cases}
X_{11}\lambda_1+X_{12}\lambda_2+X_{13}\lambda_3+X_{14}\lambda_4+X_{15}\lambda_5+X_{16}\lambda_6+X_{18}\lambda_8+X_{19}\lambda_9+X_{110}\lambda_{10}+S_1^-=\theta X_{17}\\
X_{21}\lambda_1+X_{22}\lambda_2+X_{23}\lambda_3+X_{24}\lambda_4+X_{25}\lambda_5+X_{26}\lambda_6+X_{28}\lambda_8+X_{29}\lambda_9+X_{210}\lambda_{10}+S_2^-=\theta X_{27}\\
X_{31}\lambda_1+X_{32}\lambda_2+X_{33}\lambda_3+X_{34}\lambda_4+X_{35}\lambda_5+X_{36}\lambda_6+X_{38}\lambda_8+X_{39}\lambda_9+X_{310}\lambda_{10}+S_3^-=\theta X_{37}\\
X_{41}\lambda_1+X_{42}\lambda_2+X_{43}\lambda_3+X_{44}\lambda_4+X_{45}\lambda_5+X_{46}\lambda_6+X_{48}\lambda_8+X_{49}\lambda_9+X_{410}\lambda_{10}+S_4^-=\theta X_{47}\\
X_{51}\lambda_1+X_{52}\lambda_2+X_{53}\lambda_3+X_{54}\lambda_4+X_{55}\lambda_5+X_{56}\lambda_6+X_{58}\lambda_8+X_{59}\lambda_9+X_{510}\lambda_{10}+S_5^-=\theta X_{57}\\
X_{61}\lambda_1+X_{62}\lambda_2+X_{63}\lambda_3+X_{64}\lambda_4+X_{65}\lambda_5+X_{66}\lambda_6+X_{68}\lambda_8+X_{69}\lambda_9+X_{610}\lambda_{10}+S_6^-=\theta X_{67}\\
X_{71}\lambda_1+X_{72}\lambda_2+X_{73}\lambda_3+X_{74}\lambda_4+X_{75}\lambda_5+X_{76}\lambda_6+X_{78}\lambda_8+X_{79}\lambda_9+X_{710}\lambda_{10}+S_7^-=\theta X_{77}\\
X_{81}\lambda_1+X_{82}\lambda_2+X_{83}\lambda_3+X_{84}\lambda_4+X_{85}\lambda_5+X_{86}\lambda_6+X_{88}\lambda_8+X_{89}\lambda_9+X_{810}\lambda_{10}+S_8^-=\theta X_{87}\\
X_{91}\lambda_1+X_{92}\lambda_2+X_{93}\lambda_3+X_{94}\lambda_4+X_{95}\lambda_5+X_{96}\lambda_6+X_{98}\lambda_8+X_{99}\lambda_9+X_{910}\lambda_{10}+S_9^-=\theta X_{97}\\
X_{101}\lambda_1+X_{102}\lambda_2+X_{103}\lambda_3+X_{104}\lambda_4+X_{105}\lambda_5+X_{106}\lambda_6+X_{108}\lambda_8+X_{109}\lambda_9+X_{1010}\lambda_{10}+S_{10}^-=\theta X_{107}\\
X_{111}\lambda_1+X_{112}\lambda_2+X_{113}\lambda_3+X_{114}\lambda_4+X_{115}\lambda_5+X_{116}\lambda_6+X_{118}\lambda_8+X_{119}\lambda_9+X_{1110}\lambda_{10}+S_{11}^-=\theta X_{117}\\
X_{121}\lambda_1+X_{122}\lambda_2+X_{123}\lambda_3+X_{124}\lambda_4+X_{125}\lambda_5+X_{126}\lambda_6+X_{128}\lambda_8+X_{129}\lambda_9+X_{1210}\lambda_{10}+S_{12}^-=\theta X_{127}\\
X_{131}\lambda_1+X_{132}\lambda_2+X_{133}\lambda_3+X_{134}\lambda_4+X_{135}\lambda_5+X_{136}\lambda_6+X_{138}\lambda_8+X_{139}\lambda_9+X_{1310}\lambda_{10}+S_{13}^-=\theta X_{137}\\
X_{141}\lambda_1+X_{142}\lambda_2+X_{143}\lambda_3+X_{144}\lambda_4+X_{145}\lambda_5+X_{146}\lambda_6+X_{148}\lambda_8+X_{149}\lambda_9+X_{1410}\lambda_{10}+S_{14}^-=\theta X_{147}\\
X_{151}\lambda_1+X_{152}\lambda_2+X_{153}\lambda_3+X_{154}\lambda_4+X_{155}\lambda_5+X_{156}\lambda_6+X_{158}\lambda_8+X_{159}\lambda_9+X_{1510}\lambda_{10}+S_{15}^-=\theta X_{157}\\
X_{161}\lambda_1+X_{162}\lambda_2+X_{163}\lambda_3+X_{164}\lambda_4+X_{165}\lambda_5+X_{166}\lambda_6+X_{168}\lambda_8+X_{169}\lambda_9+X_{1610}\lambda_{10}+S_{16}^-=\theta X_{167}\\
X_{171}\lambda_1+X_{172}\lambda_2+X_{173}\lambda_3+X_{174}\lambda_4+X_{175}\lambda_5+X_{176}\lambda_6+X_{178}\lambda_8+X_{179}\lambda_9+X_{1710}\lambda_{10}+S_{17}^-=\theta X_{177}\\
X_{181}\lambda_1+X_{182}\lambda_2+X_{183}\lambda_3+X_{184}\lambda_4+X_{185}\lambda_5+X_{186}\lambda_6+X_{188}\lambda_8+X_{189}\lambda_9+X_{1810}\lambda_{10}+S_{18}^-=\theta X_{187}\\
X_{191}\lambda_1+X_{192}\lambda_2+X_{193}\lambda_3+X_{194}\lambda_4+X_{195}\lambda_5+X_{196}\lambda_6+X_{198}\lambda_8+X_{199}\lambda_9+X_{1910}\lambda_{10}+S_{19}^-=\theta X_{197}
\end{cases}
$$

$$\text{s.t.}\begin{cases}Y_{11}\lambda_1+Y_{12}\lambda_2+Y_{13}\lambda_3+Y_{14}\lambda_4+Y_{15}\lambda_5+Y_{16}\lambda_6+Y_{18}\lambda_8+Y_{19}\lambda_9+Y_{110}\lambda_{10}-S_1^+=Y_{17}\\Y_{21}\lambda_1+Y_{22}\lambda_2+Y_{23}\lambda_3+Y_{24}\lambda_4+Y_{25}\lambda_5+Y_{26}\lambda_6+Y_{28}\lambda_8+Y_{29}\lambda_9+Y_{210}\lambda_{10}-S_2^+=Y_{27}\\Y_{31}\lambda_1+Y_{32}\lambda_2+Y_{33}\lambda_3+Y_{34}\lambda_4+Y_{35}\lambda_5+Y_{36}\lambda_6+Y_{38}\lambda_8+Y_{39}\lambda_9+Y_{310}\lambda_{10}-S_3^+=Y_{37}\\Y_{41}\lambda_1+Y_{42}\lambda_2+Y_{43}\lambda_3+Y_{44}\lambda_4+Y_{45}\lambda_5+Y_{46}\lambda_6+Y_{48}\lambda_8+Y_{49}\lambda_9+Y_{410}\lambda_{10}-S_4^+=Y_{47}\\Y_{51}\lambda_1+Y_{52}\lambda_2+Y_{53}\lambda_3+Y_{54}\lambda_4+Y_{55}\lambda_5+Y_{56}\lambda_6+Y_{58}\lambda_8+Y_{59}\lambda_9+Y_{510}\lambda_{10}-S_5^+=Y_{57}\\Y_{61}\lambda_1+Y_{62}\lambda_2+Y_{63}\lambda_3+Y_{64}\lambda_4+Y_{65}\lambda_5+Y_{66}\lambda_6+Y_{68}\lambda_8+Y_{69}\lambda_9+Y_{610}\lambda_{10}-S_6^+=Y_{67}\\Y_{71}\lambda_1+Y_{72}\lambda_2+Y_{73}\lambda_3+Y_{74}\lambda_4+Y_{75}\lambda_5+Y_{76}\lambda_6+Y_{78}\lambda_8+Y_{79}\lambda_9+Y_{710}\lambda_{10}-S_7^+=Y_{77}\\Y_{81}\lambda_1+Y_{82}\lambda_2+Y_{83}\lambda_3+Y_{84}\lambda_4+Y_{85}\lambda_5+Y_{86}\lambda_6+Y_{88}\lambda_8+Y_{89}\lambda_9+Y_{810}\lambda_{10}-S_8^+=Y_{87}\\Y_{91}\lambda_1+Y_{92}\lambda_2+Y_{93}\lambda_3+Y_{94}\lambda_4+Y_{95}\lambda_5+Y_{96}\lambda_6+Y_{98}\lambda_8+Y_{99}\lambda_9+Y_{910}\lambda_{10}-S_9^+=Y_{97}\\Y_{101}\lambda_1+Y_{102}\lambda_2+Y_{103}\lambda_3+Y_{104}\lambda_4+Y_{105}\lambda_5+Y_{106}\lambda_6+Y_{108}\lambda_8+Y_{109}\lambda_9+Y_{1010}\lambda_{10}-S_{10}^+=Y_{107}\end{cases}$$

θ，S_i^-，S_r^+，$\lambda_j \geqslant 0$；$i=1$，2，3，…，19；$r=1$，2，3，…，10；$j=1$，2，3，4，5，6，8，9，10

对 DUM8 进行测评，其初始结果模型为：

$$\min Z=\theta-S_1^--S_2^--S_3^--S_4^--S_5^--S_6^--S_7^--S_8^--S_9^--S_{10}^--S_{11}^--S_{12}^--S_{13}^--S_{14}^--S_{15}^--S_{16}^--S_{17}^--S_{18}^--S_{19}^-+S_1^++S_2^++S_3^++S_4^++S_5^++S_6^++S_7^++S_8^++S_9^++S_{10}^+$$

$$
\text{s. t.}\begin{cases}
X_{11}\lambda_1+X_{12}\lambda_2+X_{13}\lambda_3+X_{14}\lambda_4+X_{15}\lambda_5+X_{16}\lambda_6+X_{17}\lambda_7+X_{19}\lambda_9+X_{110}\lambda_{10}+S_1^-=\theta X_{18}\\
X_{21}\lambda_1+X_{22}\lambda_2+X_{23}\lambda_3+X_{24}\lambda_4+X_{25}\lambda_5+X_{26}\lambda_6+X_{27}\lambda_7+X_{29}\lambda_9+X_{210}\lambda_{10}+S_2^-=\theta X_{28}\\
X_{31}\lambda_1+X_{32}\lambda_2+X_{33}\lambda_3+X_{34}\lambda_4+X_{35}\lambda_5+X_{36}\lambda_6+X_{37}\lambda_7+X_{39}\lambda_9+X_{310}\lambda_{10}+S_3^-=\theta X_{38}\\
X_{41}\lambda_1+X_{42}\lambda_2+X_{43}\lambda_3+X_{44}\lambda_4+X_{45}\lambda_5+X_{46}\lambda_6+X_{47}\lambda_7+X_{49}\lambda_9+X_{410}\lambda_{10}+S_4^-=\theta X_{48}\\
X_{51}\lambda_1+X_{52}\lambda_2+X_{53}\lambda_3+X_{54}\lambda_4+X_{55}\lambda_5+X_{56}\lambda_6+X_{57}\lambda_7+X_{59}\lambda_9+X_{510}\lambda_{10}+S_5^-=\theta X_{58}\\
X_{61}\lambda_1+X_{62}\lambda_2+X_{63}\lambda_3+X_{64}\lambda_4+X_{65}\lambda_5+X_{66}\lambda_6+X_{67}\lambda_7+X_{69}\lambda_9+X_{610}\lambda_{10}+S_6^-=\theta X_{68}\\
X_{71}\lambda_1+X_{72}\lambda_2+X_{73}\lambda_3+X_{74}\lambda_4+X_{75}\lambda_5+X_{76}\lambda_6+X_{77}\lambda_7+X_{79}\lambda_9+X_{710}\lambda_{10}+S_7^-=\theta X_{78}\\
X_{81}\lambda_1+X_{82}\lambda_2+X_{83}\lambda_3+X_{84}\lambda_4+X_{85}\lambda_5+X_{86}\lambda_6+X_{87}\lambda_7+X_{89}\lambda_9+X_{810}\lambda_{10}+S_8^-=\theta X_{88}\\
X_{91}\lambda_1+X_{92}\lambda_2+X_{93}\lambda_3+X_{94}\lambda_4+X_{95}\lambda_5+X_{96}\lambda_6+X_{97}\lambda_7+X_{99}\lambda_9+X_{910}\lambda_{10}+S_9^-=\theta X_{98}\\
X_{101}\lambda_1+X_{102}\lambda_2+X_{103}\lambda_3+X_{104}\lambda_4+X_{105}\lambda_5+X_{106}\lambda_6+X_{107}\lambda_7+X_{109}\lambda_9+X_{1010}\lambda_{10}+S_{10}^-=\theta X_{108}\\
X_{111}\lambda_1+X_{112}\lambda_2+X_{113}\lambda_3+X_{114}\lambda_4+X_{115}\lambda_5+X_{116}\lambda_6+X_{117}\lambda_7+X_{119}\lambda_9+X_{1110}\lambda_{10}+S_{11}^-=\theta X_{118}\\
X_{121}\lambda_1+X_{122}\lambda_2+X_{123}\lambda_3+X_{124}\lambda_4+X_{125}\lambda_5+X_{126}\lambda_6+X_{127}\lambda_7+X_{129}\lambda_9+X_{1210}\lambda_{10}+S_{12}^-=\theta X_{128}\\
X_{131}\lambda_1+X_{132}\lambda_2+X_{133}\lambda_3+X_{134}\lambda_4+X_{135}\lambda_5+X_{136}\lambda_6+X_{137}\lambda_7+X_{139}\lambda_9+X_{1310}\lambda_{10}+S_{13}^-=\theta X_{138}\\
X_{141}\lambda_1+X_{142}\lambda_2+X_{143}\lambda_3+X_{144}\lambda_4+X_{145}\lambda_5+X_{146}\lambda_6+X_{147}\lambda_7+X_{149}\lambda_9+X_{1410}\lambda_{10}+S_{14}^-=\theta X_{148}\\
X_{151}\lambda_1+X_{152}\lambda_2+X_{153}\lambda_3+X_{154}\lambda_4+X_{155}\lambda_5+X_{156}\lambda_6+X_{157}\lambda_7+X_{159}\lambda_9+X_{1510}\lambda_{10}+S_{15}^-=\theta X_{158}\\
X_{161}\lambda_1+X_{162}\lambda_2+X_{163}\lambda_3+X_{164}\lambda_4+X_{165}\lambda_5+X_{166}\lambda_6+X_{167}\lambda_7+X_{169}\lambda_9+X_{1610}\lambda_{10}+S_{16}^-=\theta X_{168}\\
X_{171}\lambda_1+X_{172}\lambda_2+X_{173}\lambda_3+X_{174}\lambda_4+X_{175}\lambda_5+X_{176}\lambda_6+X_{177}\lambda_7+X_{179}\lambda_9+X_{1710}\lambda_{10}+S_{17}^-=\theta X_{178}\\
X_{181}\lambda_1+X_{182}\lambda_2+X_{183}\lambda_3+X_{184}\lambda_4+X_{185}\lambda_5+X_{186}\lambda_6+X_{187}\lambda_7+X_{189}\lambda_9+X_{1810}\lambda_{10}+S_{18}^-=\theta X_{188}\\
X_{191}\lambda_1+X_{192}\lambda_2+X_{193}\lambda_3+X_{194}\lambda_4+X_{195}\lambda_5+X_{196}\lambda_6+X_{197}\lambda_7+X_{199}\lambda_9+X_{1910}\lambda_{10}+S_{19}^-=\theta X_{198}
\end{cases}
$$

$$
\text{s.t.}\begin{cases}
Y_{11}\lambda_1+Y_{12}\lambda_2+Y_{13}\lambda_3+Y_{14}\lambda_4+Y_{15}\lambda_5+Y_{16}\lambda_6+Y_{17}\lambda_7+Y_{19}\lambda_9+Y_{110}\lambda_{10}-S_1^+=Y_{18}\\
Y_{21}\lambda_1+Y_{22}\lambda_2+Y_{23}\lambda_3+Y_{24}\lambda_4+Y_{25}\lambda_5+Y_{26}\lambda_6+Y_{27}\lambda_7+Y_{29}\lambda_9+Y_{210}\lambda_{10}-S_2^+=Y_{28}\\
Y_{31}\lambda_1+Y_{32}\lambda_2+Y_{33}\lambda_3+Y_{34}\lambda_4+Y_{35}\lambda_5+Y_{36}\lambda_6+Y_{37}\lambda_7+Y_{39}\lambda_9+Y_{310}\lambda_{10}-S_3^+=Y_{38}\\
Y_{41}\lambda_1+Y_{42}\lambda_2+Y_{43}\lambda_3+Y_{44}\lambda_4+Y_{45}\lambda_5+Y_{46}\lambda_6+Y_{47}\lambda_7+Y_{49}\lambda_9+Y_{410}\lambda_{10}-S_4^+=Y_{48}\\
Y_{51}\lambda_1+Y_{52}\lambda_2+Y_{53}\lambda_3+Y_{54}\lambda_4+Y_{55}\lambda_5+Y_{56}\lambda_6+Y_{57}\lambda_7+Y_{59}\lambda_9+Y_{510}\lambda_{10}-S_5^+=Y_{58}\\
Y_{61}\lambda_1+Y_{62}\lambda_2+Y_{63}\lambda_3+Y_{64}\lambda_4+Y_{65}\lambda_5+Y_{66}\lambda_6+Y_{67}\lambda_7+Y_{69}\lambda_9+Y_{610}\lambda_{10}-S_6^+=Y_{68}\\
Y_{71}\lambda_1+Y_{72}\lambda_2+Y_{73}\lambda_3+Y_{74}\lambda_4+Y_{75}\lambda_5+Y_{76}\lambda_6+Y_{77}\lambda_7+Y_{79}\lambda_9+Y_{710}\lambda_{10}-S_7^+=Y_{78}\\
Y_{81}\lambda_1+Y_{82}\lambda_2+Y_{83}\lambda_3+Y_{84}\lambda_4+Y_{85}\lambda_5+Y_{86}\lambda_6+Y_{87}\lambda_7+Y_{89}\lambda_9+Y_{810}\lambda_{10}-S_8^+=Y_{88}\\
Y_{91}\lambda_1+Y_{92}\lambda_2+Y_{93}\lambda_3+Y_{94}\lambda_4+Y_{95}\lambda_5+Y_{96}\lambda_6+Y_{97}\lambda_7+Y_{99}\lambda_9+Y_{910}\lambda_{10}-S_9^+=Y_{98}\\
Y_{101}\lambda_1+Y_{102}\lambda_2+Y_{103}\lambda_3+Y_{104}\lambda_4+Y_{105}\lambda_5+Y_{106}\lambda_6+Y_{107}\lambda_7+Y_{109}\lambda_9+Y_{1010}\lambda_{10}-S_{10}^+=Y_{108}
\end{cases}
$$

θ，S_i^-，S_r^+，$\lambda_j \geqslant 0$；$i=1$，2，3，…，19；$r=1$，2，3，…，10；$j=1$，2，3，4，5，6，7，9，10

对 DUM9 进行测评，其初始结果模型为：

$$
\min Z=\theta-S_1^--S_2^--S_3^--S_4^--S_5^--S_6^--S_7^--S_8^--S_9^--S_{10}^--S_{11}^--S_{12}^--S_{13}^--S_{14}^--S_{15}^--S_{16}^--S_{17}^--S_{18}^--S_{19}^-+S_1^++S_2^++S_3^++S_4^++S_5^++S_6^++S_7^++S_8^++S_9^++S_{10}^+
$$

$$
\text{s. t.}\begin{cases}
X_{11}\lambda_1+X_{12}\lambda_2+X_{13}\lambda_3+X_{14}\lambda_4+X_{15}\lambda_5+X_{16}\lambda_6+X_{17}\lambda_7+X_{18}\lambda_8+X_{110}\lambda_{10}+S_1^-=\theta X_{19}\\
X_{21}\lambda_1+X_{22}\lambda_2+X_{23}\lambda_3+X_{24}\lambda_4+X_{25}\lambda_5+X_{26}\lambda_6+X_{27}\lambda_7+X_{28}\lambda_8+X_{210}\lambda_{10}+S_2^-=\theta X_{29}\\
X_{31}\lambda_1+X_{32}\lambda_2+X_{33}\lambda_3+X_{34}\lambda_4+X_{35}\lambda_5+X_{36}\lambda_6+X_{37}\lambda_7+X_{38}\lambda_8+X_{310}\lambda_{10}+S_3^-=\theta X_{39}\\
X_{41}\lambda_1+X_{42}\lambda_2+X_{43}\lambda_3+X_{44}\lambda_4+X_{45}\lambda_5+X_{46}\lambda_6+X_{47}\lambda_7+X_{48}\lambda_8+X_{410}\lambda_{10}+S_4^-=\theta X_{49}\\
X_{51}\lambda_1+X_{52}\lambda_2+X_{53}\lambda_3+X_{54}\lambda_4+X_{55}\lambda_5+X_{56}\lambda_6+X_{57}\lambda_7+X_{58}\lambda_8+X_{510}\lambda_{10}+S_5^-=\theta X_{59}\\
X_{61}\lambda_1+X_{62}\lambda_2+X_{63}\lambda_3+X_{64}\lambda_4+X_{65}\lambda_5+X_{66}\lambda_6+X_{67}\lambda_7+X_{68}\lambda_8+X_{610}\lambda_{10}+S_6^-=\theta X_{69}\\
X_{71}\lambda_1+X_{72}\lambda_2+X_{73}\lambda_3+X_{74}\lambda_4+X_{75}\lambda_5+X_{76}\lambda_6+X_{77}\lambda_7+X_{78}\lambda_8+X_{710}\lambda_{10}+S_7^-=\theta X_{79}\\
X_{81}\lambda_1+X_{82}\lambda_2+X_{83}\lambda_3+X_{84}\lambda_4+X_{85}\lambda_5+X_{86}\lambda_6+X_{87}\lambda_7+X_{88}\lambda_8+X_{810}\lambda_{10}+S_8^-=\theta X_{89}\\
X_{91}\lambda_1+X_{92}\lambda_2+X_{93}\lambda_3+X_{94}\lambda_4+X_{95}\lambda_5+X_{96}\lambda_6+X_{97}\lambda_7+X_{98}\lambda_8+X_{910}\lambda_{10}+S_9^-=\theta X_{99}\\
X_{101}\lambda_1+X_{102}\lambda_2+X_{103}\lambda_3+X_{104}\lambda_4+X_{105}\lambda_5+X_{106}\lambda_6+X_{107}\lambda_7+X_{108}\lambda_8+X_{1010}\lambda_{10}+S_{10}^-=\theta X_{109}\\
X_{111}\lambda_1+X_{112}\lambda_2+X_{113}\lambda_3+X_{114}\lambda_4+X_{115}\lambda_5+X_{116}\lambda_6+X_{117}\lambda_7+X_{118}\lambda_8+X_{1110}\lambda_{10}+S_{11}^-=\theta X_{119}\\
X_{121}\lambda_1+X_{122}\lambda_2+X_{123}\lambda_3+X_{124}\lambda_4+X_{125}\lambda_5+X_{126}\lambda_6+X_{127}\lambda_7+X_{128}\lambda_8+X_{1210}\lambda_{10}+S_{12}^-=\theta X_{129}\\
X_{131}\lambda_1+X_{132}\lambda_2+X_{133}\lambda_3+X_{134}\lambda_4+X_{135}\lambda_5+X_{136}\lambda_6+X_{137}\lambda_7+X_{138}\lambda_8+X_{1310}\lambda_{10}+S_{13}^-=\theta X_{139}\\
X_{141}\lambda_1+X_{142}\lambda_2+X_{143}\lambda_3+X_{144}\lambda_4+X_{145}\lambda_5+X_{146}\lambda_6+X_{147}\lambda_7+X_{148}\lambda_8+X_{1410}\lambda_{10}+S_{14}^-=\theta X_{149}\\
X_{151}\lambda_1+X_{152}\lambda_2+X_{153}\lambda_3+X_{154}\lambda_4+X_{155}\lambda_5+X_{156}\lambda_6+X_{157}\lambda_7+X_{158}\lambda_8+X_{1510}\lambda_{10}+S_{15}^-=\theta X_{159}\\
X_{161}\lambda_1+X_{162}\lambda_2+X_{163}\lambda_3+X_{164}\lambda_4+X_{165}\lambda_5+X_{166}\lambda_6+X_{167}\lambda_7+X_{168}\lambda_8+X_{1610}\lambda_{10}+S_{16}^-=\theta X_{169}\\
X_{171}\lambda_1+X_{172}\lambda_2+X_{173}\lambda_3+X_{174}\lambda_4+X_{175}\lambda_5+X_{176}\lambda_6+X_{177}\lambda_7+X_{178}\lambda_8+X_{1710}\lambda_{10}+S_{17}^-=\theta X_{179}\\
X_{181}\lambda_1+X_{182}\lambda_2+X_{183}\lambda_3+X_{184}\lambda_4+X_{185}\lambda_5+X_{186}\lambda_6+X_{187}\lambda_7+X_{188}\lambda_8+X_{1810}\lambda_{10}+S_{18}^-=\theta X_{189}\\
X_{191}\lambda_1+X_{192}\lambda_2+X_{193}\lambda_3+X_{194}\lambda_4+X_{195}\lambda_5+X_{196}\lambda_6+X_{197}\lambda_7+X_{198}\lambda_8+X_{1910}\lambda_{10}+S_{19}^-=\theta X_{199}
\end{cases}
$$

$$
\text{s.t.}\begin{cases}
Y_{11}\lambda_1+Y_{12}\lambda_2+Y_{13}\lambda_3+Y_{14}\lambda_4+Y_{15}\lambda_5+Y_{16}\lambda_6+Y_{17}\lambda_7+Y_{18}\lambda_8+Y_{110}\lambda_{10}-S_1^+=Y_{19}\\
Y_{21}\lambda_1+Y_{22}\lambda_2+Y_{23}\lambda_3+Y_{24}\lambda_4+Y_{25}\lambda_5+Y_{26}\lambda_6+Y_{27}\lambda_7+Y_{28}\lambda_8+Y_{210}\lambda_{10}-S_2^+=Y_{29}\\
Y_{31}\lambda_1+Y_{32}\lambda_2+Y_{33}\lambda_3+Y_{34}\lambda_4+Y_{35}\lambda_5+Y_{36}\lambda_6+Y_{37}\lambda_7+Y_{38}\lambda_8+Y_{310}\lambda_{10}-S_3^+=Y_{39}\\
Y_{41}\lambda_1+Y_{42}\lambda_2+Y_{43}\lambda_3+Y_{44}\lambda_4+Y_{45}\lambda_5+Y_{46}\lambda_6+Y_{47}\lambda_7+Y_{48}\lambda_8+Y_{410}\lambda_{10}-S_4^+=Y_{49}\\
Y_{51}\lambda_1+Y_{52}\lambda_2+Y_{53}\lambda_3+Y_{54}\lambda_4+Y_{55}\lambda_5+Y_{56}\lambda_6+Y_{57}\lambda_7+Y_{58}\lambda_8+Y_{510}\lambda_{10}-S_5^+=Y_{59}\\
Y_{61}\lambda_1+Y_{62}\lambda_2+Y_{63}\lambda_3+Y_{64}\lambda_4+Y_{65}\lambda_5+Y_{66}\lambda_6+Y_{67}\lambda_7+Y_{68}\lambda_8+Y_{610}\lambda_{10}-S_6^+=Y_{69}\\
Y_{71}\lambda_1+Y_{72}\lambda_2+Y_{73}\lambda_3+Y_{74}\lambda_4+Y_{75}\lambda_5+Y_{76}\lambda_6+Y_{77}\lambda_7+Y_{78}\lambda_8+Y_{710}\lambda_{10}-S_7^+=Y_{79}\\
Y_{81}\lambda_1+Y_{82}\lambda_2+Y_{83}\lambda_3+Y_{84}\lambda_4+Y_{85}\lambda_5+Y_{86}\lambda_6+Y_{87}\lambda_7+Y_{88}\lambda_8+Y_{810}\lambda_{10}-S_8^+=Y_{89}\\
Y_{91}\lambda_1+Y_{92}\lambda_2+Y_{93}\lambda_3+Y_{94}\lambda_4+Y_{95}\lambda_5+Y_{96}\lambda_6+Y_{97}\lambda_7+Y_{98}\lambda_8+Y_{910}\lambda_{10}-S_9^+=Y_{99}\\
Y_{101}\lambda_1+Y_{102}\lambda_2+Y_{103}\lambda_3+Y_{104}\lambda_4+Y_{105}\lambda_5+Y_{106}\lambda_6+Y_{107}\lambda_7+Y_{108}\lambda_8+Y_{1010}\lambda_{10}-S_{10}^+=Y_{109}
\end{cases}
$$

θ，S_i^-，S_r^+，$\lambda_j \geqslant 0$；$i=1$，2，3，…，19；$r=1$，2，3，…，10；$j=1$，2，3，4，5，6，7，8，10

对 DUM10 进行测评，其初始结果模型为：

$$\min Z=\theta-S_1^--S_2^--S_3^--S_4^--S_5^--S_6^--S_7^--S_8^--S_9^--S_{10}^--S_{11}^--S_{12}^--S_{13}^--S_{14}^--S_{15}^--S_{16}^--S_{17}^--S_{18}^--S_{19}^-+S_1^++S_2^++S_3^++S_4^++S_5^++S_6^++S_7^++S_8^++S_9^++S_{10}^+$$

$$
\text{s. t.} \begin{cases}
X_{11}\lambda_1+X_{12}\lambda_2+X_{13}\lambda_3+X_{14}\lambda_4+X_{15}\lambda_5+X_{16}\lambda_6+X_{17}\lambda_7+X_{18}\lambda_8+X_{19}\lambda_9+S_1^-=\theta X_{110} \\
X_{21}\lambda_1+X_{22}\lambda_2+X_{23}\lambda_3+X_{24}\lambda_4+X_{25}\lambda_5+X_{26}\lambda_6+X_{27}\lambda_7+X_{28}\lambda_8+X_{29}\lambda_9+S_2^-=\theta X_{210} \\
X_{31}\lambda_1+X_{32}\lambda_2+X_{33}\lambda_3+X_{34}\lambda_4+X_{35}\lambda_5+X_{36}\lambda_6+X_{37}\lambda_7+X_{38}\lambda_8+X_{39}\lambda_9+S_3^-=\theta X_{310} \\
X_{41}\lambda_1+X_{42}\lambda_2+X_{43}\lambda_3+X_{44}\lambda_4+X_{45}\lambda_5+X_{46}\lambda_6+X_{47}\lambda_7+X_{48}\lambda_8+X_{49}\lambda_9+S_4^-=\theta X_{410} \\
X_{51}\lambda_1+X_{52}\lambda_2+X_{53}\lambda_3+X_{54}\lambda_4+X_{55}\lambda_5+X_{56}\lambda_6+X_{57}\lambda_7+X_{58}\lambda_8+X_{59}\lambda_9+S_5^-=\theta X_{510} \\
X_{61}\lambda_1+X_{62}\lambda_2+X_{63}\lambda_3+X_{64}\lambda_4+X_{65}\lambda_5+X_{66}\lambda_6+X_{67}\lambda_7+X_{68}\lambda_8+X_{69}\lambda_9+S_6^-=\theta X_{610} \\
X_{71}\lambda_1+X_{72}\lambda_2+X_{73}\lambda_3+X_{74}\lambda_4+X_{75}\lambda_5+X_{76}\lambda_6+X_{77}\lambda_7+X_{78}\lambda_8+X_{79}\lambda_9+S_7^-=\theta X_{710} \\
X_{81}\lambda_1+X_{82}\lambda_2+X_{83}\lambda_3+X_{84}\lambda_4+X_{85}\lambda_5+X_{86}\lambda_6+X_{87}\lambda_7+X_{88}\lambda_8+X_{89}\lambda_9+S_8^-=\theta X_{810} \\
X_{91}\lambda_1+X_{92}\lambda_2+X_{93}\lambda_3+X_{94}\lambda_4+X_{95}\lambda_5+X_{96}\lambda_6+X_{97}\lambda_7+X_{98}\lambda_8+X_{99}\lambda_9+S_9^-=\theta X_{910} \\
X_{101}\lambda_1+X_{102}\lambda_2+X_{103}\lambda_3+X_{104}\lambda_4+X_{105}\lambda_5+X_{106}\lambda_6+X_{107}\lambda_7+X_{108}\lambda_8+X_{109}\lambda_9+S_{10}^-=\theta X_{1010} \\
X_{111}\lambda_1+X_{112}\lambda_2+X_{113}\lambda_3+X_{114}\lambda_4+X_{115}\lambda_5+X_{116}\lambda_6+X_{117}\lambda_7+X_{118}\lambda_8+X_{119}\lambda_9+S_{11}^-=\theta X_{1110} \\
X_{121}\lambda_1+X_{122}\lambda_2+X_{123}\lambda_3+X_{124}\lambda_4+X_{125}\lambda_5+X_{126}\lambda_6+X_{127}\lambda_7+X_{128}\lambda_8+X_{129}\lambda_9+S_{12}^-=\theta X_{1210} \\
X_{131}\lambda_1+X_{132}\lambda_2+X_{133}\lambda_3+X_{134}\lambda_4+X_{135}\lambda_5+X_{136}\lambda_6+X_{137}\lambda_7+X_{138}\lambda_8+X_{139}\lambda_9+S_{13}^-=\theta X_{1310} \\
X_{141}\lambda_1+X_{142}\lambda_2+X_{143}\lambda_3+X_{144}\lambda_4+X_{145}\lambda_5+X_{146}\lambda_6+X_{147}\lambda_7+X_{148}\lambda_8+X_{149}\lambda_9+S_{14}^-=\theta X_{1410} \\
X_{151}\lambda_1+X_{152}\lambda_2+X_{153}\lambda_3+X_{154}\lambda_4+X_{155}\lambda_5+X_{156}\lambda_6+X_{157}\lambda_7+X_{158}\lambda_8+X_{159}\lambda_9+S_{15}^-=\theta X_{1510} \\
X_{161}\lambda_1+X_{162}\lambda_2+X_{163}\lambda_3+X_{164}\lambda_4+X_{165}\lambda_5+X_{166}\lambda_6+X_{167}\lambda_7+X_{168}\lambda_8+X_{169}\lambda_9+S_{16}^-=\theta X_{1610} \\
X_{171}\lambda_1+X_{172}\lambda_2+X_{173}\lambda_3+X_{174}\lambda_4+X_{175}\lambda_5+X_{176}\lambda_6+X_{177}\lambda_7+X_{178}\lambda_8+X_{179}\lambda_9+S_{17}^-=\theta X_{1710} \\
X_{181}\lambda_1+X_{182}\lambda_2+X_{183}\lambda_3+X_{184}\lambda_4+X_{185}\lambda_5+X_{186}\lambda_6+X_{187}\lambda_7+X_{188}\lambda_8+X_{189}\lambda_9+S_{18}^-=\theta X_{1810} \\
X_{191}\lambda_1+X_{192}\lambda_2+X_{193}\lambda_3+X_{194}\lambda_4+X_{195}\lambda_5+X_{196}\lambda_6+X_{197}\lambda_7+X_{198}\lambda_8+X_{199}\lambda_9+S_{19}^-=\theta X_{1910}
\end{cases}
$$

$$
s.t.\begin{cases}
Y_{11}\lambda_1+Y_{12}\lambda_2+Y_{13}\lambda_3+Y_{14}\lambda_4+Y_{15}\lambda_5+Y_{16}\lambda_6+Y_{17}\lambda_7+Y_{18}\lambda_8+Y_{19}\lambda_9-S_1^+=Y_{110}\\
Y_{21}\lambda_1+Y_{22}\lambda_2+Y_{23}\lambda_3+Y_{24}\lambda_4+Y_{25}\lambda_5+Y_{26}\lambda_6+Y_{27}\lambda_7+Y_{28}\lambda_8+Y_{29}\lambda_9-S_2^+=Y_{210}\\
Y_{31}\lambda_1+Y_{32}\lambda_2+Y_{33}\lambda_3+Y_{34}\lambda_4+Y_{35}\lambda_5+Y_{36}\lambda_6+Y_{37}\lambda_7+Y_{38}\lambda_8+Y_{39}\lambda_9-S_3^+=Y_{310}\\
Y_{41}\lambda_1+Y_{42}\lambda_2+Y_{43}\lambda_3+Y_{44}\lambda_4+Y_{45}\lambda_5+Y_{46}\lambda_6+Y_{47}\lambda_7+Y_{48}\lambda_8+Y_{49}\lambda_9-S_4^+=Y_{410}\\
Y_{51}\lambda_1+Y_{52}\lambda_2+Y_{53}\lambda_3+Y_{54}\lambda_4+Y_{55}\lambda_5+Y_{56}\lambda_6+Y_{57}\lambda_7+Y_{58}\lambda_8+Y_{59}\lambda_9-S_5^+=Y_{510}\\
Y_{61}\lambda_1+Y_{62}\lambda_2+Y_{63}\lambda_3+Y_{64}\lambda_4+Y_{65}\lambda_5+Y_{66}\lambda_6+Y_{67}\lambda_7+Y_{68}\lambda_8+Y_{69}\lambda_9-S_6^+=Y_{610}\\
Y_{71}\lambda_1+Y_{72}\lambda_2+Y_{73}\lambda_3+Y_{74}\lambda_4+Y_{75}\lambda_5+Y_{76}\lambda_6+Y_{77}\lambda_7+Y_{78}\lambda_8+Y_{79}\lambda_9-S_7^+=Y_{710}\\
Y_{81}\lambda_1+Y_{82}\lambda_2+Y_{83}\lambda_3+Y_{84}\lambda_4+Y_{85}\lambda_5+Y_{86}\lambda_6+Y_{87}\lambda_7+Y_{88}\lambda_8+Y_{89}\lambda_9-S_8^+=Y_{810}\\
Y_{91}\lambda_1+Y_{92}\lambda_2+Y_{93}\lambda_3+Y_{94}\lambda_4+Y_{95}\lambda_5+Y_{96}\lambda_6+Y_{97}\lambda_7+Y_{98}\lambda_8+Y_{99}\lambda_9-S_9^+=Y_{910}\\
Y_{101}\lambda_1+Y_{102}\lambda_2+Y_{103}\lambda_3+Y_{104}\lambda_4+Y_{105}\lambda_5+Y_{106}\lambda_6+Y_{107}\lambda_7+Y_{108}\lambda_8+Y_{109}\lambda_9-S_{10}^+=Y_{1010}
\end{cases}
$$

θ，S_i^-，S_r^+，$\lambda_j \geqslant 0$；$i=1$，2，3，…，19；$r=1$，2，3，…，10；$j=1$，2，3，4，5，6，7，8，9